LES GRECS AUX ENFERS

DU MÊME AUTEUR

Aspasie de Milet, égérie de Périclès, Paris, Fayard, 2005 (prix Diane Potier-Boès 2006 de l'Académie française).

L'Europe est née en Grèce, Paris, L'Harmattan, 2009.

Rire avec les Anciens. L'humour des Grecs et des Romains, Paris, Les Belles Lettres, collection Signets, 2016.

L'Enfant grec au temps de Périclès, Paris, Les Belles Lettres, collection Realia, 2017.

Le Monde comme le voyaient les Grecs, Paris, Les Belles Lettres, 2018.

La Politique : une activité dangereuse en Grèce ancienne ?, Paris, Les Belles Lettres, 2022.

OUVRAGES SCOLAIRES ET UNIVERSITAIRES :

La Grèce antique. Les plus beaux textes d'Homère à Origène, sous la direction de Jacqueline de Romilly, en collaboration avec Simina Noïca, Paris, Bayard Presse, 2003 (2e éd. 2005).

Grec, Grands débutants. Méthode, Paris, Ellipses, 2003 (3e éd. revue et corrigée 2010).

Langues et cultures de l'Antiquité, Grec, Paris, Les Belles Lettres/Hatier :

- *2nde*, 2008 (en collaboration avec Marie-Dominique Porée).
- *1re*, 2008 (en collaboration avec Marie-Dominique Porée).
- *Terminales*, 2009 (en collaboration avec Anne-Marie Bacquié et Jean Métayer).
- *3e*, 2013 (en collaboration avec Didier Kaszubowski).

ÉDITIONS ANNOTÉES ET COMMENTÉES BILINGUES, PARIS, LES BELLES LETTRES / HATIER, COLL. BAC GREC :

- Homère, *Odyssée*, chant VII, 1994.
- Euripide, *Électre*, 1997.
- Euripide, *Alceste*, 2001.
- Sophocle, *Œdipe roi*, 1999 ; nouvelle édition 2009.
- Euripide, *Hécube*, 2011.

ROMANS :

Mélité ou Le Trésor des Athéniens, Les Éditions du Net, 2011.

Mélité II. L'Athénienne, Les Éditions du Net, 2012.

DANIELLE JOUANNA

LES GRECS AUX ENFERS

D'HOMÈRE À ÉPICURE

Troisième tirage

PARIS

LES BELLES LETTRES

2023

95 boulevard Raspail 75006 Paris
www.lesbelleslettres.com

Premier tirage 2015

ISBN : 978-2-251-44527-4

INTRODUCTION

Comme tous les humains, les Grecs savent qu'ils mourront un jour ; et, comme la plupart des humains de leur temps, ils imaginent la mort non comme un néant absolu, mais comme un passage d'un état à un autre, d'un lieu à un autre, d'un monde des vivants à un nouveau monde, celui des morts.

Ce monde des morts, c'est le royaume du dieu Hadès. Le terme d'« enfers » n'existe pas en grec (c'est un mot d'origine latine, *Inferi*). Les morts vont donc « chez Hadès » ou plutôt « dans la maison d'Hadès » comme le dit déjà Homère, ajoutant souvent « et de la terrible Perséphone » (son épouse). Comme Homère et ses successeurs omettent souvent le mot « maison », on a fini par parler de « l'Hadès », le dieu du monde infernal étant devenu le substantif désignant son domaine. Mais on emploiera généralement ici le mot d'« enfers » plus évocateur pour un lecteur moderne. *Les* enfers, et non pas l'enfer : le pluriel en effet désigne sans équivoque le monde des morts, tandis que le singulier, l'enfer, avec sa connotation chrétienne, suggère un monde réservé aux damnés.

À quoi ressemblent ces enfers ? La représentation qu'en avaient les Grecs a beaucoup évolué au cours des siècles.

Les ouvrages de vulgarisation ont souvent tendance à présenter des conceptions appartenant à des époques très éloignées les unes des autres comme une réalité immuable existant depuis les origines. On trouve par exemple une description détaillée des enfers chez Platon (au IVe siècle avant J.-C.), et une autre plus précise encore (mais très différente) chez Virgile (au Ier siècle avant J.-C.), lorsque son héros Énée y descend ; cependant ces images ne correspondent absolument pas aux enfers d'Homère. Il faut tenir compte de cette mutation dans le temps. Ce qui est sûr, c'est que l'image des enfers et de la « vie » qu'y mènent les âmes des morts n'a cessé de hanter l'imagination des poètes et des philosophes, les premiers étant fascinés par le mystère de ce monde invisible, les seconds méditant sur les choix de vie terrestre qu'implique la croyance (ou la non-croyance) en un au-delà.

Lorsqu'on s'attache à suivre cette évolution de l'idée des enfers chez les Grecs depuis Homère jusqu'aux philosophes épicuriens, en passant par les cultes moins connus comme l'orphisme ou les mystères, on relève deux traits essentiels, concernant l'un l'image des enfers, l'autre le sort des âmes.

Pour l'image des enfers, on constate que les Grecs resteront partagés tout au long de leur histoire entre deux conceptions opposées. La première, héritée d'Homère, veut que les enfers soient un lieu morne et déprimant, un presque néant ; cette conception qu'on pourrait dire « populaire » reste très vivante dans la littérature, en particulier la littérature dramatique. La seconde, influencée par les religions à mystères et surtout par Platon, tend à faire des enfers un lieu extrêmement complexe, se partageant, pour utiliser les termes employés plus tard par la tradition chrétienne, entre un « Paradis », un « Enfer » (au singulier) et un « Purgatoire » ; conception qui, à la différence de la première, sera surtout le fait d'une élite cultivée.

Quant aux âmes des morts, la littérature grecque leur attribue toujours une affectation binaire, mais qui évolue au cours des âges. Le partage entre les âmes, dans les temps les plus anciens, se fait sur des critères qu'on pourrait appeler sociaux, entre d'un côté les âmes des hommes ordinaires, et de l'autre les âmes des êtres apparentés aux dieux ; les premières vont sans distinction dans l'Hadès, les autres, très rares, se retrouvent dans un lieu infiniment plus privilégié. Ensuite, les religions à mystères (orphisme et culte éleusinien) établissent également un partage, mais cette fois sans distinction sociale : ce partage se fait selon qu'on a été initié ou non ; ceux qui ont la chance d'avoir appris les bonnes formules et de connaître les bonnes « clés » ont accès à une forme de paradis, tandis que les autres restent dans des marais bourbeux. Enfin, avec Platon (mais sans doute aussi avec les plus authentiques adeptes de l'orphisme), et pour la première fois de façon explicite, le partage s'opère sur des critères moraux, entre les bons et les méchants.

C'est cette double évolution (de l'image des enfers et du sort des âmes) que l'on va maintenant suivre de près ; les sources, bien évidemment, sont essentiellement les textes littéraires qui nous sont parvenus, mais aussi de remarquables découvertes archéologiques venues enrichir nos connaissances. Ces sources et ces découvertes permettent de distinguer nettement quatre étapes de cette histoire dans l'imaginaire des Grecs : les temps homériques (VIIIe-VIIe siècle) ; l'implantation des cultes à mystères (VIIe-Ve siècle) ; le rôle de Platon (IVe siècle) ; enfin les philosophies épicurienne et stoïcienne – avec les réactions qu'elles ont pu susciter dans les siècles suivants.

Bien entendu, le chemin où s'engage cet ouvrage n'est pas vierge ; comme on le verra par la bibliographie citée en cours de route et en fin de volume, il a été foulé par de nombreux chercheurs. Mais la plupart des études disponibles, souvent très savantes, et qui ont bien sûr été utilisées ici, se cantonnent à un moment de l'histoire des enfers grecs (monde homérique, orphisme, pythagorisme, etc.), sous forme essentiellement d'articles, et rarement d'ouvrages de synthèse (surtout en langue anglaise)[1]. Quelques approches se veulent plus générales, dépassant ainsi le cadre de notre étude : soit qu'elles étendent jusqu'à nos jours l'histoire des enfers et des voyages de l'âme, soit qu'elles choisissent une perspective synchronique plus large, en comparant les conceptions anciennes grecques, latines, juives, germaniques, celtiques, avec plus ou moins de bonheur[2]. Les synthèses se limitant au monde grec sont rares et déjà anciennes[3]. L'étude proposée ici se veut originale dans la mesure où il

1. Comme *Restless Dead: Encounters between the Living and the Dead in Ancient Greece* de Sarah Iles Johnston, Berkeley, 1999, qui se limite toutefois à la Grèce archaïque et classique.

2. Voir l'ouvrage de Georges Minois, *Histoire des enfers*, publié chez Fayard en 1991, et son *Histoire de l'Enfer* publiée dans la collection « Que sais-je ? » (PUF) en 1999. Voir aussi Francis Bar, *Les Routes de l'autre monde : descentes aux enfers et voyages dans l'au-delà*, Paris, 1946, Presses universitaires de France ; Pierre Brunel, *L'Évocation des morts et la descente aux enfers : Homère, Virgile, Dante, Claudel*, Paris, SEDES, 1974 ; et en anglais Jan N. Bremmer, *The Rise and Fall of the Afterlife*, London and New York, Routledge, 2002, qui élargit son propos au chamanisme, au monde égyptien, à Zoroastre et aux premiers chrétiens, et consacre ses derniers chapitres au spiritualisme moderne et aux expériences de mort imminente. On peut également signaler la thèse de Thomas Reyser, *Discours et représentations de l'au-delà dans le monde grec*, soutenue le 5 février 2011 et disponible sur Internet ; sa perspective historique l'amène, après une première partie qui s'appuie sur les textes grecs, à mettre l'accent sur les documents épigraphiques et à étudier les communautés isiaques et juives, en allant jusqu'au IVe siècle de notre ère.

3. L'ouvrage fondamental, mais ancien, reste celui de E. Rohde, *Psyche : Seelencult und Unsterblichkeitsglaube der Griechen, 2. Aufl., Freiburg i.B.*, Leipzig und Tübingen, 1898 (trad. anglaise *The Cult of Souls and Belief in Immortality among the Ancient Greeks*, Londres, 1920 ; trad. française *Le Culte de l'âme chez les Grecs et leur croyance à l'immortalité*, Paris, Payot, 1928 et C. Tchou, Paris, Bibliothèque des introuvables, 1999). Voir aussi l'ouvrage bien connu de E. R. Dodds, *Les Grecs et l'irrationnel*, Aubier-Montaigne, 1965 (1re éd. anglaise 1951), qui donne peut-être une trop large place à l'interprétation des rêves en s'appuyant sur les outils de la psychanalyse.

s'agit d'une synthèse diachronique approfondie limitée au monde grec, allant des origines jusqu'à l'époque romaine, dont on ne disposait pas jusqu'à présent en langue française. En outre elle se propose d'apporter, grâce à un examen attentif des textes, des éclairages nouveaux sur ce monde que beaucoup croient connaître, et qui reste très mystérieux.

PREMIÈRE PARTIE

L'ÂME DANS LES ENFERS HOMÉRIQUES

(VIIIe et VIIe siècles avant J.-C.)

CHAPITRE I

La localisation de l'Hadès

Où vont les morts au temps d'Homère et de son presque contemporain, le poète Hésiode, auteurs des premières œuvres en langue grecque, au VIIIe siècle et au début du VIIe siècle ? Cela surprendra peut-être un lecteur moderne : il n'existe pas pour les humains ordinaires, après leur mort, de séjour qui serait différent selon leurs mérites ou leurs crimes : tous vont aux enfers, c'est-à-dire chez Hadès. Mais où se situe exactement ce lieu redoutable ?

Selon l'idée la plus communément répandue dans le public moderne, les Grecs imaginent ces enfers *sous* la terre qu'ils habitent. Quoi de plus normal en effet que l'idée d'un séjour souterrain dès lors qu'on enterre les morts et qu'on verse sur leur tombe des libations destinées à les nourrir ? Et, de fait, l'image de l'univers que l'on dessine habituellement pour illustrer les croyances au temps d'Homère est celle d'une sphère : le disque plat de la Terre, monde des humains, est surmonté d'un hémisphère représentant le monde céleste (séjour des astres et des dieux), auquel correspond un hémisphère symétrique placé sous la Terre, qui serait le monde des morts.

Image très claire, donc. Cependant, lorsqu'on lit les poèmes d'Homère et d'Hésiode, on remarque parfois un certain flottement. Les enfers se trouvaient-ils, selon eux, *sous* leur univers familier, ou *au bord* de cet univers, dans un au-delà s'inscrivant dans un plan horizontal et non vertical ? Même si la plupart des textes supposent sans équivoque un monde souterrain, certains laissent planer le doute, dans la mesure où ils évoquent simplement un monde situé *au-delà* de l'Océan, ce fleuve circulaire qui, dans la géographie archaïque, entoure le disque de la Terre. Ce qui complique la réponse, c'est que les épopées attribuées à Homère n'ont évidemment pas été écrites d'un seul jet ; à propos de l'*Odyssée* en particulier, on assiste depuis le XIXe siècle à des querelles souvent véhémentes sur la question de savoir quels sont les passages « authentiques » et ceux probablement interpolés à des dates plus tardives[1] ; si bien qu'il est parfois difficile de dire avec certitude ce qui correspond à une croyance propre au VIIIe siècle. On essaiera donc dans la mesure du possible de préciser, dans la description des enfers homériques et hésiodiques, ce qui appartient vraisemblablement à l'âge archaïque et à lui seulement. Mais ce qui est sûr, c'est que les auteurs postérieurs à Homère ont contribué à ancrer l'idée d'un monde infernal souterrain.

Les enfers : un monde souterrain ?

Que les enfers se trouvent sous la terre habitée, la première preuve en est ce nom de « maison d'Hadès ».

1. Sur cette longue querelle, on peut lire le savant compte-rendu de Gregory Nagy (*Bryn Mawr Classical Review*, 09/12/2000) de l'édition de l'*Iliade* de Martin West, Teubner, 1998, qui fait l'histoire de l'établissement du texte homérique.

Il faut se souvenir que trois dieux – trois frères – se sont partagé le monde à l'origine : à Zeus (Jupiter chez les Romains) est revenue la terre ainsi que tout ce qui est au-dessus (c'est-à-dire le domaine aérien), à Poséidon (Neptune) la mer, et à Hadès (Pluton) le monde souterrain. Bien des passages des poèmes homériques ou hésiodiques confirment cette localisation ; et l'on peut penser que, dans ce partage, les dieux ont tenu à prévoir trois lots d'égale importance : *a priori*, le monde souterrain d'Hadès est aussi vaste que le monde céleste de Zeus, ou le monde marin de Poséidon.

Hadès, Érèbe, Tartare

En fait, la demeure d'Hadès est évoquée chez Homère comme un vaste domaine, mais qu'on a du mal à imaginer aussi étendu que le monde terrestre. Il est sans doute entouré de murs et clos par une porte effrayante. Il est souvent question dans les poèmes homériques des « portes d'Hadès », synonymes de mort, que les vivants disent haïr, comme dans l'*Iliade*, IX, 312, où Achille répond à Ulysse qu'il hait les hypocrites « autant que les portes d'Hadès ». L'Hadès est en effet défini à plusieurs reprises par ses portes, ses *pulai* : il est *pulartès*, « aux portes solidement closes », ou encore *eurupulès*, « aux larges portes ». Ces *pulai* semblent toujours fermées et le symbole est clair : ce lieu s'apparente à une prison dont on ne s'échappe pas.

La demeure d'Hadès elle-même est, d'une façon générale, caractérisée seulement par quelques adjectifs vagues ou problématiques. Elle est *aterpès*, « désagréable », et *eurôeis*, adjectif dont on ne sait trop s'il faut le traduire par « humide, moisie » ou par « vaste ». En tout cas, c'est un lieu terrible qui fait peur aux Immortels eux-mêmes et qui doit demeurer caché sous terre : on le voit au chant XX de l'*Iliade*, lorsque les dieux sont autorisés par Zeus à participer au combat que se livrent Grecs et Troyens.

La conséquence de cette autorisation est inattendue : le fracas du combat est tel qu'Hadès lui-même (nommé ici Aïdoneus) craint que la terre ne s'en trouve fendue et ne laisse voir au grand jour son domaine souterrain, ce qui serait apparemment un bouleversement de l'ordre régnant depuis que les dieux se sont partagé l'univers :

> « Terriblement tonna le père des hommes et des dieux,
> d'en haut ; et, d'en bas, Poséidon ébranla
> la terre infinie et les cimes abruptes des montagnes.
> Tout fut secoué : les bases de l'Ida aux nombreuses sources
> et ses sommets, la cité des Troyens, les navires achéens.
> Encore plus bas fut saisi de frayeur le seigneur des morts Aïdoneus ;
> effrayé, il bondit de son trône et cria, redoutant qu'au-dessus de lui
> Poséidon l'Ébranleur du sol ne fasse s'ouvrir la terre
> et ne laisse voir aux mortels et aux Immortels
> le vaste domaine effroyable abhorré des dieux même[2]. »

Le nom le plus courant des enfers, chez Homère, c'est bien l'Hadès. Mais cette demeure semble elle-même partagée en plusieurs zones ; et on voit parfois ce terme d'« Hadès » remplacé par ceux d'« Érèbe » ou encore de « Tartare », assez rarement chez Homère, beaucoup plus souvent chez Hésiode ; termes eux aussi mystérieux.

Apparemment, chez Homère, l'Érèbe est à peu près synonyme de l'Hadès : les deux termes semblent interchangeables ; ainsi, dans l'*Iliade*, XVI, 327, les compagnons de Sarpédon qui ont péri au combat vont « vers l'Érèbe » ; et dans l'*Odyssée*, XI, 37, Ulysse voit accourir les morts « du fond de l'Érèbe », tandis qu'en XI, 564, l'âme d'Ajax s'en retourne « vers l'Érèbe ». Le Tartare, lui, paraît être une région différente et plus précise, la région la plus profonde de l'Hadès. C'est ce que laisse entendre Zeus lorsqu'il menace d'y jeter les dieux récalcitrants :

---

2. *Iliade*, XX, 56-65 (les textes de l'*Iliade* et de l'*Odyssée* sont donnés dans une traduction personnelle). Il faut se souvenir que Poséidon n'est pas seulement le dieu de la mer : il est aussi « l'Ébranleur du sol », celui qui provoque les séismes.

« Celui que je verrai, à l'écart des dieux,
aller volontairement secourir les Troyens ou les Danaens, [...]
je le saisirai, je le jetterai dans le Tartare brumeux,
bien loin, à l'extrême profondeur de l'abîme souterrain,
là où sont des portes de fer et un seuil de bronze,
aussi loin de l'Hadès en bas que le ciel l'est de la terre » (*Iliade*, VIII, 10-15).

Comme on le voit, il semble que le Tartare soit un lieu symétrique du ciel, aussi distant de l'Hadès (sans doute de son entrée) que le ciel l'est de la terre ; c'est-à-dire que le haut du ciel et le fond du Tartare sont aussi éloignés du disque de la Terre habitée que, dans notre globe terrestre, le pôle Nord et le pôle Sud le sont de l'équateur. Et même si, comme la demeure d'Hadès proprement dite, le Tartare a des portes de fer et un seuil de bronze, on peut inférer de ce passage qu'il ne se confond pas tout à fait avec l'Hadès, ni avec l'Érèbe : il se trouve beaucoup plus bas. Il représente un lieu bien plus effrayant, réservé aux grands coupables.

Cette impression se confirme chez Hésiode, où la différence entre Érèbe et Tartare est plus explicitement soulignée. L'Érèbe, d'ailleurs, n'est pas exactement pour lui un lieu infernal destiné à accueillir les humains comme il l'est chez Homère. C'est un endroit très proche de la surface de la Terre, une sorte de prison de haute sécurité où, dans un premier temps, furent enfermés par leur père Ouranos les « Hécatoncheires » (les « Cent-Bras », trois géants monstrueux) avant d'être libérés par Zeus qui sollicitait leur aide dans sa lutte contre les Titans :

« Et tous, dieux et déesses, en ce jour éveillèrent un horrible combat - tous, et les dieux Titans, et les fils de Cronos, et ceux qu'avait ramenés Zeus de l'Érèbe au jour, terribles et puissants, doués d'une force sans pareille. Ils avaient chacun cent bras[3]... »

3. *Théogonie*, v. 666-670. Le poète Hésiode est l'auteur de deux longs poèmes (la *Théogonie* et *Les Travaux et les Jours*). Les textes d'Hésiode sont donnés dans la traduction de Paul Mazon, Les Belles Lettres.

Mais le Tartare, lui, est bien conforme chez Hésiode à l'image qu'en donnait déjà Homère : c'est la partie la plus profonde des enfers, et la plus effrayante[4]. Les Titans vaincus y sont précipités par les Cent-Bras alliés à Zeus, ce qui donne à Hésiode l'occasion d'en faire une description plus détaillée que celle d'Homère :

> « Sous des masses sombres de traits ils écrasèrent les Titans ; puis ils les dépêchèrent sous la terre aux larges routes, et là, ils lièrent de liens douloureux les orgueilleux qu'avaient vaincus leurs bras, *aussi loin désormais au-dessous de la terre que le ciel l'est au-dessus* : une enclume d'airain tomberait du ciel pendant neuf jours et neuf nuits avant d'atteindre le dixième jour à la terre et, de même, une enclume d'airain tomberait de la terre durant neuf jours et neuf nuits avant d'atteindre le dixième jour au Tartare. Autour de ce lieu court un mur d'airain. Un triple rang d'ombre en ceint la bouche étroite. Au-dessus ont poussé les racines de la terre et de la mer inféconde. C'est là que les Titans sont cachés dans l'ombre brumeuse, par le vouloir de Zeus, assembleur de nuées. Ils n'en peuvent sortir : Poséidon a sur eux clos des portes d'airain, le rempart s'étend de tous les côtés » (*Théogonie*, v. 716 sq.).

Le Tartare avait chez Homère « des portes de fer et un seuil de bronze » ; il se complète ici d'une « enceinte d'airain » ; ses portes de bronze ont été posées par Poséidon et une « triple rangée de nuit » en entoure l'entrée. La suite de la *Théogonie* renchérit encore sur cette description :

> « Là sont, côte à côte, les sources, les extrémités de tout, de la terre noire et du Tartare brumeux, de la mer inféconde et du ciel étoilé, lieux affreux et moisis, qui font horreur aux dieux, abîme immense dont on n'atteindrait pas le fond, une année entière se fût-elle écoulée depuis qu'on en aurait passé les portes : bourrasque sur bourrasque vous emporterait, cruelle, tantôt ici, tantôt là, prodige effrayant, même pour les dieux immortels. Là

4. L'image de cette géographie infernale est restée ancrée dans la mentalité populaire, comme en témoigne ce passage du *Prométhée enchaîné* d'Eschyle, où Prométhée s'exclame : « Ah ! Que ne m'a-t-il [Zeus] précipité sous terre, plus bas que l'Hadès hospitalier aux morts, jusqu'à l'impénétrable Tartare, et mis au contact farouche des liens qu'on ne délie pas ! » (v. 151-155).

se dresse l'effrayante demeure de l'infernale Nuit, qu'enveloppent de sombres nuées[5]. »

On aura remarqué les formules identiques et les images par lesquelles chaque poète tente de faire sentir la profondeur du Tartare : pour Homère, le Tartare est aussi éloigné de l'Hadès que le ciel l'est de la terre. Pour Hésiode aussi, le Tartare est « aussi loin au-dessous de la terre que le ciel l'est au-dessus » ; mais il précise la distance : il faut à une enclume d'airain neuf jours et neuf nuits pour tomber de la terre au fond du Tartare, ou encore, pour une personne, une année entière pour l'atteindre, une fois passée la porte (de l'Hadès ?). Et ce lieu maudit est marqué par une nuit totale et des éléments déchaînés.

On le voit : chez Hésiode comme chez Homère, le Tartare est un Hadès au superlatif, tandis que l'Érèbe paraît plus anodin. Dans le Tartare se trouvent rassemblées les victimes divines de la colère de Zeus, comme son père Cronos ou les Titans ; on conçoit mieux la nécessité de faire de ce lieu une sorte de forteresse-prison, réservée à des hôtes de choix (on n'y trouve pas d'humains ordinaires).

D'où viennent ces noms d'Érèbe et de Tartare ? Comme pour Hadès, il s'agissait sans doute d'abord de personnages mythologiques[6] ; mais leur personnalité est beaucoup plus floue que celle d'Hadès ; et il n'est pas impossible qu'il faille inverser la croyance populaire des Grecs, c'est-à-dire non pas chercher un fondateur mythique ayant donné son nom au lieu, mais penser qu'on a imaginé à un lieu déjà

5. V. 736-745 ; mais il s'agit d'un passage suspect peut-être interpolé plus tard, et qui est répété presque mot pour mot un peu plus loin dans le poème (v. 807 sq.).

6. C'est Hésiode qui leur attribue le plus clairement une origine mythique : Érèbe et Tartare sont nés tous deux de forces primitives telluriques ou célestes, et ont donné naissance à d'autres êtres semi-divins. Érèbe (*Erebos*) est un fils de Chaos, époux et frère de la Nuit (*Théogonie*, v. 116-125). Tartare, lui, est né d'Éther et de Gaia (la Terre), puis la Terre s'est unie à lui pour mettre au monde son dernier fils, Typhée (*Théogonie*, v. 820-822).

connu une ascendance divine. L'étymologie de ces noms n'est pas non plus très claire : l'Érèbe, dit le *Dictionnaire étymologique* de P. Chantraine, correspond bien à une racine désignant les ténèbres, le crépuscule, qu'on retrouve en sanscrit, en arménien et en géorgien. Mais, pour Hadès et le Tartare, il est plus difficile de proposer une étymologie, qui reste discutée ; on peut seulement signaler pour mémoire l'étymologie populaire (ou peut-être authentique) donnée parfois à Ha(i)dès : « l'Invisible », en supposant un mot formé d'une racine signifiant « voir » (**id-*) et d'un préfixe privatif (*a-*).

Tous ces passages en tout cas semblent indiquer sans équivoque possible que les enfers sont bien un monde souterrain. Et peut-être faut-il corriger déjà l'image traditionnelle de l'univers homérique vu comme une sphère, avec le disque de la Terre enserré entre deux hémisphères, l'un céleste, l'autre souterrain ; il serait sans doute plus exact de dire qu'au VIIIe siècle (au temps d'Homère et d'Hésiode) le monde apparaît aux Grecs comme partagé seulement en deux zones bien distinctes, l'une occupée par les humains (le disque plat de la terre), et l'autre située sous ce premier espace, inaccessible aux humains, réservée aux défunts ou aux grands damnés (Hadès, Érèbe, Tartare). Y a-t-il un troisième espace occupé par les « dieux d'en haut » qui correspondrait à l'hémisphère céleste ? Il est difficile de le dire ; les dieux chez Homère et Hésiode résident toujours non pas dans le ciel, mais sur des hauteurs du monde terrestre, comme l'Olympe ou l'Ida ; la zone céleste ne semble pas avoir encore pour les Grecs de forme ni de fonction bien définies.

Enfers souterrains, donc. Cependant, cette localisation apparaît parfois plus complexe à la lecture des poèmes homériques et hésiodiques. Dans certains passages, en effet, les termes employés par les deux poètes pour localiser les enfers sont ambigus ; dans d'autres, ils évoquent (très rarement) un lieu réservé aux élus (les Champs Élysées, ou les îles des Bienheureux) qui ne semble pas souterrain ; enfin on peut s'interroger quand on examine la façon dont les morts (et parfois les vivants) se rendent aux enfers. On a alors l'impression que les enfers se situent non pas sous terre, mais dans un au-delà mystérieux, *es peirata gaiès*, c'est-à-dire aux confins, aux extrémités de la terre.

Les enfers : un au-delà mystérieux ?

Des enfers es peirata

Dans l'*Iliade* même se trouvent des passages ambigus, qui semblent parfois contredire la localisation souterraine de ce Tartare qu'on vient de voir dans les profondeurs de la terre. Ainsi, lorsque Zeus menace (encore une fois) Héra de sa colère au chant VIII, il lui dit (v. 479-482) :

> « Quant à toi, si tu te fâches, moi je m'en moque,
> même si tu vas aux extrémités (*es peirata*)
> de la terre et de la mer, là où se trouvent assis Japet et Cronos,
> que ne viennent réjouir ni les rayons du soleil Hypérion ni les vents,
> environnés qu'ils sont par le profond (*bathus*) Tartare. »

Le Tartare, ce lieu où séjournent les grands criminels comme Japet ou Cronos, est-il ici sous la terre, comme semble l'indiquer l'adjectif *bathus*, ou au bord du monde (*es peirata*), là où s'achèvent la terre et la mer ? Ces *peirata gaiès* (« extrémités de la terre ») sont mentionnés ailleurs et presque dans les mêmes termes comme des lieux qui n'ont rien d'infernal ; par exemple, quand Héra la rusée dit à Zeus qu'elle va rendre visite à Océan et à Téthys *es peirata gaiès* (*Iliade*, XIV, 200 et 301), elle ne se rend certainement pas sous terre. De même, quand le Cyclope interroge Ulysse sur le lieu où il a laissé son navire, celui-ci répond (*Odyssée*, IX, 284) que Poséidon l'a brisé en le jetant *es peirata gaiès*, c'est-à-dire à l'extrémité de la terre, mais de la terre du Cyclope, pas très loin en fait.

Chez Hésiode, ces *peirata gaiès* sont d'un emploi également ambigu. Le poète utilise une fois l'expression pour désigner un lieu réservé aux bienheureux dans *Les Travaux et les Jours*, v. 168 (on va y revenir) ; toutes les autres fois, l'expression figure dans la *Théogonie* pour désigner un lieu situé aux confins du monde. Et, presque chaque fois, on peut se demander où se situent exactement ces « confins ». Ainsi, aux v. 334-335, Hésiode évoque la légende des pommes d'or des Hespérides : « Céto, unie d'amour avec Phorcys, eut pour dernier enfant un serpent terrible qui, dans les profondeurs extrêmes (*keuthesi gaiès)* de la terre ténébreuse, garde les pommes d'or. » Le terme *keuthesi* évoque la profondeur, certes, mais la tradition situe les Hespérides (les « nymphes du soir ») non pas sous terre, mais au bord du monde de l'Ouest, près de Gibraltar. C'est là aussi qu'elle situe Atlas, qui soutient sur ses épaules la voûte du ciel « aux extrémités de la terre (*peirasi gaiès*), en face des Hespérides à la voix sonore » (v. 518). On ne semble pas être là dans un lieu souterrain. Mais, dans un autre passage, Hésiode emploie la même formule « au bout du monde, aux limites de la vaste terre » ; or, cette fois, il s'agit clairement des enfers souterrains, puisqu'il est question des « Cent-Bras » que Cronos y a enfermés avant que Zeus ne les délivre, et dont, juste avant, Hésiode a précisé qu'ils habitaient « sous le sol aux vastes routes ». Où se trouvent donc ces *peirata gaiès* ?

La réponse figure peut-être dans deux passages identiques de la *Théogonie* (v. 736-738 et 807-809), où Hésiode précise : « Là sont côte à côte les sources, les extrémités de tout (*pantôn pègai kai peirata*), de la terre noire et du Tartare brumeux, de la mer inféconde et du ciel étoilé. » Il s'agit là en somme du point de jonction (*peirata*), mais aussi de naissance (*pègai*) des divers éléments de l'univers : la terre, la mer, le ciel... et le Tartare. Le mot *peirata* (ou *peirar* au singulier) désigne en effet l'extrémité, le bout, mais aussi la corde, et le nœud de deux cordes, l'articulation de deux éléments. On peut alors se demander si Hésiode ne conçoit pas l'univers comme un cône renversé : la surface circulaire est le monde où vivent les humains, entouré par l'Océan, et à sa pointe inférieure se trouvent les *peirata gaiès*, source de tout ce qui existe : la terre, le ciel, la mer, et les enfers[7]. Il rejoindrait alors la description d'Homère citée plus haut (*Iliade*, VIII, v. 479-482) : « ... même si tu vas aux extrémités (*es peirata*) de la terre et de la mer, là où se trouvent assis Japet et Cronos, que ne viennent réjouir ni les rayons du soleil Hypérion ni les vents, environnés qu'ils sont par le profond Tartare. » Ces *peirata* qui réunissent la terre, la mer et le Tartare sont le nœud originel, le point d'origine et presque la matrice du monde[8].

Il convient donc peut-être de modifier radicalement la belle image sphérique de l'univers homérique (un disque terrestre entre deux hémisphères), si satisfaisante esthétiquement et rationnellement, à laquelle se sont ralliés la plupart des commentateurs, et de la remplacer par

---

7. Cf. aussi : « Au-dessus ont poussé les racines de la terre et de la mer inféconde » (*Théogonie*, v. 728). La note de Mazon à propos de ce vers ne semble pas rendre compte du sens originel de *peirar*, « nœud de deux cordes, point de jonction », qui est précisé par l'alliance avec le mot *pègai*, « sources ».

8. Les autres emplois du mot *peirar* ou *peirata* chez Homère ne contredisent pas ce sens de « point de jonction » de deux éléments. Les guerriers homériques se menacent souvent (ou sont menacés par Homère) d'aller bientôt *es peirata olethrou*, « aux confins de la mort », expression traduite généralement par « au gouffre de la mort », mais qui désigne plus précisément le point de jonction de la vie et de la mort, l'endroit où la vie bascule dans le gouffre souterrain de la mort. D'autres emplois du mot sont figurés : ainsi, les dieux tiennent entre leurs mains les *peirata* de la victoire (*Iliade*, VII, 102), des épreuves (*Odyssée*, XXIII, 248), ou encore de la colère et de la guerre (*Iliade*, XII, 359) ; on imagine sans peine des dieux marionnettistes (non plus sous terre, mais au-dessus) tenant en main les fils noués de la guerre et de la défaite, de la colère et de l'apaisement (et tirant tantôt sur l'un, tantôt sur l'autre) – tout comme le forgeron qui vient, dans l'*Odyssée*, III, 434, avec les *peirata technès*, les « instruments de son art » : enclume, marteau et tenailles. Dans l'épisode d'Ulysse et les Sirènes, le mot est employé trois fois avec son sens premier de « corde, lien » (*Odyssée*, XII, 51, 162 et 179).

une image moins séduisante peut-être, mais qui pourrait résoudre les contradictions apparentes de la localisation de ces *peirata gaiès*. Imaginons un monde analogue à un récipient conique la pointe en bas, qu'on aurait rempli d'eau avant d'y déposer une large rondelle de liège flottant à sa surface : le liquide serait le monde infernal, *à la fois sous et sur les bords* de la rondelle de liège. Au-dessus de cette rondelle, il faut tout de même imaginer un ciel, puisque son sommet, par rapport à la terre sert, par symétrie, à imaginer la profondeur du Tartare. Mais il est difficile d'imaginer la forme de ce ciel – et il est inutile d'y chercher les dieux : ils vivent sur les cimes souvent embrumées de notre plaque de liège[9]. Cette vision d'une « terre flottante » n'est d'ailleurs pas si loin de ce que sera la conception de la terre de Thalès de Milet (VIe siècle), si l'on en croit Aristote :

> « D'autres disent qu'elle repose sur l'eau. Cette thèse nous a été transmise comme étant la plus ancienne ; elle fut énoncée, dit-on, par Thalès de Milet ; d'après lui, la terre demeurerait en place du fait qu'elle est capable de flotter comme le bois ou quelque autre matière du même genre[10]. »

Personne, évidemment, n'a imaginé les enfers comme un lieu liquide. Aristote, d'ailleurs, cite également un autre philosophe de la seconde moitié du VIe siècle : « Les uns déclarent que vers le bas la terre est infinie : "Elle est enracinée dans l'infini", disent-ils avec Xénophane de Colophon » (*ibid.* 294a 23-24) : théorie intéressante, puisqu'on y retrouve l'image des « racines » mentionnées par Hésiode, qui venaient se réunir en un nœud origine

---

9. Seul, un passage de l'*Iliade* peut laisser penser que les Grecs ont vu les dieux siéger dans l'infini du ciel : au chant V, v. 749-750, il est dit que les Heures gardent les portes « de l'Olympe et du vaste ciel » ; et Héra montée sur son char fouette ses chevaux qui « s'envolent dans l'étendue qui sépare la terre de l'espace étoilé » (v. 769).

10. *Du ciel*, II, 13, 294a 28-30, trad. Paul Moraux, Les Belles Lettres.

du monde. Ce qui est sûr, c'est que cette vision non sphérique de l'univers homérique pourrait expliquer pourquoi les enfers sont à la fois sur les bords et en dessous de la terre habitée.

Un monde à l'ouest ?

Il faut toutefois remarquer que, lorsque les héros homériques envisagent le monde infernal comme un lieu *es peirata*, ils le situent en général non pas n'importe où au bord du monde habité, mais à l'ouest. L'ouest est la zone du couchant, c'est-à-dire une région associée à la disparition du soleil, au triomphe de l'obscurité (le monde infernal est celui où règne la nuit), et, curieusement, à la brume. Dans l'*Odyssée*, Athéna déguisée en berger informe Ulysse, qui vient de se réveiller après avoir été déposé endormi dans son île par les Phéaciens, qu'il est bien à Ithaque, que « bien des humains connaissent, qu'ils habitent soit du côté de l'aube et du soleil, soit bien loin du côté des ténèbres brumeuses » – c'est-à-dire plus à l'ouest (XIII, 239-241). Une fois dans l'*Iliade*, d'ailleurs, on trouvait le même partage entre l'est et l'ouest, l'un lié à la lumière et à la naissance du jour, l'autre à son déclin et à l'obscurité : « Qu'ils aillent à droite vers l'aube et le soleil, ou à gauche vers les ténèbres brumeuses… » (*Iliade*, XII, 239-240). L'adjectif *aeroeis* (« brumeux ») est presque constamment utilisé pour qualifier les pays mystérieux de l'Ouest, et plus spécialement le séjour des défunts[11]. C'est là que Pénélope, lorsque le découragement l'amène à souhaiter la mort, aspire à se rendre : « Qu'une tempête aussitôt me saisisse et m'emporte *sur les chemins brumeux*, / et me jette aux bords de l'Océan rétrograde ! » (*Odyssée*, XX, v. 63-65). Scylla, qui guette les compagnons d'Ulysse dans la Méditerranée

11. Chez Homère, cet adjectif est employé seulement pour les lointaines régions de l'Ouest.

de l'ouest, est tapie dans « une grotte *embrumée*, tournée du côté des ténèbres vers l'Érèbe » (*Odyssée*, XII, v. 80-81). On a vu plus haut que, chez Hésiode, Atlas soutient sur ses épaules la voûte du ciel « aux extrémités de la terre (*peirasi gaiès*), en face des Hespérides à la voix sonore » (v. 518), c'est-à-dire à l'ouest, puisque les Hespérides sont les « nymphes du soir », près de Gibraltar : les *peirata gaiès* semblent localisées à l'ouest du monde habité. Dans le passage de l'*Odyssée* (inséré plus tardivement) où Hermès conduit les âmes des prétendants aux enfers, il les fait passer par « les portes du Soleil » (XXIV, v. 11), c'est-à-dire certainement par le point occidental où le soleil disparaît sous la terre.

En fait cette localisation à l'ouest ne contredit pas vraiment l'image proposée plus haut d'un cône renversé surmonté de la voûte du ciel. D'abord, il faut rappeler que les auditeurs d'Homère ne sont nullement gênés par ces contradictions apparentes entre un monde infernal situé sous la terre, ou au bord de la terre, ou à l'ouest de la terre : ces images se superposent pour eux sans se combattre et émergent en fonction du contexte ; mais surtout, ce qui se situe plus précisément à l'ouest dans leur esprit, c'est certainement l'entrée des enfers plutôt que les enfers eux-mêmes : c'est l'endroit où l'on bascule du monde des vivants dans le monde des morts.

En tout cas, l'idée que les enfers *es peirata* puissent avoir une localisation aussi bien périphérique que souterraine s'avère intéressante lorsqu'on recherche l'emplacement d'un endroit beaucoup plus rarement évoqué, le séjour de quelques bienheureux élus.

Un lieu réservé aux bienheureux

Un lieu réservé à une certaine catégorie de défunts privilégiés commence en effet à être évoqué dès Homère ; mais où faut-il le situer ?

Un passage isolé de l'*Odyssée* laisse entendre que, dès l'époque homérique, une tradition voulait qu'il existe aussi un autre espace pour les défunts, réservé à quelques *happy few*. Ce passage se trouve au chant IV du poème. Télémaque, parti à la recherche de son père Ulysse, est arrivé à Sparte, où Ménélas lui raconte, pour l'inviter à garder espoir, l'aventure qui lui est arrivée à lui-même lors de son retour de Troie. Jeté par la tempête sur une île égyptienne (Pharos), il était parvenu – non sans mal – à consulter le dieu marin Protée, qui non seulement le renseigna sur le sort de ses compagnons et sur celui qui l'attendait lui-même, mais termina par cette prophétie :

> « Ton sort n'est pas, divin Ménélas,
> de mourir à Argos où paissent les chevaux et d'y accomplir ton destin ;
> mais dans la plaine élyséenne, aux extrémités de la terre (*peirata gaiès*),
> les dieux t'enverront chez le blond Rhadamanthe,
> où la vie la plus douce attend les humains :
> pas de neige, pas de rude hiver, jamais de pluie,
> mais toujours d'un Zéphyr au souffle léger
> l'Océan laisse monter la brise, pour rafraîchir les humains.
> Car époux d'Hélène, tu es gendre de Zeus » (*Odyssée*, IV, v. 561-569).

Où est situé ce lieu merveilleux ? Non pas sous terre, mais, là encore, aux « extrémités de la terre » (*peirata gaiès*), certainement près de l'Océan, ce fleuve circulaire qui entoure le disque de la Terre. Mais, cette fois, ces *peirata gaiès* se situent probablement dans les régions imprécises du Nord lointain, comme on va le voir à propos des Hyperboréens. Il ne s'agit nullement d'un lieu céleste, ni d'un quartier isolé de l'Hadès : c'est un lieu rattaché au monde terrestre, à l'espace « horizontal » des hommes, simplement très éloigné de leur monde ordinaire, et d'une localisation très vague. Cet espace idyllique accueillera Ménélas parce qu'il a un statut de quasi demi-dieu, étant l'époux d'Hélène (née elle-même de Léda et de Zeus) et donc le gendre de Zeus ; on peut en conséquence penser que ce lieu est réservé à des êtres semi-divins[12].

Dans cette première mention d'un lieu réservé aux élus, celui-ci porte le nom de « plaine élyséenne » (*Elusion pedion* qu'on traduira ensuite par « Champs Élysées »). Mais, presque à la même époque, le poème d'Hésiode intitulé *Les Travaux et les Jours* y fait allusion sous un autre nom lors du fameux passage concernant le mythe des races : il l'appelle « l'île des Bienheureux ».

Dans ce texte (v. 109-201) est évoquée une histoire de l'humanité[13]. Cinq races se sont succédé. Vint d'abord, dit Hésiode, la race d'or, que finalement « la terre recouvrit par la volonté de Zeus » ; puis la race d'argent, elle aussi recouverte par la terre et dont les membres devinrent des « bienheureux du monde souterrain » (v. 141) ; la troisième, la race de bronze, est partie, elle, « pour le séjour moisi de l'Hadès frissonnant » (v. 153), comme l'humanité ordinaire ; la quatrième race, « plus juste et plus brave », s'est

12. Cependant, à deux reprises en l'espace de quatre vers, on trouve le mot *anthropos* (« être humain ») : Rhadamanthe y offre la plus douce vie « aux humains » (v. 565), et de douces brises montent de l'Océan pour y rafraîchir « les humains » (v. 568). Cela ne veut pas dire, bien sûr, que n'importe quel humain pourra arriver là ; mais on peut tout de même penser que des hommes qui auront possédé certaines qualifications pourront y accéder, même s'ils n'ont pas la chance d'être gendres de Zeus.

13. La plupart des érudits voient dans ce mythe des races une histoire chronologique de l'humanité ; Jean-Pierre Vernant, lui, y voit un tableau de la structure de la société archaïque tripartite : des rois (bons ou moins bons, représentés par les races d'or et d'argent), des guerriers (mauvais ou bons, représentés par la race de bronze et la quatrième race non métallique), et l'humanité ordinaire, représentée par la race de fer et une sixième race dont Vernant pense distinguer l'existence à l'intérieur de la race de fer (Jean-Pierre Vernant, « Le mythe hésiodique des races » dans *Mythe et pensée chez les Grecs. Études de psychologie homérique,* Paris, Maspero, 1965, repris dans *Revue de l'histoire des religions*, 1980, p. 21-54, et dans Vernant, *Œuvres*, t. I, Opus Seuil, 2007, p. 255-280). D'autres (dont l'article *Inferi* du Dictionnaire de Daremberg et Saglio se fait l'écho) voient dans la quatrième race non métallique (la race des héros) une insertion postérieure au texte primitif, ce qui semble toutefois douteux.

subdivisée en deux groupes : les uns, guerriers épiques, ont péri aux sièges de Thèbes et de Troie ; mais,

> « à d'autres enfin, Zeus, fils de Cronos et père des dieux, a donné une existence et une demeure éloignée des hommes, en les établissant aux confins de la terre (*es peirata gaiès*). C'est là qu'ils habitent, le cœur libre de soucis, dans les îles des Bienheureux, *aux bords* des tourbillons profonds de l'Océan ; héros fortunés, pour qui le sol fécond porte trois fois l'an une florissante et douce récolte ».

Il s'agit évidemment du même lieu que celui promis à Ménélas dans l'*Odyssée* – même s'il porte un autre nom –, où les hommes ordinaires ne sont pas admis : les élus y sont « éloignés des hommes ». Ce lieu idéal, aussi bien chez Homère que chez Hésiode, jouit d'un perpétuel été ; les bienheureux qui y « vivent » après leur mort ont tout de même besoin de se nourrir, mais la terre leur donne d'elle-même des récoltes en abondance. Toutes les descriptions ultérieures de ces îles répéteront à l'envi le même tableau : douceur du climat, fécondité du sol, absence de souci.

On a donc là un monde qui en tout cas n'est pas souterrain, ni non plus céleste ; il est aux marges du monde terrestre, près de l'Océan. Les écrivains ultérieurs localiseront tout au nord du disque de la Terre ces îles des Bienheureux, les confondant avec le domaine des mythiques « Hyperboréens », c'est-à-dire de ceux qui habitent « au-dessus de Borée », le vent froid venu du Nord. Selon la tradition rapportée par Pindare et l'historien Diodore de Sicile, ces Hyperboréens vivent sur une île située dans le « fleuve » Océan, un lieu aux marges du monde ordinaire, comme l'étaient chez Homère les îles de Calypso ou de Circé. « Ceux qui ont écrit sur les anciens mythes, dit Diodore, [racontent que] dans les régions situées au-delà des Celtes, il y a dans l'Océan une île au moins aussi grande que la Sicile. Cette île est située au nord et habitée par les Hyperboréens, ainsi nommés parce qu'ils vivent au-delà de l'endroit d'où souffle le vent du nord ; l'île est à la fois fertile et productrice de toute sorte de cultures, et, comme elle jouit d'un climat exceptionnellement tempéré, elle produit deux récoltes par an[14]. »

On dira sans doute (à juste titre) que l'existence d'un au-delà réservé à de rares bienheureux socialement au-dessus du lot ne jette aucun doute sur le caractère souterrain des enfers réservés au commun des mortels. C'est vrai. Mais lorsqu'on regarde l'itinéraire suivi chez Homère par les uns ou les autres pour se rendre aux enfers, ce caractère souterrain est parfois curieusement oublié, dans la mesure où l'Hadès est lui aussi évoqué comme un lieu situé au-delà de l'Océan – comme les îles des Bienheureux.

Comment aller aux enfers ?

Car, bien sûr, les enfers ne sont pas un lieu inaccessible ; d'abord pour les morts, évidemment ; mais, ce qui est moins évident, il arrive que des vivants se rendent aux enfers – et en reviennent. Ce sont ces voyages des vivants aux enfers qui ont nourri au cours des siècles l'imagination des poètes grecs, et, après eux, celle des modernes jusqu'à nos jours. Ulysse, Héraclès, Orphée, Thésée se sont tour à tour retrouvés sur le chemin des enfers. Comment y va-t-on, non seulement quand on est vivant, mais même quand on est mort ?

Pour les morts

Rien de plus simple, est-on tenté de penser d'abord : pour aller aux enfers, il suffit de mourir ; et, de fait, on trouve à maintes reprises des expressions du genre « son âme alla chez Hadès », ou « les Kères [on reviendra plus loin sur ces Kères] l'emportèrent dans la demeure d'Hadès ». Chez Homère, il n'y a pas de barque de Charon, et donc,

14. *Bibliothèque historique*, II, 47,1, trad. P. Goukowsky, Les Belles Lettres.

en principe, pas de fleuve à traverser. On trouve bien une allusion – une seule – à un fleuve, formulée par l'ombre de Patrocle, lorsque celle-ci se plaint de n'avoir pu encore entrer dans la demeure d'Hadès ni se mêler aux autres ombres, « au-delà du fleuve » (*Iliade*, XXIII, 73) ; mais comme il n'y a aucune précision, ni aucune autre allusion, il est difficile de parler de ce fleuve : on peut penser qu'il s'agit vraisemblablement de l'« Océan » (on verra plus loin Ulysse franchir l'Océan pour arriver près des enfers). Dans l'ensemble, on a bien l'impression, en lisant Homère, que le mort arrive chez Hadès dès qu'il a reçu le coup fatal. Il est même dit à deux reprises dans le chant XI de l'*Odyssée* que les morts y vont « à pied » (XI, 58 et 159) ; mais la plupart du temps les âmes « volent » chez Hadès, comme celles de Patrocle ou d'Hector, avec le même vers formulaire : « Son âme, s'envolant (*ptamenè*) de son corps, alla chez Hadès » (*Iliade*, XVI, 856 et XXII, 362). Pas non plus de guide des morts chez Homère, sinon ces Kères[15].

En réalité, les choses ne sont pas si simples, et cette idée d'une arrivée immédiate dans le monde des morts est une simplification évidente. Car le mort qui n'a pas reçu les sacrifices rituels de la sépulture ne peut justement parvenir à la demeure d'Hadès. On en trouve deux exemples très clairs, l'un dans l'*Odyssée*, l'autre dans l'*Iliade*.

Dans l'*Odyssée*, c'est un compagnon d'Ulysse, Elpénor, qui explique cela à Ulysse (chant XI, v. 51 et suivants) : il a péri en tombant malencontreusement du toit de la maison de Circé. À vrai dire, l'épisode n'est pas particulièrement pathétique, car Homère a présenté la chose de

15. Cependant, au chant XXIV de l'*Odyssée* (v. 9-14), les âmes des prétendants massacrés par Ulysse sont guidées chez Hadès, elles, par un Hermès psychopompe (« conducteur des âmes »). Mais il s'agit d'un passage interpolé tardivement, comme l'indique justement la présence d'Hermès, où les âmes suivent un itinéraire visiblement inspiré de celui d'Ulysse lors de sa descente aux enfers.

façon presque humoristique. Elpénor était le plus jeune des compagnons d'Ulysse, « le moins brave au combat, le moins sage au conseil ». Pour cuver le vin qu'il avait bu en excès, il était monté dormir sur le toit en terrasse ; réveillé brutalement par le brouhaha du départ, il se précipite, oubliant qu'il est sur le toit, et tombe en se rompant les os[16]. Ulysse (qui semble n'avoir pas encore remarqué son absence) est surpris de le trouver aux enfers ; Elpénor alors lui raconte sa triste fin et le supplie de ne pas le laisser « non pleuré, non enseveli » (*a-klautos, a-thaptos*). Ces deux termes ont une importance capitale, car ils renvoient aux deux étapes nécessaires pour permettre au mort d'entrer au royaume d'Hadès : il faut des cérémonies de deuil (exposition du cadavre, lamentations rituelles) et une crémation suivie d'inhumation, accomplie selon les rites. Elpénor va jusqu'à proférer une menace intéressante, sur laquelle on aura l'occasion de revenir : si Ulysse n'accomplit pas ces gestes rituels, Elpénor pourrait devenir pour lui une « cause de ressentiment des dieux » (*theôn mènima*, XI, 73). Il est d'ailleurs remarquable qu'Elpénor, à la différence des autres morts, n'a pas besoin de boire le sang des sacrifices (voir plus loin) pour s'exprimer et être entendu d'Ulysse ; sans doute parce que, faute des cérémonies nécessaires, il n'est pas encore un mort de plein statut.

Dans l'*Iliade*, Patrocle n'est assurément pas un mort « non pleuré », *a-klautos*. Achille l'a pleuré abondamment. Mais il est toujours *a-thaptos*, car Achille n'arrive pas à se séparer de lui, et il vient supplier Achille dans son sommeil de l'ensevelir, sous la forme d'une ombre tout à fait analogue à celles que rencontre Ulysse au chant XI de l'*Odyssée* :

---

16. La médecine moderne en a tiré le « syndrome d'Elpénor », un état de désorientation spatiale lors du réveil dans un lieu inconnu ; l'exemple le plus célèbre est celui du président Paul Deschanel, tombé du train en pyjama, en 1920.

« Ensevelis-moi au plus vite, pour que je franchisse les portes d'Hadès.
Les âmes, ombres des morts, me repoussent au loin,
et ne me laissent pas encore me mêler à elles, au-delà du fleuve ;
j'erre en vain au-dessus de la demeure d'Hadès aux larges portes »
(*Iliade*, XXIII, 71-74).

Achille va alors lui élever un bûcher gigantesque, sur lequel il égorgera douze jeunes Troyens, et des chevaux et des chiens pour l'accompagner dans l'autre monde. Si n'avoir pas reçu les rites funèbres est pénible pour l'âme de Patrocle, car elle est ainsi maintenue dans un lieu intermédiaire entre les vivants et les morts, cela lui laisse tout de même la possibilité de se manifester encore aux vivants ; mais une fois que le corps a été incinéré, l'âme perd cette possibilité, comme le signale Patrocle lui-même : « Car jamais plus je ne reviendrai de l'Hadès, quand vous m'aurez fait obtenir le feu » (XXIII, 75-76).

Quoi qu'il en soit, les morts finissent toujours par se retrouver dans l'Hadès, soit que les Kères les y emportent immédiatement, soit qu'ils doivent attendre les cérémonies funèbres. Mais il arrive aussi que des vivants y parviennent – et en reviennent, au prix de plus de difficultés.

Pour les vivants

En principe, les vivants ne peuvent absolument pas se rendre aux enfers ; de toute façon, à la différence des morts qui y vont « à pied » ou en volant, un vivant ne pourrait éventuellement y accéder qu'avec un navire, dit Homère, puisque l'Hadès est situé « au-delà de l'Océan ». Anticlée, la mère d'Ulysse, que celui-ci retrouve aux enfers, le confirme : « Il n'est pas possible [pour un vivant] de traverser l'Océan à pied (*pezon eonta*), il faut un solide navire ! » (XI, 158-159) ; mais dans sa bouche, c'est plutôt formuler une impossibilité. C'est bien ce qu'Ulysse répond déjà à Circé, lorsque celle-ci lui annonce qu'il doit se rendre aux enfers avant de continuer sa route (X, 502) : « Jamais personne encore n'est arrivé chez Hadès avec un noir vaisseau. » Il lui faudrait aussi un bon guide ; mais

Circé lui assure qu'il ira bien avec son navire, et qu'il n'aura besoin d'aucun guide : il lui suffira de se laisser pousser par le souffle de Borée. Et, une fois arrivé, Ulysse souligne avec un humour un peu cruel (aux yeux du lecteur) la différence de transport pour les morts et les vivants lorsqu'il découvre Elpénor chez les morts : « Elpénor, comment es-tu arrivé sous les ténèbres brumeuses ? Tu es arrivé plus vite à pied (*pezos iôn*) que moi avec mon noir vaisseau ! » (XI, 57-58).

Il faut donc bien, pour un vivant comme Ulysse, et au temps d'Ulysse, un navire pour arriver aux enfers – ce qui ne sera pas nécessaire pour ses successeurs ; mais cela implique-t-il une *descente* aux enfers ?

Ulysse est-il descendu aux enfers ?

Il faut bien reconnaître que nulle part on ne voit Ulysse descendre dans un lieu souterrain. Il y a cependant une ambiguïté – ou une inconséquence de l'auteur, si l'on admet que l'ensemble de l'épisode est bien de la même main.

En effet, Ulysse, lorsqu'il se rend effectivement aux enfers en suivant les indications de Circé, traverse le fleuve Océan et arrive sur l'autre rive, ou plus exactement, dit le texte, « aux confins (*es peirata*) de l'Océan aux flots profonds » (XI, 13), là où vit le mystérieux peuple des Cimmériens. Il s'avance alors le long (*para*) du fleuve (v. 21), jusqu'au point indiqué par Circé, et creuse une fosse où coule le sang des victimes qu'il sacrifie comme le lui a recommandé la magicienne. Les morts alors montent des enfers pour venir boire ce sang. Il semble donc bien s'agir moins d'une *descente* aux enfers d'un vivant que d'une *montée* des morts, évoqués du fond des enfers. Cependant, Ulysse parle à sa mère Anticlée de sa *descente* : « C'est la nécessité qui m'a fait descendre (*kategagen*) chez Hadès » (v. 164)[17].

---

17. Achille aussi demande à Ulysse (v. 475-476) : « Comment as-tu osé *descendre* dans l'Hadès où résident les morts, fantômes des humains disparus ? »

Toutefois, Ulysse est-il vraiment entré lui-même dans le domaine infernal ? Lorsque, à partir du v. 568, il parle des grands damnés des enfers qu'il a rencontrés tour à tour (Tityos, Tantale, Sisyphe et même Héraclès), on a bien l'impression qu'il est cette fois lui-même à l'intérieur des enfers, dans la mesure où il ne s'agit plus de morts attirés par le sang, mais de personnages fixés pour l'éternité dans un cadre précis (un marais pour Tantale, un mont pour Sisyphe), cadre qu'Ulysse lui-même décrit comme s'il s'y promenait. Il semble donc y avoir là une contradiction manifeste. Mais soit le rhapsode (Homère ?) qui « coud » bout à bout des poèmes d'origines diverses pour composer son *Odyssée* est indifférent à ce genre d'inconséquence, soit, comme le pensent la plupart des commentateurs, les vers consacrés aux damnés des enfers ont été interpolés à une date plus tardive.

De plus, l'itinéraire d'Ulysse pour aller aux enfers est abondamment détaillé dans l'*Odyssée* et n'implique pas nécessairement des enfers souterrains. Ce qui nous est décrit, c'est le chemin suivi par Ulysse pour arriver jusqu'à l'endroit où il devra creuser une fosse et y verser du sang pour attirer les morts. Peut-on dire pour autant qu'il est arrivé à l'entrée des enfers ? Ou même qu'il y a pénétré ? La réponse est difficile, en particulier parce qu'Homère décrit un itinéraire d'Ulysse qui présente des variantes.

Ulysse vers les enfers : les deux versions de son itinéraire

Voici le texte de l'*Odyssée*, qui offre curieusement deux descriptions de l'itinéraire suivi par Ulysse, qui ne concordent pas exactement[18].

---

18. On y ajoutera la description, certainement postérieure, du voyage des âmes des prétendants, au chant XXIV (v. 9-14), où un Hermès psychopompe (« conducteur des âmes ») rassemble les âmes dans une grotte :

Circé d'abord indique à Ulysse, au chant X, le chemin qu'il doit suivre :

« Dresse le mât, déploie les blanches voiles
et assieds-toi. Le souffle de Borée emportera ton navire.
Mais quand tu auras, avec ton navire, traversé l'Océan,
là où se trouvent un petit promontoire et le bois de Perséphone,
de hauts peupliers et des saules aux fruits morts,
alors tire le navire au bord de l'Océan aux flots profonds.
Puis toi-même, va vers l'humide maison d'Hadès.
Et là où dans l'Achéron se jettent le Pyriphlégéthon
et le Cocyte, qui est un bras du Styx,
où se trouve un rocher au confluent des deux fleuves retentissants,
là, creuse une fosse carrée d'une coudée de côté... » (*Odyssée*, X, 506-516).

Lorsque Ulysse plus tard se rend au lieu indiqué par Circé, les indications (données cette fois directement par Homère) sont plus brèves, et surtout différentes (XI, 11-22) : après un jour de navigation sur l'Océan, poussé par Borée, Ulysse arrive non pas au promontoire et au bois de Perséphone, mais chez les Cimmériens, et là, tire son vaisseau à terre. Ensuite, aucun nouveau point de repère n'est indiqué, et la seule description est celle de ce peuple mystérieux dont Circé n'avait pas soufflé mot :

« Toute une journée nous courons sur la mer, voiles gonflées.
Le soleil disparaissait et toutes les rues étaient pleines d'ombre.
Le navire arriva aux confins (*es peirata*) de l'Océan aux flots profonds,
là où se trouvent le peuple et la cité des Cimmériens,
enveloppés de brume et de nuées. Ces gens-là, jamais
le soleil éclatant ne les approche de ses rayons,
ni quand il monte vers le ciel plein d'astres,
ni quand il redescend du ciel vers la terre ;
mais une nuit funeste s'étend sur les malheureux mortels.
Arrivés là nous tirons le navire sur la rive, nous en sortons

---

« Hermès le bienfaisant les conduisait par des chemins humides ;
ils longeaient le cours de l'Océan et le Rocher Blanc,
et par les portes du Soleil et le pays des Rêves,
ils allaient ; rapidement ils arrivèrent à la prairie d'asphodèles,
là où habitent les âmes, fantômes des défunts. »

les moutons ; puis, nous-mêmes, le long du cours de l'Océan nous allons, jusqu'à ce que nous arrivions à l'endroit indiqué par Circé. »

Il semble bien que, dans cette seconde version, un interpolateur ait inséré la description des Cimmériens, avant de raccrocher son récit à l'itinéraire indiqué par Circé et de faire arriver Ulysse au promontoire et au bois de Perséphone. Le problème posé par ces Cimmériens a fait l'objet de nombreuses discussions. Sont-ils situés de l'autre côté de l'Océan, ce qui les ferait appartenir au monde des morts ? Ou sont-ils encore du côté des humains puisque Ulysse et ses compagnons vont seulement « le long du cours de l'Océan » (on a souvent vu là une allusion à la découverte par les Phéniciens des pays embrumés du Nord, Grande-Bretagne ou peut-être même Islande)[19] ? En ce cas Ulysse n'aurait pas traversé l'Océan, ce qui contredit les indications de Circé.

Restons-en donc au premier itinéraire, puisque Ulysse finit de toute façon par arriver au point indiqué par Circé, de l'autre côté de l'Océan. On voit bien que la marche d'Ulysse comprend deux étapes. Il doit d'abord suivre le cours de l'Océan jusqu'à un point précis, qu'il reconnaîtra facilement : un promontoire, avec un bois planté d'arbres peut-être symboles de mort : hauts peupliers, et saules *olesikarpoi*, mot qu'on peut traduire par « aux fruits morts » (V. Bérard), ou « stériles », ou même, selon Hésychius, « qui rendent stérile ». C'est la première étape de son voyage, à la fin de laquelle il doit abandonner son navire et continuer à pied « vers la demeure d'Hadès », jusqu'à ce qu'il rencontre un nouveau point de repère, plus ambigu pour le lecteur.

19. Un détail complique encore l'itinéraire suivi : Ulysse et ses compagnons partent de l'île de Circé (située traditionnellement près de Naples) et sont poussés par Borée, un vent venu du nord…

Ce point de repère, c'est une roche[20] située au confluent de « deux fleuves retentissants », le Pyriphlégéthon et le Cocyte, qui se jettent dans l'Achéron. On est tenté, il est vrai, de dire que c'est donc plutôt le confluent de *trois* fleuves, avec un quatrième cité accessoirement : le Styx, dont le Cocyte est un bras. Mais Ulysse se trouve-t-il là à l'extérieur des enfers, ou est-il déjà dans la maison d'Hadès ? Après avoir abandonné son navire au promontoire indiqué, à la fin de la première partie du trajet, est-il entré dans le domaine infernal ? La réponse la plus vraisemblable (si l'on cherche des repères logiques dans un récit qui ne l'est pas nécessairement) est qu'il est toujours à l'extérieur et que ces fleuves forment en somme la frontière des enfers. La « maison d'Hadès » avec ses portes d'airain est peut-être entourée par une muraille, mais sans doute aussi par un réseau de fleuves infranchissables (pas seulement l'Océan) qui la rendent inaccessible aux humains ; mais rien ne dit qu'Ulysse soit *descendu* pour arriver là ; de plus, il n'est pas arrivé seul jusque-là, puisqu'il est accompagné de quelques-uns de ses hommes – dont il ne sera plus question ensuite.

Ce qui est sûr en tout cas, c'est que les générations suivantes ont toutes vu Ulysse *descendre* effectivement aux enfers, descendre seul et sans utiliser de navire. Après Homère, les Grecs, les Romains, et ensuite les modernes, ont cherché avec constance une « entrée des enfers » par où serait descendu Ulysse. Plusieurs d'entre eux l'ont située non pas aux confins du monde, mais en Grèce même, en Thesprôtie, à Trézène ou au cap Ténare, les hypothèses étant confortées par l'existence en Grèce de plusieurs fleuves nommés Achéron. Apollonios de Rhodes dans ses *Argonautiques* (II, 350 sq.) signale un fleuve portant

20. Cette roche a sans doute été reprise dans l'épisode des âmes des prétendants (un « rocher blanc »).

ce nom et une entrée des enfers en Bithynie, de l'autre côté de la mer Noire, mais sans faire de rapprochements avec l'expédition d'Ulysse. Les Romains, eux, privilégieront la région du lac Averne, près de Naples. Comme l'ont remarqué bien des savants, ce n'est sans doute pas Homère qui a emprunté les noms d'Achéron, de Cocyte, etc. à telle ou telle contrée, mais c'est la popularité des poèmes homériques qui a valu leur nom à tous les sites (grottes, cours souterrains, etc.) qui pouvaient ressembler à une entrée des enfers.

Alors a-t-on bien affaire à des enfers souterrains ? Peut-être pourrait-on trouver une réponse plus nette en évoquant quelques autres « vivants » illustres, plus ou moins contemporains d'Ulysse, qui sont, eux aussi, allés chez Hadès. Il en existe au moins trois : Héraclès, Thésée et Orphée. Mais, comme on va le voir, ils nous apportent peu de lumière.

Les autres humains descendus aux enfers

On sera amené à revenir sur ces héros dans les chapitres suivants, à propos de l'orphisme et des mystères d'Éleusis. Pour le moment, seul nous intéresse l'itinéraire qu'ils ont suivi pour aller aux enfers, moins précis que celui d'Ulysse. En fait, on a peu de détails sur ces chemins des enfers, mais il semble tout de même évident que tous ces voyageurs sont bien *descendus*.

Héraclès

Qu'Héraclès soit allé aux enfers est attesté à date ancienne. Eurysthée lui a imposé, pour le douzième de ses travaux, d'aller chercher chez Hadès le chien Cerbère (qu'Ulysse n'a pas eu, lui, à affronter). Ce « travail » d'Héraclès est mentionné dans l'*Iliade*, où Athéna se plaint que son père Zeus ait oublié les services qu'elle lui a jadis rendus :

« Il ne se souvient nullement que, bien souvent, j'ai sauvé son fils
épuisé par les épreuves que lui imposait Eurysthée.
Lui [Héraclès] pleurait en regardant le ciel, et moi,
Zeus me lançait du ciel pour lui porter secours.
Si j'avais su cela dans mon esprit prudent,
quand Eurysthée l'envoya dans l'Hadès aux solides portes
pour enlever de l'Érèbe le chien de l'odieux Hadès,
il n'aurait pas échappé au lit escarpé des eaux du Styx »
(*Iliade*, VIII, v. 362-369).

L'épisode est également connu de l'*Odyssée* : Ulysse rencontre aux enfers l'ombre d'Héraclès, qui lui dit :

« Et un jour il [Eurysthée] m'envoya ici pour enlever le chien ; il pensait
qu'il n'y avait pas pour moi d'exploit plus risqué que celui-là.
Le chien, moi je le pris et le ramenai de l'Hadès ;
mais Hermès m'accompagnait, ainsi qu'Athéna aux yeux pers »
(*Odyssée*, XI, v. 623-626).

Cependant ces vers de l'*Odyssée* appartiennent probablement à une insertion postérieure ; la mention d'Hermès « psychopompe » (conducteur) en est une confirmation. Hésiode, de son côté, ne fait pas allusion à l'exploit d'Héraclès, mais mentionne l'existence de Cerbère ; fruit de l'union de deux monstres (Échidna et Typhon), Cerbère est chez lui « un monstre irrésistible, qu'à peine on ose nommer, le cruel Cerbère, le chien d'Hadès, à la voix d'airain, aux cinquante têtes, implacable et puissant[21] ».

Comment Héraclès s'y est-il pris pour aller aux enfers[22] ? On ne trouve aucune réponse dans les textes les plus

21. *Théogonie*, v. 311. La tradition, on le sait, ramènera à trois le nombre de têtes de Cerbère ; mais Pindare lui en accorde encore cent (fragment 49b) et, sur quelques vases grecs, il n'en a que deux.

22. Son voyage a été évoqué par divers auteurs et représenté par des peintres de vases. Pisandre de Rhodes, un poète épique dont il ne reste presque rien, aurait écrit vers 640 av. J.-C. (donc peu de temps après Hésiode) une *Heracleia* où il racontait les douze travaux d'Héraclès ; un peu plus tard, sur une hydrie étrusque de Caeré datée de 525 av. J.-C. environ, on voit le héros présenter Cerbère à Eurysthée qui, épouvanté, se cache dans une jarre ; à la même date, une amphore à figures rouges montre Héraclès flattant de la

anciens ; il faudra attendre des auteurs plus tardifs. Pour certains, il est tout bonnement descendu par une faille dans le sol. Xénophon, dans son *Anabase*, signale, près d'une ville appelée Héraclée, une entrée des enfers qu'aurait utilisée Héraclès :

> « Ils mouillèrent le long de la Chersonèse Achérousiade, en un lieu où Héraclès, dit-on, descendit pour aller chercher le chien Cerbère, et où l'on montre encore comme preuve de sa descente un gouffre qui s'étend sur plus de deux stades[23]. »

Selon d'autres, pour arriver jusqu'aux enfers, Héraclès a dû se faire initier aux mystères d'Éleusis[24] : on en trouve une allusion dans l'*Héraclès* d'Euripide :

> AMPHITRYON. – Es-tu vraiment allé chez Hadès, ô mon fils ?
> HÉRACLÈS. – Oui, et j'ai ramené le monstre à triple tête.
> AMPHITRYON. – Après combat, ou bien par don de la déesse [Perséphone] ?
> HÉRACLÈS. – Après combat ; pour vaincre, j'ai vu les mystères[25].

On ne peut qu'imaginer l'itinéraire suivi par Héraclès. Aristophane, lui, s'amusera à retracer cet itinéraire d'une façon parodique et évidemment fantaisiste dans sa pièce des *Grenouilles*. On en reparlera plus loin à propos des mystères d'Éleusis.

---

main un Cerbère à deux têtes (les deux vases se trouvent au Louvre). Il est évoqué aussi dans un fragment de Pindare d'attribution toutefois incertaine (Pindare, fr. 346, *Dithyrambe* II, éd. Snell-Maehler et *Pindare*, Les Belles Lettres, t. IV, p. 148).

23. *Anabase*, VI, 2, 2, trad. Paul Masqueray, Les Belles Lettres.

24. Voir les variantes données par Diodore de Sicile, IV, 14, 3 (« Déméter, voulant honorer Héraclès, institua les petits mystères pour le purifier du meurtre des Centaures ») et 25, 1 (« Lorsque Héraclès eut fini son dixième travail, il reçut d'Eurysthée l'ordre de ramener Cerbère des enfers à la lumière du jour. Pensant que ce nouveau travail serait glorieux pour lui, il se rendit à Athènes, et participa aux mystères d'Éleusis ; Musée, fils d'Orphée, dirigeait alors la cérémonie »). Trad. D. Jouanna.

25. *Héraclès*, v. 610-613, trad. H. Parmentier et H. Grégoire, Les Belles Lettres.

Thésée

L'extrait d'Euripide qu'on vient de citer mentionne, quelques vers plus loin, un autre visiteur des enfers : Thésée, qu'Héraclès a pu délivrer lors de son passage. Thésée serait en effet descendu lui aussi aux enfers, mais pour des raisons moins glorieuses : il aurait voulu aider son ami Pirithoüs, amoureux de Perséphone, à enlever cette dernière, et se serait retrouvé comme lui prisonnier d'Hadès. Racine évoquera cet épisode dans sa *Phèdre*, en traitant Thésée de « Volage adorateur de mille objets divers / Qui va du dieu des morts déshonorer la couche ». Non, ce n'est pas pour son propre compte que Thésée aurait entrepris cette dangereuse expédition, mais au nom de l'amitié. Peu d'auteurs ont raconté cet épisode de la vie de Thésée. Plutarque, dans sa *Vie de Thésée*, lui donnera un caractère beaucoup moins merveilleux : selon lui, Thésée et Pirithoüs ne sont jamais allés aux enfers. Ils avaient enlevé ensemble la jeune Hélène encore enfant et l'avaient tirée au sort. Thésée, vainqueur du tirage, voulut aider Pirithoüs à conquérir une autre compagne, mais dans le monde des vivants, et c'est de la similitude des noms que serait née la légende :

> « Pour payer Pirithoüs de retour, il se rendit avec lui en Épire afin d'y enlever la fille d'Aïdoneus, roi des Molosses ; celui-ci avait donné à sa femme le nom de Perséphone, à sa fille celui de Korè et à son chien celui de Cerbère ; il ordonnait aux prétendants de la jeune fille de combattre l'animal, avec promesse de la donner au vainqueur. Mais, averti que Pirithoüs et son compagnon n'étaient pas venus pour la demander en mariage mais pour l'enlever, il se saisit d'eux, fit sur-le-champ dévorer Pirithoüs par le chien et retint Thésée prisonnier[26]. »

En tout cas, ce voyage de Thésée aux enfers (s'il a bien eu lieu) n'a pas suscité de récit détaillé, et on ne sait comment il s'y est pris pour arriver jusque-là.

---

26. *Vie de Thésée*, 31, 4, trad. R. Flacelière et É. Chambry, Les Belles Lettres.

Orphée

Il reste un dernier personnage illustre à être descendu aux enfers : il s'agit d'Orphée, cherchant son épouse Eurydice ; l'épisode est bien connu grâce aux poètes grecs et latins que cette histoire a émus, et grâce à l'opéra et même au cinéma. Mais le nom d'Orphée n'est pas mentionné au temps d'Homère et d'Hésiode. On ne s'arrêtera donc pas sur lui pour le moment, mais on y reviendra bien évidemment dans les chapitres suivants.

On le voit, les voyages de ces autres explorateurs du monde infernal que sont Héraclès, Thésée et Orphée n'apportent aucune lumière, du moins à date ancienne, sur la localisation des enfers ou l'itinéraire à suivre pour y parvenir. Il faudra pour cela attendre les auteurs et les artistes postérieurs, grecs, romains ou modernes, comme Platon, Virgile ou Dante, pour voir se préciser un lieu et un itinéraire… qui feront surtout honneur à leur imagination.

Que conclure de tout cela ? D'abord, sans doute, qu'il ne faut pas chercher, avec notre moderne esprit cartésien, une cohérence logique dans des légendes pleines d'inconséquences ; et, même si le texte homérique semble parfois hésiter entre un monde souterrain et le mythique « au-delà » d'un fleuve, admettons, avec l'ensemble des Grecs et la caution de la littérature en général, que les enfers sont bien un monde souterrain. Reste à savoir à quoi ressemble ce lieu, quels sont sa géographie, ses paysages et ses habitants.

CHAPITRE II

La géographie des enfers

Voilà le guerrier d'Homère ou le paysan d'Hésiode arrivé aux enfers, en marchant, en volant, ou bien sur son navire. Quel paysage découvre-t-il, une fois franchies leurs portes « odieuses » ?

Il est difficile de le dire en se fondant sur les poèmes. On trouve bien, comme on l'a mentionné plus haut, une description des enfers au chant XI de l'*Odyssée*, lorsque Ulysse rencontre les grands damnés qui s'y trouvent rassemblés ; mais ce tableau ne fait sans doute pas partie du noyau originel. On va cependant essayer d'abord d'en dégager les traits essentiels.

Le paysage des enfers décrit au chant XI de l'*Odyssée*

Ce passage du poème, où Ulysse commence apparemment à se promener lui-même à l'intérieur des enfers, dessine un paysage infernal qui a frappé les imaginations, comme le montreront les imitations de Virgile, qui fait visiter les enfers à Énée dans l'*Énéide*, de Dante dans *La Divine Comédie*, ou encore de Fénelon dans son *Voyage de Télémaque*.

Ulysse y voit Minos, dans ses fonctions de juge, et Orion, apparemment toujours occupé à chasser ; puis trois grands damnés (Tityos, Tantale et Sisyphe), chacun en proie à un supplice éternel ; et enfin Héraclès, qui lui fait quelques confidences : son ombre n'est là que pour rappeler la descente aux enfers que lui a imposée Eurysthée ; en fait (curieux dédoublement !) il vit désormais sur l'Olympe, aux côtés de son épouse la déesse Hébè.

Voici la description des enfers qu'on trouve lors de ces rencontres :

> « Alors je vis Minos, le noble fils de Zeus :
> avec un sceptre d'or, il jugeait les défunts
> assis. Les autres autour du roi attendaient le jugement
> assis ou debout, dans la demeure d'Hadès aux larges portes.
> Après lui je remarquai le monstrueux Orion
> chassant dans le pré d'asphodèles les bêtes sauvages
> qu'il avait abattues lui-même dans les monts solitaires.
> Il avait en main sa massue de bronze toujours intacte.
> Et je vis Tityos, fils de la noble Terre :
> il gisait sur le sol (*dapedon*) et couvrait neuf arpents.
> Deux vautours, posés de chaque côté, lui déchiraient le foie,
> fouillant ses entrailles ; et lui ne parvenait pas à les écarter de ses mains.
> Car il avait agressé Létô, l'auguste compagne de Zeus,
> alors qu'elle s'en allait à Delphes, à travers Panopée et sa riante plaine.
> Je vis aussi Tantale soumis à de rudes souffrances
> debout dans un marais (*limnè*) ; l'eau venait lui toucher le menton.
> Il était assoiffé mais ne pouvait rien boire :
> chaque fois que le vieillard se penchait plein d'envie,
> chaque fois l'eau disparaissait en s'engloutissant, et à ses pieds
> apparaissait le sol noir, desséché par un dieu.
> Des arbres aux hautes frondaisons, au-dessus de sa tête, laissaient pendre leurs fruits,
> poiriers et grenadiers et pommiers aux fruits d'or,
> doux figuiers et puissants oliviers ;
> mais lorsque le vieillard voulait en approcher sa main,
> le vent les emportait jusqu'aux sombres nuées.
> Je vis aussi Sisyphe, soumis à de rudes souffrances,

soutenant de ses deux bras une pierre gigantesque ;
lui, s'accrochant des pieds et des mains,
vers le sommet du tertre (*lophon)*, il voulait la pousser ; mais chaque fois qu'il allait
en atteindre la crête, une force alors la faisait retomber,
et elle roulait alors jusqu'en bas, l'impudente pierre ;
lui, de toutes ses forces, la poussait à nouveau ; la sueur
ruisselait de ses membres, et la poussière s'envolait de son front »
(*Odyssée,* XI, v. 568-600).

Ulysse aurait bien aimé voir encore d'autres célébrités, comme Thésée et son ami Pirithoüs, mais le peuple des morts s'agite dangereusement et il préfère battre en retraite.

Tout désigne ici un « collage » plus ou moins adroit. Ulysse est-il immobile, et voit-il défiler devant lui tous ces morts, comme c'était le cas jusqu'ici ? Ne se promène-t-il pas plutôt lui-même dans les enfers, comme le laisse supposer la présence de ces damnés attachés à un lieu précis – damnés qu'il faudrait d'ailleurs supposer plutôt dans le Tartare, où Ulysse n'a certainement pas accès ?

Quoi qu'il en soit, dans le paysage ainsi évoqué se détachent quatre éléments : une prairie d'asphodèles, un sol plat (*dapedon*), un marais (*limnè*) et quelques arbres fruitiers, et une colline (*lophos*). Trois de ces éléments (plaine, marais, colline) sont nécessairement suscités par la description du supplice qui suit, et n'ont pas particulièrement intéressé les commentateurs. En revanche, la prairie d'asphodèles a suscité beaucoup de fantasmes... et d'articles savants.

On trouve trois fois dans l'*Odyssée* la mention de cette prairie d'asphodèles à propos des enfers : ici, pour Orion ; quelques vers plus haut (vers considérés comme authentiques), pour l'ombre d'Achille qui s'éloigne joyeuse après qu'Ulysse lui a donné des nouvelles rassurantes de son fils Néoptolème (« Telles furent mes paroles, mais l'âme de l'Éacide aux pieds rapides / à grands pas s'éloignait, à travers la prairie d'asphodèles », XI, 538-541) ; enfin, au chant XXIV, dans des vers sans doute très postérieurs, pour les âmes des prétendants qu'Hermès emmène aux enfers, où ils retrouvent « dans la prairie d'asphodèles » les ombres d'Achille et d'Agamemnon (XXIV, v. 13-14). Faut-il donc considérer que dans le sombre pays d'Hadès il existe une prairie fleurie, susceptible de réjouir les âmes des morts ?

Une première réponse est apportée par ceux qui nient l'existence de cette prairie. Depuis l'Antiquité en effet on a remarqué que cette expression *kat'asphodelon leimôna* était peut-être la réfection d'une autre expression (*kata spodelon leimôna*), « dans la prairie des cendres » ; ces « cendres » seraient sans doute plus conformes au paysage attendu, sans compter que le mot *asphodelos* pose lui-même des problèmes, à propos de sa nature et de son accentuation[1]. Robert Graves, dans *Les Mythes grecs*, propose une interprétation plus étrange : selon lui, le mot *asphodelos* signifie probablement « "la vallée de ce qui ne se réduit pas en cendres", (de *a-* privatif, *spodos*, "cendre", *elos*, "vallée" : c'est-à-dire l'ombre du héros après que son corps a été brûlé)[2] ».

La plupart du temps cependant, tout en formulant des doutes sur la nature exacte du texte, les commentateurs admettent l'existence de cette prairie d'asphodèles. Mais pourquoi des asphodèles ? Cette fleur en forme de hampe blanche et sans parfum pousse sur des sols secs, rocailleux et calcaires ; si bien que paraît étrange l'association, dans le texte homérique, du mot *asphodelos* et du mot *leimôn*, le *leimôn* étant une prairie humide[3]. Cela n'empêche pas

---

1. Voir le savant article de Suzanne Amigues, « La "Prairie d'Asphodèle" de l'*Odyssée* et de l'*Hymne homérique à Hermès* », *Revue de philologie, de littérature et d'histoire ancienne*, 1/2002 (t. LXXVI, p. 7-14) ; voir aussi Catherine Cousin, « Bocages et prairies, ambiguïtés du paysage infernal odysséen » (article publié sur Internet).

2. Robert Graves, *Les Mythes grecs*, éd. La Pochothèque, Fayard, 1967, p. 201.

3. Voir André Motte, *Prairies et jardins dans la Grèce antique*, Bruxelles, 1973, p. 7 : le *leimôn* est « une large étendue de terre humide, pourvue d'une végétation abondante et spontanée ».

les commentateurs d'en rester à la prairie d'asphodèles pour plusieurs raisons. D'abord, parce qu'un *leimôn* de cendres est aussi contradictoire dans les termes qu'un *leimôn* d'asphodèles ; ensuite, à cause de l'allusion fréquente dans ce contexte infernal à Perséphone, dont le nom est souvent associé à la mention de fleurs. Par exemple, Perséphone (qui s'appelait alors Korè), lorsqu'elle fut enlevée par le dieu des enfers Hadès, jouait avec ses compagnes « dans une prairie pleine de fleurs », comme le dit l'*Hymne homérique à Déméter* (v. 4 et 417). Mais, surtout, l'asphodèle est signalée par les écrivains ultérieurs comme liée au culte des morts et des dieux infernaux[4]. Cette pratique était-elle antérieure à Homère ou s'est-elle répandue justement par référence aux enfers de l'*Odyssée* ? Il est difficile de le dire ; mais les vers de l'*Odyssée* étaient certainement connus dans l'Antiquité avec la version « fleurie » de l'asphodèle et non celle des cendres, comme on le voit dans un conte parodique de Lucien (*Charon*, 22) : le passeur des enfers Charon, qui a demandé à Hadès un jour de vacances, visite la Terre en compagnie de son guide Hermès, et s'étonne de voir offrir aux morts des libations censées les nourrir : les morts n'en ont pas besoin, dit-il, puisqu'ils sont « nus et desséchés dans la prairie d'asphodèles ». La reprise textuelle de l'expression homérique ne laisse donc aucun doute.

C'est la seule note végétale qui apparaît chez Homère pour décrire les enfers (si l'on excepte les arbres fruitiers qui surplombent Tantale, qui ne sont là que comme des mirages) ; et elle n'apparaît que dans un seul passage considéré comme authentique, à propos d'Achille, les deux autres mentions (à propos d'Orion et des prétendants) étant

4. On lit dans la *Souda* : « Plante consacrée à Perséphone et aux divinités chtoniennes » (a 4299 Adler), et, chez Eustathe : « On plantait sur les tombes ce genre de plante. »

sans doute plus tardives. Chez Hésiode ne figure aucune description des enfers qui pourrait compléter cette image.

On trouve souvent mentionnée, dans des ouvrages de vulgarisation, l'existence aux enfers d'un autre végétal : un peuplier blanc qui serait la nymphe Leukè (*la Blanche*), ainsi métamorphosée après avoir tenté d'échapper à Hadès amoureux. Mais ces ouvrages se gardent bien de mentionner leur source. En fait, bien loin de figurer dans des textes anciens, cette nymphe n'est apparue qu'au ve siècle de notre ère, dans le commentaire qu'un grammairien latin, Servius, a fait de la septième *Bucolique* de Virgile. On ne saurait donc faire figurer ce peuplier dans le tableau des enfers homériques[5] !

Faut-il ajouter à ce paysage bien maigre les fleuves des enfers ? On se souvient qu'Ulysse, au chant X de l'*Odyssée*, dans l'itinéraire tracé par Circé, devait tirer son navire « au bord de l'Océan aux flots profonds », puis aller jusqu'à l'endroit où « dans l'Achéron se jettent le Pyriphlégéthon et le Cocyte, qui est un bras du Styx, où se trouve un rocher au confluent des deux fleuves retentissants ». Ces fleuves sont-ils à l'extérieur ou à l'intérieur des enfers ? D'après les textes homériques, on l'a dit, il est malaisé de savoir si ces fleuves se situaient à la frontière ou à l'intérieur des enfers ; en revanche, dans l'imaginaire des Grecs et des modernes, ils faisaient bien partie du paysage infernal.

Les fleuves des enfers

Ces fleuves ont en effet beaucoup inspiré les commentateurs. Tous sont d'accord pour attribuer à leurs noms une signification symbolique bien en accord avec le monde des

---

5. Toutefois, les lamelles d'or orphiques (v[e] ou IVe siècle avant notre ère) mentionnent l'existence d'un « cyprès blanc » (voir plus bas, p. 128), mais seulement dans l'itinéraire vers les enfers.

morts. Le Cocyte est au sens propre le « fleuve des lamentations » (le verbe *kokuô* signifie pousser des cris de douleur, se lamenter) ; le Pyriphlégéthon est le fleuve du feu (*pur*), qui brûle et dessèche (*phlegô*). L'Achéron fait songer au mot *achos*, la douleur, le Styx au verbe *stugeo*, haïr. Fleuves de feu, de haine, de douleur et de lamentations, voilà de quoi stimuler l'imagination ! Plus tard s'ajoutera un cinquième fleuve, le Léthé (le fleuve de l'oubli), dont il n'est pas question chez Homère. Impossible, d'après la description homérique, de dire quel était le tracé de ces fleuves ; Platon plus tard leur attribuera, lui, un cours très précis.

L'un de ces fleuves, toutefois, mérite qu'on s'y attarde un peu longuement : le Styx, dont l'histoire est plus complexe. Chez Homère, c'est un fleuve infernal, et plus tard on racontera que c'est dans le Styx que Thétis, la mère d'Achille, plongea son fils pour le rendre invulnérable (et comme on sait, elle le tenait par le talon, qui resta donc un point non protégé). Mais, chez Hésiode, Styx n'est pas un fleuve : c'est une vénérable déesse (*Théogonie*, 383-403). Fille d'Océan, elle a aidé Zeus lorsqu'il appelait les dieux à son secours pour lutter contre les Titans ; en récompense, « Zeus voulut qu'elle fût le grand serment des dieux ». C'est-à-dire, comme l'ont expliqué des auteurs plus tardifs, que, lorsqu'un dieu voulait porter un serment solennel, il jurait « par le Styx » et buvait en même temps de son eau. Si le serment était mensonger, son auteur perdait la voix et le souffle pendant une « Grande Année », soit neuf ans, et était banni du conseil des dieux pour neuf autres[6]. Chez Homère en tout cas, il s'agit bien d'un fleuve, et, comme les autres, il semble avoir un cours assez tumultueux.

6. Beaucoup plus tard, Pausanias (*Description de la Grèce*, VIII, 17) signale l'existence d'un fleuve d'Arcadie nommé Styx dont les eaux sont mortelles pour tout être vivant qui voudrait en boire.

Comme on le voit, il est assez difficile de préciser le paysage que découvraient en arrivant aux enfers le guerrier homérique ou le paysan d'Hésiode. Tout ce que l'on peut dire est qu'il n'était sans doute pas très gai, une fois franchies les portes de bronze et les fleuves de douleur. Mais ce monde infernal n'était pas désert, et le mort (ou le visiteur) était bien loin de s'y retrouver seul.

CHAPITRE III

Le peuple des morts aux enfers

Les enfers sont très peuplés. Les nouveaux arrivants y découvrent en principe trois sortes d'occupants : les morts « ordinaires », les divinités des enfers, et enfin les morts célèbres, mortels ou demi-dieux condamnés à des peines éternelles pour leurs méfaits. Comme les précisions attachées à ces deux dernières catégories dans les poèmes homériques et hésiodiques ou bien sont pratiquement absentes (pour les divinités), ou bien sont susceptibles d'être des interpolations plus tardives (pour les grands damnés des enfers), on va commencer par les morts ordinaires, qui, eux, appartiennent bien aux poèmes du VIIIe siècle.

Ces morts ordinaires sont en effet extrêmement nombreux et voltigent de façon inquiétante autour des visiteurs inattendus. Lorsque Ulysse descend aux enfers pour consulter Tirésias, il voit aussitôt accourir les nombreuses âmes des morts (X, 529). Ce sont des *psuchai* (ou *psychai*). Le mot (qu'on traduira, faute de mieux, par « âme ») revient assez souvent pour qu'on n'ait pas de doute à ce sujet. Mais qu'est-ce exactement qu'une *psuchè* ?

E. Rohde affirme dans son ouvrage fondamental intitulé *Psyché. Le culte des morts et la croyance en l'immortalité de l'âme chez les Grecs*, paru il y a plus d'un siècle mais toujours précieux, qu'on ne trouve le mot qu'à propos des morts ou du moment de la mort. Ce n'est pas, selon lui, le principe vital (qui serait le *thumos*, « l'ardeur »). Il est vrai qu'aux v. 220-222 du chant XI de l'*Odyssée* Anticlée explique à son fils Ulysse ce qui se passe lors de l'incinération du mort : « Le feu puissant dompte [les chairs et les os] dès que le *thumos* a quitté les os blancs, et que la *psuchè* s'est envolée comme un songe » ; y aurait-il donc association, chez les vivants, d'un principe vital concret, le *thumos*, et d'un élément immatériel, la *psuchè*, qui ne serait mentionné qu'au moment de la mort ? Jean-Pierre Vernant va dans le même sens que Rohde, lorsqu'il affirme : « De l'homme vivant, jamais il n'est dit qu'il possède une *psuchè* [sauf dans les rares cas d'évanouissement...]. Les hommes n'ont donc pas de *psuchè*, ils deviennent, une fois morts, des *psuchai*, ombres inconsistantes qui mènent dans les ténèbres une existence amoindrie[1]... » En fait, ce n'est pas tout à fait exact, et il existe bien une *psuchè* des vivants.

La *psuchè* des vivants

Les mots employés le plus souvent chez Homère pour désigner la force vitale, qui abandonne l'homme au moment de sa mort, sont sans doute le *thumos* ou encore le *menos* (la « force »). Mais on trouve aussi fréquemment le mot *psuchè* avec le sens de « vie », parfois associé à un

1. J.-P. Vernant, *Entre mythe et politique. Psyché : double du corps ou reflet du divin ?*, dans *Œuvres*, t. II, Le Seuil, 2007, p. 2127.

autre terme[2]. La *psuchè* est alors le principe vital d'un individu : lorsque Hector envisage qu'après tout il peut parvenir à tuer Achille, il se dit que ce dernier, comme tout le monde, a une chair que le bronze peut blesser, « et en elle, une seule âme » (*psuchè*) ; au chant IX de l'*Iliade*, Achille regrette d'avoir exposé sa vie (*psuchè*) pour rien (v. 322) ; et dans l'*Odyssée*, dès les premiers vers (I, 5), Ulysse cherche à conserver sa vie (*psuchè*) ; au chant XXII, les prétendants attaqués par Ulysse « luttent pour leur vie » (245), de même que, dans l'*Iliade*, Hector poursuivi par Achille « court pour sa vie » (XXII, 161). L'expression *peri psuchès* (figurant dans les deux derniers exemples) lorsque la vie est en jeu est d'ailleurs assez fréquente (cf. *Odyssée*, IX, 423). Mais le terme peut désigner aussi la vie en général : au chant IX de l'*Iliade*, Achille déclare que « rien ne vaut la vie » (*psuchè*, v. 401). Dans d'autres passages, on est plus près du sens presque technique de « souffle vital ». Ainsi, au chant IX, Achille ajoute à sa remarque que, malheureusement, « on ne peut plus ramener la *psuchè* d'un homme, une fois qu'elle a franchi la barrière de ses dents » (v. 408-409) ; cependant, on remarquera que, lorsque Andromaque apprend la mort d'Hector et s'évanouit, le mot employé est inattendu : « elle exhala sa *psuchè* ». Or Andromaque n'est pas morte, bien sûr : quelques vers plus loin, elle retrouve son souffle et rassemble son *thumos*. Et déjà au chant V, v. 696, Sarpédon lui aussi avait d'abord vu sa *psuchè* le quitter, avant de retrouver aussitôt son souffle. Ce qui contredit l'affirmation d'Achille que la *psuchè* une fois sortie du corps ne peut plus y revenir[3] ! En

2. Comme *ménos* (par ex. *Iliade*, VIII, 123 : « De lui aussitôt se séparèrent son âme et sa force »), ou encore *aiôn* (XVI, 453 : « quand l'auront quitté l'âme et la vie »).

3. Outre les passages déjà cités, on trouve également *psuchè* avec le sens de « vie » dans *Iliade*, V, 296 ; XIII, 763 ; XIV, 517 ; XVI, 505, 625, 856 ; XXII,

fait, la *psuchè*, comme le laisse entendre son étymologie[4], est bien pour le vivant le souffle vital, mentionné lorsqu'il est l'équivalent du *thumos*.

La *psuchè* des morts

Il en va tout autrement après la mort. L'âme cesse d'être le principe vital lorsqu'elle a quitté le corps, mais elle ne se dissout pas. Elle se rend aux enfers ou, du moins, chez Hadès, et rejoint le troupeau des morts ordinaires, des *psuchai*. Le mot prend alors un tout autre sens : il désigne une sorte de double, une « image » (*eidôlon*), qui garde les traits et l'apparence du vivant[5]. C'est une ombre sans consistance, sans intelligence et sans voix. À la fin du chant X, quand Circé apprend à Ulysse qu'il doit se rendre chez Hadès pour consulter l'âme de Tirésias, elle précise que ce dernier est une exception parmi les morts, car son esprit est resté ferme (*empedos*) : Perséphone lui a accordé, à lui seul, la faculté de penser, d'être « inspiré » (*pepnusthai*) – ou de « respirer », si le verbe est bien de la même racine que le verbe *pneô*, ce qui n'est pas assuré.

Les autres âmes n'ont pas ce poids que donne à Tirésias l'adjectif *empedos*, littéralement « fermement posé au sol » (toutefois, on verra que Tirésias est tout de même obligé de boire du sang pour pouvoir parler). Ce sont des « têtes

---

257, 325, 338 ; XXIV, 168, 754 ; *Odyssée*, III, 74 ; IX, 255 ; XXII, 444. On trouve même le mot employé pour un porc qu'on assomme (*Odyssée*, XIV 426) !

4. *Psuchè* est à rattacher au verbe *psuchô*, « souffler, émettre un souffle » (Chantraine).

5. Certains ont soutenu que l'*eidôlon* et la *psuchè* ne se confondaient pas, parce que sur les vases l'image du mort est souvent accompagnée d'une figurine ailée voletant devant lui, qui serait son *eidôlon* et non sa *psuchè*, puisque le corps n'est pas encore enterré. C'est oublier que la *psuchè* se détache du corps dès que la mort intervient, et non pas seulement au moment de l'inhumation. La figurine, ce double du mort, est bien à la fois son *eidôlon* et sa *psuchè*.

sans force » (X, 520, 535), elles « s'élancent vivement » (X, 494), c'est-à-dire qu'elles voltigent comme des poussières dans l'air. Lorsque Ulysse veut serrer dans ses bras l'ombre de sa mère, trois fois il s'élance pour saisir sa *psuchè*, trois fois « elle s'envole, semblable à une ombre (*skia*) ou à un songe (*oneiros*) » (XI, 207-208). Dans l'*Iliade* aussi, Achille essaie vainement de saisir l'ombre de Patrocle : « À ces mots il tendit les mains et ne put le saisir ; l'âme s'enfuit sous la terre comme une fumée en criant » (XXIII, 99-101). De la même façon (ou inversement), l'ombre d'Agamemnon veut toucher Ulysse, mais elle n'y parvient pas, car Agamemnon n'a plus « la force solide ni l'énergie qu'il avait auparavant dans ses membres souples » (XI, 393-394). Les âmes n'ont pas de consistance, mais elles poussent parfois des cris effrayants, qui inspirent à Ulysse une « peur verte » (XI, 43 et 633).

Car ces têtes sans force peuvent aussi être redoutables ; il faut pour Ulysse les « apaiser », comme le lui a bien recommandé Circé, et pour cela offrir d'abord des libations et un sacrifice à « l'illustre peuple des morts » (X, 525) pour ne pas subir sa colère. Le rituel à suivre est bien détaillé par Circé : Ulysse doit d'abord creuser un trou carré d'une coudée de côté ; ensuite, y verser trois libations, d'abord du « mélicrat » (lait additionné de miel), puis du vin doux, et ensuite de l'eau, le tout saupoudré de farine ; enfin, promettre de leur sacrifier, une fois rentré à Ithaque, une belle génisse (X, 515-522). Mais pourquoi cette « peur verte » ? Quelles actions maléfiques les morts peuvent-ils exercer ? Homère ne le précise pas ; cependant, on se souvient qu'Elpénor menaçait Ulysse d'une vengeance des dieux s'il ne veillait pas à lui donner les honneurs funèbres auxquels tout mort a droit. On peut penser qu'il s'agissait d'une allusion aux Érinyes, ou peut-être au cortège de fantômes de l'Hécate nocturne, comme on le verra plus loin.

Ces âmes peuvent même retrouver des forces – et de la voix – si elles boivent du sang. C'est sans doute l'épisode le plus impressionnant de cette évocation des morts dans l'*Odyssée* : au-dessus de la fosse carrée qu'il vient de creuser, Ulysse égorge en offrande un agneau et une brebis noire dont le sang coule dans la fosse. Les âmes qui en boivent retrouvent des forces, et peuvent lui parler ; aussi se précipitent-elles toutes. Mais Ulysse les empêche de s'approcher avant que Tirésias ait pu boire lui-même, en les écartant de son épée. On peut être surpris que ces âmes sans aucune consistance physique aient peur d'une épée ; mais cet épisode a inspiré les peintres de vases. Il en existe à Paris, au Cabinet des Médailles, un exemple célèbre avec un vase de la fin du Vᵉ siècle ou du début du IVᵉ siècle : on y voit Ulysse assis, l'épée à la main, près de la fosse d'où surgit la tête de Tirésias.

Cette vision des morts se nourrissant de sang sera conservée dans le monde de la tragédie : lorsque, dans l'*Hécube* d'Euripide, Néoptolème, le fils d'Achille, sacrifie la jeune Polyxène à son père mort, dont l'ombre l'a revendiquée comme récompense après la chute de Troie, il déclare : « Ô fils de Pélée, mon père, reçois ces libations, [...] viens boire le sang pur de la vierge, ce sang pur que nous t'offrons » (v. 534-537).

Toutefois, Néoptolème n'a pas besoin ici de se rendre comme Ulysse au bord de l'Océan pour offrir à son père cette libation de sang : il faut donc supposer que les morts, à l'époque classique, restent aussi attachés au voisinage de leur tombe, puisqu'on peut les « nourrir » en y versant des libations. Cette croyance, absente des poèmes homériques, a tout de même dû s'implanter très tôt, comme en témoignent quelques énormes vases funéraires du cimetière du Céramique à Athènes datant de l'époque géométrique (qu'on peut admirer au musée archéologique d'Athènes) : ces vases, à demi enterrés au-dessus de l'endroit où était enseveli le défunt (et jouant ainsi le rôle de stèle funéraire) étaient parfois dépourvus de fond, permettant ainsi de nourrir directement le mort grâce aux libations.

« Celui que tu laisseras approcher du sang te dira des paroles véridiques » promet Tirésias à Ulysse (XI, 147-148). Le mort, une fois qu'il a bu du sang, devient donc une sorte de devin omniscient. C'est d'ailleurs bien pour cela qu'Ulysse est descendu aux enfers sur les conseils de Circé : pour consulter Tirésias sur les péripéties qui l'attendent avant de pouvoir rentrer à Ithaque. Mais, lorsqu'il permet de boire du sang à d'autres morts que le devin, on constate que leur science est souvent partielle et sélective. Ainsi, l'ombre de sa mère peut renseigner Ulysse sur la situation à Ithaque, où Pénélope est assiégée par des prétendants qui pillent ses richesses, mais, curieusement, elle ignore qu'Ulysse n'y est pas lui-même encore allé : « Tu n'es pas encore revenu à Ithaque ? Tu n'as pas encore vu ta femme dans ton palais ? » (XI, 161-162). D'autres morts demandent au vivant qui les visite des nouvelles de ce monde du dehors, dont apparemment ils ignorent tout. Ainsi, Achille s'enquiert auprès d'Ulysse du sort de son père Pélée et de son fils Néoptolème, dont il ignore le brillant comportement lors de la prise de Troie (XI, 467-539). Les morts ne sont pas vraiment omniscients.

À propos des *eidôla* homériques, il faudrait ajouter un passage de l'*Odyssée* rarement mentionné, et pourtant presque aussi impressionnant que l'évocation des morts du chant XI. Au chant XX (v. 345 et suivants), Ulysse déguisé en mendiant est insulté par les prétendants ; Athéna les frappe alors d'un mal étrange :

> « Pallas Athéna fit naître chez les prétendants
> un rire inextinguible, et leur raison s'égara.
> Leurs mâchoires riaient d'un rire involontaire ;
> les viandes qu'ils mangeaient ruisselaient de sang ; leurs yeux
> se remplissaient de larmes, et leur cœur souhaitait gémir. »

Le devin Théoclymène, qui se trouve parmi eux par hasard (Télémaque a accepté de lui donner l'hospitalité) s'écrie alors :

> « Les murailles, les belles poutres ruissellent de sang.
> Le vestibule est plein, et pleine aussi la cour,
> d'*eidôla* se hâtant vers l'Érèbe et les ténèbres souterraines. Le soleil mort a quitté le ciel. Une obscurité funèbre a tout envahi ! »

Cette impressionnante vision prémonitoire qui annonce leur mort prochaine n'est pas comprise des prétendants, qui éclatent de rire. Le devin, lui, préfère partir tout de suite, et échappera ainsi au massacre.

Les morts peuvent-ils revenir tourmenter les vivants ?

On a vu qu'il fallait apaiser l'illustre peuple des morts par des libations et des offrandes, et qu'Ulysse était parfois saisi d'une « peur verte » devant les âmes et leurs cris aigus. On peut avoir l'impression en lisant Homère que les morts se montrent agressifs seulement avec ceux qui s'aventurent sur leur territoire. Mais leur arrive-t-il de sortir des enfers pour venir tourmenter les vivants ?

A priori, l'idée n'est pas évidente chez Homère ; Elpénor mettait Ulysse en garde contre une possible vengeance des dieux irrités s'il ne lui accordait pas les rites de la sépulture, mais n'envisageait pas, semble-t-il, de revenir lui-même poursuivre Ulysse. On verra d'ailleurs, essentiellement dans la tragédie grecque, les Érinyes se charger de ce genre de poursuite. Mais il est tout de même évident que les vivants appréhendent le possible retour d'un mort mécontent. Erwin Rohde, dans son célèbre ouvrage *Psyché. Le culte des morts et la croyance en l'immortalité de l'âme chez les Grecs*, suggère que l'incinération des corps chez Homère a certes pour but la paix de la *psuchè* du mort, mais au moins autant la sécurité des vivants : le corps réduit en cendres ne pourra plus revenir[6]. On verra plus tard, chez Eschyle, une claire allusion à une pratique barbare pour éviter le retour vengeur d'un mort assassiné : il s'agit du *maschalismos*, qui consiste à couper les extrémités du mort (mains et pieds), à les enfiler sur une corde et à nouer le tout sous les aisselles (*maschalai*) du mort[7]. C'est le traitement que Clytemnestre aurait fait subir au cadavre d'Agamemnon (Eschyle, *Les Choéphores*, v. 439) ; dans l'*Électre* de Sophocle (v. 445), Électre évoque elle aussi cet acte barbare de Clytemnestre et, pour compléter le tout, elle ajoute que la meurtrière a essuyé son arme sur la chevelure de sa victime ; dans l'*Hécube* d'Euripide, le jeune Polydore a probablement lui aussi subi le même sort (v. 782, « le corps mutilé comme tu vois »). À l'époque classique, on célèbre tous les ans à Athènes, en février, la fête des Anthestéries, dont le troisième jour (la fête des Marmites) est consacré aux morts : leurs âmes reviennent ce jour-là ; les temples sont fermés ; pour se protéger, chaque famille offre à ses morts, par l'intermédiaire d'Hermès psychopompe, des légumes cuits dans une marmite, et à la fin de la journée on les chasse de la maison en disant : « Dehors, les Kères ; les Anthestéries sont finies ! »[8].

Chez Homère en tout cas, les morts se contentent d'apparaître en rêve, comme Patrocle, s'ils n'ont pas reçu les rites de la sépulture. Ils ne reviennent pas hanter les vivants, et semblent bien cantonnés à l'intérieur des terribles murailles de bronze.

---

6. Erwin Rohde, *op. cit*, édition anglaise Wipf and Stock (2006), t. I, p. 21-23.

7. Voir Rohde, *ibid*, t. II, p. 582 sq., sur la pratique du *maschalismos*. Certains commentateurs anciens (comme Aristophane de Byzance) pensent que le *maschalismos* consistait plutôt à attacher ensemble les quatre membres du mort dans son dos, puis à faire passer la corde autour de son cou et sous ses aisselles ; d'autres enfin y voient une section totale des bras et des jambes…

8. Cette fête correspond à celle des Lemuria à Rome ; Sartre s'en est inspiré dans sa pièce *Les Mouches*. Pour les Kères, voir plus loin.

CHAPITRE IV

Les divinités des enfers

Les âmes des morts ne sont pas les seules à habiter les enfers. Il existe des divinités spécifiquement rattachées au séjour infernal, et l'on pourrait penser que les ombres qui peuplent leur domaine sont amenées à les côtoyer. Ces divinités elles-mêmes sont-elles libres de sortir des enfers, ou y sont-elles enfermées pour l'éternité, comme les *eidôla* ? Les réponses à ces questions sont très variables, car, comme on va le voir, ces êtres divins n'ont pas tous le même statut, ni la même activité.

Hadès, Perséphone et Minos

On s'attendrait à ce que, arrivant « chez Hadès », le mort soit reçu par le maître des lieux et par son épouse, la « terrible Perséphone ». Mais, au temps d'Homère, ils demeurent invisibles et, apparemment, le mort ne les rencontre jamais : ils restent seulement des ombres menaçantes. Quelles sont leurs activités précises dans le monde des morts ? Impossible de le savoir. Leur arrive-t-il de sortir dans le monde des vivants ? On n'en a qu'un exemple dans le cas d'Hadès : sa sortie pour enlever Korè-Perséphone. Et l'on a vu chez Homère qu'il ne redoute qu'une chose : que son territoire ne s'ouvre à la lumière du jour. Quant à Perséphone, on sait, par la légende de Déméter, que celle-ci a obtenu le droit de faire revenir sa fille à la surface de la terre six mois (ou plus) sur douze. Mais aucun texte ne décrit cette dernière dans ses activités terrestres – ni d'ailleurs souterraines (on y reviendra toutefois à l'occasion des mystères d'Éleusis). Les maîtres des enfers donnent donc bien l'impression, dans la littérature archaïque, d'être des entités extrêmement abstraites, sans contact ni avec les morts ni avec les vivants.

En tout cas, dira-t-on peut-être, le mort va sans doute rencontrer un être semi-divin, Minos, le juge des enfers, comme le dit Ulysse au chant XI de l'*Odyssée* : « Alors je vis Minos, le noble fils de Zeus : / avec un sceptre d'or, il jugeait les défunts, / assis. Les autres autour du roi attendaient le jugement / assis ou debout, dans la demeure d'Hadès aux larges portes » (v. 568-571). Mais ces vers figurent dans le passage qui est probablement, comme on l'a vu plus haut, une interpolation postérieure : au VIIIe siècle, Minos ne semble pas avoir acquis encore ce statut de juge des enfers, et les morts ne sont encore soumis à aucun jugement.

Il existe toutefois une autre catégorie de divinités infernales bien attestées chez Homère et Hésiode, qu'on pourrait qualifier de secondaires, et qui ont un statut problématique. Le mort assurément risque de les rencontrer (ou du moins certaines d'entre elles), mais c'est au moment de sa mort plutôt qu'une fois arrivé aux enfers. Ce sont en effet des divinités mobiles, dans la mesure où, tout en résidant apparemment dans le monde infernal, elles interviennent surtout dans le monde des vivants. Il s'agit, si l'on excepte la déesse Hécate dont on parlera plus loin, de divinités féminines toujours plurielles, regroupées généralement en triades (leur nombre cependant peut varier), et qui, à des degrés divers, suscitent l'horreur et l'effroi non pas chez les morts, mais chez les vivants : ce sont les Kères, et à côté d'elles les Parques (les « Moires »), les Gorgones et les Érinyes.

Les Kères

Le mot « kère » se rencontre environ soixante-dix fois dans les poèmes homériques, sans qu'on puisse dire chaque fois avec certitude s'il s'agit de déesses ou d'un substantif abstrait, signifiant la mort. On remarque d'ailleurs un grand flottement chez les éditeurs, qui le dotent d'une initiale tantôt majuscule, tantôt minuscule. Le mot est employé soit au singulier, soit au pluriel, parfois seul mais le plus souvent accompagné d'un autre mot qui est en somme son synonyme (la mort, le meurtre), et généralement doté d'un adjectif épithète qui souligne son caractère effrayant (la kère noire, odieuse, meurtrière, funeste). On pourrait penser que, lorsque le mot est employé au pluriel, il désigne des déesses ; mais on constate vite que ce n'est pas le cas : employé au singulier ou au pluriel, il est le plus souvent l'équivalent du mot « mort ». Cependant, en regardant tous les exemples du mot, il est facile d'arriver à une conclusion assez simple. Lorsque le mot est employé à l'accusatif, il désigne la mort : un dieu ou un guerrier apportent « la mort et la noire kère » à leur adversaire, ou bien, inversement, un combattant (souvent aidé d'un dieu) évite « la kère funeste » en esquivant le coup qui lui était destiné. En revanche, lorsque la ou les Kères sont sujets de la phrase, il est indubitable que ce sont les divinités de la mort ; et, dans la plupart de ces emplois, elles « emportent » le guerrier dans l'Hadès[1].

---

1. Voir par exemple *Odyssée*, XIV, 207, et surtout *Iliade* : II, 302 et 834 ; VIII 529 ; IX, 411 ; XI, 332 ; XII, 326 ; XXIII, 78.

À quoi ressemblent ces Kères ? On en trouve dans les dictionnaires mythologiques une description précise et effrayante, qu'il faut toutefois nuancer. Chez Homère, le seul moment qui leur donne quelque matérialité est le passage du chant XVIII de l'*Iliade* décrivant le bouclier d'Achille. Sur ce bouclier figure une scène de guerre : les combattants montés sur leur char se menacent de leurs piques de bronze et, parmi eux, circulent la Querelle, le Tumulte et la « funeste Kère ». Cette dernière est suivie d'une description relativement terrifiante : « tenant tantôt [un guerrier] encore vivant, mais récemment blessé, tantôt un autre sans blessure, / tantôt un autre déjà mort qu'elle tirait par les pieds dans la mêlée » ; et s'y ajoute une notation de couleur : « elle avait sur les épaules un vêtement rouge de sang humain »[2].

Ce passage de l'*Iliade* est répété textuellement dans une œuvre jadis attribuée à Hésiode, mais qu'on date aujourd'hui d'un bon siècle plus tard (entre 590 et 560). Il s'agit du *Bouclier*, ou, selon d'autres titres, du *Bouclier d'Héraclès*. L'auteur de cette œuvre, disparate et souvent maladroite, a voulu imiter Homère en donnant lui aussi la description d'un bouclier ; il a emprunté à l'*Iliade* ce passage, auquel il a ajouté un complément d'information : « elle jetait des regards effrayants et poussait des rugissements » (v. 156-160). Et, un peu plus loin, le tableau devient encore plus inquiétant :

> « Ceux-ci s'acharnaient au combat, et, sur leurs pas, les Kères, couleur d'azur sombre, faisant claquer leurs dents blanches – affreuses, terrifiantes, sanglantes, effroyables –, s'empressaient à l'envi autour

2. *Iliade*, XVIII, v. 535-540. Toutefois, la description – si l'on fait abstraction du manteau rouge de sang – peut ne pas être aussi effrayante qu'il y paraît d'abord puisque Homère dit ensuite que ces trois personnages « combattent *comme des hommes*, les uns tirant les cadavres des autres ». On sait en effet que chez Homère, lorsqu'un guerrier tombe dans la mêlée, le souci de ses compagnons est d'abord de le tirer à eux, pour empêcher que son adversaire ne s'empare de ses armes. « Tirer un cadavre » n'est donc pas, *a priori*, une activité scandaleuse ou effrayante – sauf, évidemment, quand c'est le fait de divinités malfaisantes.

de ceux qui tombaient. Toutes, avides, voulaient humer le sang noir. Le premier qu'elles saisissaient, soit à terre, soit en train de tomber blessé, elles l'enveloppaient, abattant sur lui leurs immenses ongles, et son âme aussitôt descendait dans l'Hadès, dans le Tartare glacé. Puis quand leur cœur s'était tout son saoul repu de sang humain, elles rejetaient le cadavre et retournaient exercer leur fureur dans le fracas de la mêlée » (v. 249-257)[3].

C'est sur cette description que s'appuient les dictionnaires mythologiques, qui comparent souvent les Kères à des Walkyries ou à des vampires. Mais il faut bien voir que ce texte est nettement postérieur à Homère, et qu'en outre son auteur oublie que le rôle des Kères homériques était d'emporter les âmes dans l'Hadès : dans le *Bouclier*, les âmes s'y rendent toutes seules, tandis que les Kères continuent leurs funestes activités sur le champ de bataille.

L'idée de monstres effrayants est sans doute restée dans l'imaginaire des artistes, puisque Pausanias, dans sa *Description de la Grèce*, décrit longuement un coffre sculpté qu'il a vu dans le temple d'Héra, à Olympie, où figure, sur l'un des côtés, une femme effrayante avec des ongles crochus et des dents aiguisées : « Une inscription au-dessus (*epigramma*) avertit qu'il s'agit de la *Kère* (mort), car Polynice va être entraîné par le destin, et la fin est là aussi, en toute justice, pour Étéocle[4]. » Mais il est impossible de dire de quand datait ce coffre (sans doute de l'époque hellénistique ou romaine).

Chez Hésiode toutefois (qui, lui, est bien contemporain d'Homère), un passage de la *Théogonie* mentionne lui aussi les Kères (v. 211-222) :

« Nuit enfanta l'odieuse Mort, et la noire Kère et Trépas ; elle enfanta Sommeil, et, avec lui, toute la race des Songes – et elle

---

3. Trad. Paul Mazon, Les Belles Lettres. On remarquera que ce passage établit une équivalence entre l'Hadès et le Tartare, ce qui confirme bien sa date tardive par rapport à Homère et Hésiode.

4. Pausanias, *Description de la Grèce*, V, 19, trad. Jean Pouilloux, Les Belles Lettres.

les enfanta seule, sans dormir avec personne, Nuit la ténébreuse. [...] Elle mit aussi au monde les Parques et les Kères, implacables vengeresses, qui poursuivent toutes fautes contre les dieux ou les hommes, déesses dont le redoutable courroux jamais ne s'arrête avant d'avoir au coupable, quel qu'il soit, infligé un cruel affront. »

La Kère est mentionnée d'abord au singulier, comme une enfant isolée de Nuit, avec la même épithète que chez Homère (« noire »), et le mot désigne évidemment la mort. On peut s'étonner de voir tout de suite après Nuit mettre au monde des Kères au pluriel. Mais, dans cette seconde mention, ces Kères se confondent évidemment avec les Érinyes, bien connues par la légende d'Oreste[5].

On le voit, au temps d'Homère et d'Hésiode, les Kères sont encore des divinités un peu floues, dont le rôle semble être non pas tant de se déchaîner sur les champs de bataille que d'emmener les âmes chez Hadès. Y habitent-elles elles-mêmes ? Peut-on dire que ce sont des divinités infernales ? Il vaut mieux dire que ce sont des divinités « chtoniennes », c'est-à-dire d'anciennes divinités qui appartiennent au monde souterrain, par opposition aux « jeunes » divinités olympiennes séjournant dans le monde d'en haut, qui règnent après la prise du pouvoir par Zeus. Chez Homère, les Kères ont essentiellement un rôle de « psychopompes », c'est-à-dire de conductrices des âmes, rôle qui sera ensuite dévolu à Hermès ; et ces Kères sont souvent résumées en une seule, la Kère, qui est en somme la déesse de la mort violente. Les guerriers, qui rencontrent les Kères au moment du trépas, ne semblent donc pas les revoir ensuite[6].

---

5. Il leur arrive aussi d'être confondues avec les Parques, comme chez le poète Mimnerme, presque contemporain d'Hésiode, qui déplore la vieillesse et les maux qui l'attendent : « Auprès de nous se tiennent les noires Kères, l'une détenant le terme de la pénible vieillesse, l'autre celui de la mort ; le fruit de la jeunesse dure peu... » (*fragment 1*, éd. West, *Iambi et elegi Graeci*, vol. 2). Leur nombre est rarement précisé ; mais elles sont bien trois chez Apollonios de Rhodes (I, 690).

6. Dans la littérature postérieure, les Kères seront encore mentionnées par les poètes (*Hymnes homériques,* poètes élégiaques, puis plus tard Lycophron ou

Les triades infernales : Parques, Gorgones et Érinyes

D'autres divinités semblent également habiter les enfers, sans jamais rencontrer les morts : elles sévissent dans le monde des vivants. Les Grecs semblent avoir été fascinés par le chiffre trois, lorsqu'il s'agit de ces divinités infernales secondaires plus ou moins malfaisantes. Il y a trois Parques, trois Gorgones, et, en principe trois Érinyes, de même qu'il y a trois Sirènes pour tenter d'égarer Ulysse. Mais, à la différence des Sirènes, ces divinités infernales sont en général particulièrement laides et effrayantes.

Les Parques

Les « Moires », avec lesquelles sont souvent confondues les Kères, sont peu connues du public moderne sous leur nom grec ; elles le sont davantage sous leur nom latin de « Parques », et c'est d'ailleurs ainsi que les traducteurs rendent généralement le mot grec *Moirai*, employé plusieurs fois par Homère et Hésiode. Elles sont ainsi désignées à deux reprises – une fois chez Hésiode, une fois chez Homère – comme ce trio qui file la vie des humains. Dans sa *Théogonie,* Hésiode fait d'elles les filles de la Nuit et sœurs des Kères (v. 217), puis les filles de Zeus et de Thémis (la déesse de la Justice), et c'est là qu'il indique leur nom :

Apollonios de Rhodes), toujours avec une forte coloration homérique. Chez les tragiques (essentiellement Euripide), elles sont citées assez fréquemment, et souvent confondues avec les Érinyes, poursuivant Oreste comme elles. Ainsi, à la fin de l'*Électre* d'Euripide, v. 1252, les Dioscures annoncent à Oreste : « Les Kères terribles, les déesses à la face de chienne, vont lancer leur char à ta poursuite. » Les Kères sont aussi clairement désignées par Euripide comme des déesses infernales dans son *Héraclès furieux* (v. 870) ; mais, chez les tragiques en général, le mot « kère » désigne souvent simplement un mal ou un sort fatal. Le mot prendra plus tard un sens nettement différent : chez le médecin Nicandre (qui écrit en vers au IIe siècle av. J.-C.), il désigne le mal, la maladie ; chez les historiens, les moralistes ou Plutarque, un défaut physique ou moral, ou un vice.

« Zeus [...] leur a accordé le plus haut privilège, Clotho, Lachésis, Atropos, qui seules aux hommes mortels donnent soit heur soit malheur » (v. 904-906).

Homère leur donne la même fonction au chant XXIV de l'*Iliade* (v. 209), où Hécube essaie de dissuader le vieux Priam d'aller chercher le corps de leur fils Hector chez Achille :

« Pour Hector, c'est cela que la puissante Parque,
à sa naissance, a filé de son lin, quand je l'enfantai :
rassasier les chiens aux pieds agiles, loin de ses parents. »

Le reste du temps, on trouve généralement chez Homère le mot *moira* au singulier, avec le sens de « destinée », une destinée parfois divinisée comme dans deux passages de l'*Iliade* où le mot est doté d'une majuscule : « Ce n'est pas moi qui suis coupable, dit Agamemnon, [d'avoir pris à Achille sa captive Briséis] : c'est Zeus, la Moire et l'Érinye qui vit dans les ténèbres » (chant XIX, v. 87 ; la même formule se retrouve au vers 410). Ailleurs, et dans la littérature postérieure, le mot *moira* est fréquemment employé au singulier, avec le sens de « destin ». Ces Moires interviennent certes dans la vie des hommes, mais elles ne semblent ni particulièrement agressives à leur égard ni particulièrement redoutées : on attend avec fatalisme que se réalise ce qu'elles ont filé ; et aucun auteur ne fait leur portrait.

Les deux autres triades sont beaucoup mieux connues du grand public et ont fortement marqué l'imaginaire grec et moderne. Les plus souvent évoquées, et sans doute les plus horribles, sont les Gorgones ; mais apparemment ce sont plutôt des sortes de croquemitaines dont personne n'a réellement peur, à la différence des Érinyes.

Les Gorgones

Les Gorgones sont déjà présentes chez Homère et surtout Hésiode, qui, dans sa *Théogonie*, donne leur généalogie, v. 270 et suivants :

« À Phorkys, Kétô [...] enfanta également les Gorgones qui habitent au-delà de l'illustre Océan, à la frontière de la nuit, au pays des Hespérides sonores, Sthenô, Euryale, Méduse à l'atroce destin. Méduse était mortelle, alors que ses deux sœurs ne devaient connaître ni la mort ni la vieillesse. »

Ces Gorgones étaient apparemment affreuses à voir : Prométhée, dans la pièce d'Eschyle qui porte son nom, décrit ainsi les trois Gorgones à Io métamorphosée en génisse et poursuivie par la colère d'Héra, lorsqu'il lui annonce le périple qu'elle devra accomplir en Asie : « Près d'elles sont trois sœurs ailées à toison de serpents, les Gorgones, horreur des mortels, que nul humain ne saurait regarder sans expirer aussitôt[7]. » Méduse cependant ne devait pas être particulièrement laide, puisque, chez Hésiode, Poséidon séduit vint « s'étendre auprès d'elle » ; ce qui ne l'empêcha pas d'avoir l'affreux destin d'être décapitée par le héros Persée. On sait que le regard de Méduse pétrifiait son adversaire, et que, pour la tuer, Persée dut l'attaquer en regardant seulement son reflet sur son bouclier. Il lui coupa la tête et l'offrit à Athéna pour la remercier de son aide ; la déesse fixa cette tête, le *gorgoneion*, sur sa poitrine (ou sur son bouclier : les sources varient à ce sujet), cette égide conservant le pouvoir originel de Méduse. Les textes postérieurs parlent souvent de « la Gorgone » au singulier : il s'agit en ce cas bien évidemment de Méduse, devenue la Gorgone par excellence.

D'autres textes offrent des variantes de l'histoire de ces déesses. Euripide, dans la pièce intitulée *Ion*, raconte que la Terre enfanta la Gorgone pour aider Zeus dans sa lutte contre les Titans, et que celle-ci fut tuée par Athéna (v. 989-991) ; Diodore de Sicile fait des Gorgones une peuplade en guerre contre les Atlantes, finalement exterminée par les Amazones (*Bibliothèque historique*, III, 54-55).

---

7. Eschyle, *Prométhée*, v. 798-800, trad. Paul Mazon, Les Belles Lettres.

Et plusieurs textes racontent une étrange histoire à propos de Méduse ; le sophiste Zénobios (au IIe siècle de notre ère) en donne la version la plus complète :

> « Asclépios, fils d'Apollon, avait appris la médecine du centaure Chiron ; ayant reçu d'Athéna le sang qui avait coulé des veines de la Gorgone, il soignait bien des gens grâce à lui. Le sang qui avait coulé des veines de gauche, il l'utilisait pour faire périr les gens, et celui qui avait coulé des veines de droite pour les sauver. D'où le mythe raconte qu'il ressuscita même des morts. Et pour que les humains ne le prennent pas pour un dieu, Zeus le foudroya[8]. »

Euripide connaît déjà cette légende : dans *Ion*, Créuse (qui ignore qu'elle est la mère du jeune Ion) s'apprête à l'empoisonner en utilisant ce « sang venimeux tiré des veines de la Gorgone » (v. 1048 et suivants).

Ces Gorgones sont bien des divinités infernales puisque, selon Hésiode, elles habitent « au-delà de l'illustre Océan, à la frontière de la nuit ». D'autres précisent qu'il s'agit d'un lieu mythique, « l'île rocheuse de Sarpédon, dans l'Océan aux flots profonds[9] ». Eschyle, on vient de le voir, les place en Asie. Un fragment d'un texte perdu d'Aristote cite une expression qui devait être passée en proverbe : « Puisse-t-il ne pas m'envoyer de l'Hadès la tête de la Gorgone[10] ! » Leur localisation n'a finalement que peu d'importance, car on ne les voit jamais intervenir réellement dans la vie des humains, ni dans celle des morts. Mais la figure de Méduse a donné naissance à une représentation stylisée qui a connu très tôt une grande fortune dans l'art grec :

---

8. Zénobios, *Proverbes*, *Corpus parœmiographorum graecorum*, éd. ELA Leutsch et F. G. Schneidewin, Gottingen, 1899, t. I, centuria I, 18, trad. D. Jouanna.

9. C'est la version d'une épopée disparue, *Les Chants cypriens*, selon un sophiste tardif, le Pseudo-Hérodien ; Hésiode d'ailleurs situe également les Gorgones « au pays des Hespérides sonores » ; pour situer cette zone ambiguë, voir plus haut p. 24.

10. Idée empruntée sans doute à l'*Odyssée*, où Ulysse (dans le passage considéré comme tardif, XI, 633-635) se sent « verdir à l'idée que, du fond de l'Hadès, la noble Perséphone pourrait leur envoyer la tête de Gorgo ».

elle était représentée, avec un visage rond, une chevelure de serpents et souvent une langue sortant largement de sa bouche ouverte, sur des boucliers (par exemple un bouclier de Sparte de la fin du VIe siècle), des monnaies (par exemple un didrachme d'Athènes de la même époque), et de façon très régulière sur des monuments, en particulier dans les théâtres grecs. Les Gorgones continuent même à frapper les imaginations modernes, puisqu'elles apparaissent dans plusieurs « péplums » hollywoodiens[11].

Les Érinyes

Les Érinyes sont également assez bien connues du grand public et ont fortement marqué l'imaginaire grec, grâce aux poètes tragiques du Ve siècle, Eschyle, Sophocle et Euripide. Elles semblent avoir été nettement plus redoutées que leurs consœurs, les Kères, les Moires ou les Gorgones, et sont en tout cas plus clairement rattachées au monde infernal. Selon Hésiode, elles sont nées de la mutilation d'Ouranos (Ciel) par son fils Cronos :

> « Tout avide d'amour, le voilà qui s'approche [de la Terre] et s'épand en tous sens. Mais le fils, de son poste, étendit la main gauche, tandis que, de la droite, il saisissait l'énorme, la longue serpe aux dents aiguës ; et brusquement il faucha les bourses de son père pour les jeter ensuite, au hasard, derrière lui. Ce ne fut pourtant pas un vain débris qui lors s'enfuit de sa main. Des éclaboussures sanglantes en avaient jailli ; Terre les reçut toutes, et, avec le cours des années, elle en fit naître les puissantes Érinyes, et les grands Géants aux armes étincelantes... » (*Théogonie*, v. 176-185)

Homère évoque souvent les Érinyes. En *Iliade*, II, 571 il parle de l'« Érinye enveloppée de brume », qui entend

---

11. *La Gorgone*, de Terence Fisher (1964) ; *Le Choc des Titans*, de Desmond Davis (1981) et son adaptation par Louis Leterrier en 2010. On peut aussi signaler que pour les Grecs modernes, la Gorgone est une sirène ; une jolie légende court à son sujet : elle arrête les navires en leur demandant si Alexandre est vivant. Si les marins répondent non, elle bat la mer d'une queue furieuse et fait sombrer le navire.

« du fond de l'Érèbe » la prière d'un suppliant. Le mot est pratiquement toujours employé au pluriel chez Homère et Hésiode, sans précision de nombre. Dans *Les Troyennes* d'Euripide, Cassandre déclare qu'elle veut être pour les Grecs, dans la terre où ils vont l'emmener, « l'une des trois Érinyes » (v. 457) ; en fait, elles sont généralement évoquées, en particulier dans la tragédie, comme une meute de « chiennes d'Hadès ». Ce qui est certain, c'est que, dès la littérature homérique, ces « chiennes » sont éveillées et mises en mouvement aussitôt qu'on lance une malédiction contre quelqu'un. La malédiction peut être celle d'un père ou d'une mère contre ses enfants : on connaît le cas d'Oreste, poursuivi par les Érinyes de sa mère après le meurtre de cette dernière. Mais il n'est pas nécessaire qu'il y ait meurtre pour que les Érinyes se mettent en branle : il suffit que soit lancée la malédiction. On a vu que, chez Hésiode, elles « poursuivent toutes fautes contre les dieux ou les hommes » et que leur « redoutable courroux jamais ne s'arrête avant d'avoir au coupable, quel qu'il soit, infligé un cruel affront ». Chez Homère, les Érinyes poursuivent aussi Étéocle et Polynice, victimes des malédictions soit de leur père Œdipe, soit de leur mère Jocaste[12]. Un père ou une mère peuvent en effet invoquer les Érinyes contre leur fils simplement parce qu'ils s'estiment offensés[13]. Jean-Pierre Vernant rattache ce rôle vengeur des Érinyes aux circonstances de leur naissance (la mutilation d'Ouranos par son fils Cronos) : « Ce sont des puissances primordiales dont la fonction essentielle est de garder le souvenir de l'affront qui a été fait par un parent à un parent, et de le faire payer, quel

12. Voir *Odyssée*, XI, 280 ; Euripide fera aussi de nombreuses allusions aux Érinyes qui poursuivent les fils d'Œdipe et de Jocaste dans ses *Phéniciennes*, attribuant parfois cette malédiction originelle au meurtre de la Sphinx.

13. Voir par exemple *Iliade*, IX, 454 et 571 ou *Odyssée*, II, 135.

que soit le temps nécessaire. Ce sont des divinités de la vengeance pour des crimes commis contre des consanguins[14]. » Mais, selon Hésiode, ce rôle ne se limite pas aux crimes entre consanguins, puisqu'elles « poursuivent toutes fautes contre les dieux ou les hommes » ; il faut cependant, pour les mettre en branle, que la victime ait lancé une malédiction (*ara*), qui est toujours le moteur de leur colère.

Avec les poètes tragiques (surtout Eschyle dans *Les Euménides* et Euripide dans *Les Phéniciennes*, *Oreste* et *Iphigénie en Tauride*), l'image des Érinyes sera définitivement fixée pour la postérité comme celle de déesses à l'aspect effrayant, très proche de l'image des Gorgones, mi-femmes, mi-Méduses à la chevelure de serpents (on connaît le vers de Racine : « Pour qui sont ces serpents qui sifflent sur vos têtes ? »).

Les Érinyes sont bien rattachées au monde infernal puisque Hésiode les situe « au fond de l'Érèbe ». Mais les morts ne les rencontrent jamais : comme les Kères, elles agissent seulement dans le monde des vivants ; apparemment, le coupable une fois mort, elles ne le tourmentent pas dans les enfers.

Hécate

Les morts ne rencontreront pas davantage une autre figure infernale, celle d'Hécate. C'est une divinité extrêmement ambiguë. Dans l'imaginaire moderne, elle reste une déesse obscure, une sorte de magicienne qui hante les carrefours la nuit, accompagnée de sa meute (on connaît le roman de Paul Morand, *Hécate et ses chiens*). Mais en

14. J.-P. Vernant, *L'Univers, les Dieux, les Hommes. Récits grecs des origines*, dans *Œuvres*, t. I, Le Seuil, 2007, p. 24.

fait Hécate n'était sans doute pas à l'origine une puissance malfaisante ni spécialement infernale. Homère n'y fait aucune allusion ; elle apparaît pour la première fois dans la *Théogonie* d'Hésiode, sous un jour respectable et souriant :

> « Astérie conçut et enfanta Hécate, que Zeus, fils de Cronos, a voulu honorer au-dessus de tous autres en lui accordant des dons éclatants. Son lot est à la fois sur la terre et la mer inféconde ; mais en même temps elle a part aux privilèges qu'offre le ciel étoilé, et elle est respectée entre tous par les dieux immortels. Aujourd'hui encore, tout mortel d'ici-bas qui veut, par un beau sacrifice offert selon les rites, implorer une grâce invoque le nom d'Hécate ; et celui-là, sans peine, se voit suivi d'une immense faveur, dont la déesse a avec bienveillance écouté les prières. Elle lui accorde la prospérité, ainsi qu'elle en a le pouvoir » (v. 411-420).

Hésiode énumère ensuite les faveurs qu'elle accorde dans les assemblées, ou au combat, ou au tribunal, ainsi qu'aux marins et aux agriculteurs. Et il conclut : « Zeus a fait d'elle la nourricière de la jeunesse » (v. 450). Voilà un portrait plutôt séduisant !

On la retrouve environ un siècle plus tard, dans l'*Hymne à Déméter* (daté de 610 environ), où elle est plus clairement rattachée au monde infernal. Le dieu des enfers Hadès vient d'enlever la fille de Déméter, Korè (qui prendra ensuite le nom de Perséphone), dans la prairie où jouait la jeune fille ; mais le rapt a eu deux témoins :

> « Personne, parmi les Immortels ni les hommes mortels, ne perçut ses cris : seule, dans sa tendresse, la fille de Persée, Hécate au bandeau brillant – ainsi que le Seigneur Soleil, le fils d'Hypérion –, entendit, du fond de son antre, la jeune fille invoquer Zeus le Père [...]. Dès lors, pendant neuf jours la vénérable Déméter ne cessa de parcourir la terre, ayant en mains des torches ardentes [...]. Mais lorsque pour la dixième fois elle vit venir l'Aurore brillante, elle rencontra Hécate, qui tenait un flambeau à la main ; alors, pour lui donner des nouvelles, celle-ci prit la parole et lui dit :
> "Noble Déméter, toi qui donnes les saisons et leurs présents splendides, lequel des dieux célestes ou des hommes mortels a ravi Perséphonè et fait souffrir ton cœur ? J'ai bien entendu un cri, mais sans voir de mes yeux qui c'était ; je te dis en un mot, franchement, tout ce que je sais."

Ainsi parlait Hécate ; la fille de Rhéa aux beaux cheveux ne répondit mot, mais s'élança bien vite avec elle, en tenant en mains des torches ardentes. Elles allèrent trouver le Soleil, qui observe les dieux et les hommes[15]. »

Hécate semble bien être ici une déesse souterraine, puisqu'elle entend les cris « du fond de son antre » ; et elle n'a pu qu'entendre les cris, sans voir le ravisseur (le Soleil, qui, lui, voit tout, pourra renseigner Déméter). De plus Hécate apparaît avec une torche à la main, ce qui semble être le signe d'une appartenance au monde de l'obscurité, c'est-à-dire des enfers[16]. Même si elle est rattachée au monde infernal, elle apparaît néanmoins ici encore comme une déesse secourable, qui n'a rien d'effrayant.

Ce n'est qu'ensuite (mais quand exactement ? il est difficile de le dire) qu'Hécate a été vue comme une déesse uniquement infernale, assistante de Perséphone (parfois confondue avec elle) et associée à la sorcellerie et aux magiciennes. Au ve siècle, elle est invoquée pour ses pouvoirs magiques par Médée dans la pièce d'Euripide qui porte son nom[17], et, chez Théocrite (au IIIe siècle), par une amante abandonnée usant de sortilèges contre l'infidèle[18].

---

15. *Hymne à Déméter*, v. 22-62, trad. Jean Humbert, Les Belles Lettres.

16. On en trouve une confirmation dans un vase connu (un lécythe blanc provenant du Céramique et datant de 450/460, qui se trouve au musée archéologique d'Athènes) : on y voit Déméter et Perséphone face à face ; cette dernière tient justement une torche allumée dans la main gauche et dans la droite un bol de libation incliné d'où coule le liquide, deux signes montrant sa relation avec le monde infernal.

17. *Médée*, v. 395-399 : « Non, par la maîtresse que surtout je révère, et que j'ai choisie pour auxiliaire, Hécate assise aux profondeurs de mon foyer, aucun d'eux ne rira pour tourmenter mon cœur. » Toutefois, dans l'*Hélène* d'Euripide, Ménélas, effrayé par la vue de sa femme qu'il prend pour un fantôme, invoque Hécate comme une déesse infernale secourable (v. 569) : « Ô divine Hécate, que tes apparitions me soient propices ! » (trad. Louis Méridier, Les Belles Lettres).

18. Théocrite, *Idylles*, II (*La Magicienne*, v. 12-15) : « [Je t'implore] toi aussi, souterraine Hécate, toi que les chiens même redoutent lorsque tu avances dans la brume et le sang noir des morts. Salut, terrible Hécate, assiste-moi jusqu'au bout dans la réalisation de mes philtres » (trad. Ph.-E. Legrand, Les Belles Lettres).

Apollonios de Rhodes (au IIIe siècle également) est plus explicite dans ses *Argonautiques* à propos d'Hécate, qu'il appelle aussi Brimô : Médée est prêtresse d'Hécate et connaît grâce à elle toutes sortes de philtres, et en particulier une plante qu'elle utilise en pratiquant un rituel précis :

> « Le suc de cette racine, pareil au suc noir du chêne des montagnes, Médée l'avait recueilli dans une coquille des bords de la mer Caspienne pour en préparer une drogue, après s'être baignée sept fois dans des eaux jamais taries, après avoir invoqué sept fois Brimô, la nourrice des jouvenceaux, Brimô la coureuse des nuits, l'Infernale, la Souveraine des morts[19]. »

Au Ier siècle avant notre ère, Diodore de Sicile (se faisant sans doute l'écho des croyances populaires) fera d'elle un personnage franchement odieux, mais nullement infernal :

> « On dit qu'Hélios [le Soleil] eut deux fils, Aiétès et Persée, qui se distinguaient tous deux par leur cruauté. [...] Persée eut une fille, Hécate, qui dépassait son père en audace et en méfaits. Elle aimait la chasse et, quand elle ne trouvait pas de proie, elle abattait à coups de flèches des hommes à la place des bêtes sauvages. S'intéressant à la composition de poisons mortels, elle découvrit ce qu'on appelle l'aconit, et elle expérimenta le pouvoir de chacun en le mêlant à la nourriture qu'elle donnait aux étrangers. Elle acquit une grande expérience en ce domaine, et pour commencer elle fit périr son père par le poison et monta sur le trône. Elle fit construire ensuite un temple dédié à Artémis et, faisant sacrifier à la déesse les étrangers qui débarquaient, elle devint célèbre pour sa cruauté. Elle épousa ensuite Aiétès et en eut deux filles, Circé et Médée[20]. »

Assez tôt, Hécate apparaît liée aux routes : elle est appelée « la déesse protectrice des routes » chez Sophocle (*Antigone*, v. 1199) et Euripide (*Hélène*, v. 570). D'après des témoignages tardifs, on croyait que la nuit elle emmenait des fantômes et des morts errer avec elle dans les rues, et que les chiens hurlaient à son approche, en particulier dans les carrefours où, tous les mois, on disposait à leur

19. *Argonautiques*, III, 858-863, trad. E. Delage, Les Belles Lettres.
20. *Bibliothèque historique*, IV, 45, trad. D. Jouanna.

intention un plat de nourriture. Certains ont expliqué ce lien avec les carrefours (de trois voies) en soutenant qu'elle était le lien entre trois mondes (terre, ciel et mer) ; on a vu qu'Hésiode disait d'elle : « Son lot est à la fois sur la terre et la mer inféconde ; mais en même temps elle a part aux privilèges qu'offre le ciel étoilé » ; et les artistes, dès l'époque hellénistique, l'ont représentée dotée de trois têtes, voire de trois corps. On a voulu aussi en faire une déesse lunaire, associée à la nuit, représentant l'une des trois phases de la Lune. L'écrivain latin Apulée (IIe siècle après J.-C.), dans ses *Métamorphoses*, prête à son héros Lucius métamorphosé en âne une ardente prière à Proserpine (Perséphone), visiblement confondue ici avec Hécate, une Hécate devenue clairement une déesse à la fois infernale et lunaire, mais somme toute bienveillante :

> « Terrible Proserpine aux hurlements nocturnes et au triple visage, qui réprimes les assauts des larves, tiens fermées les prisons souterraines, erres çà et là dans les bois sacrés, et qu'on se rend propice par des rites divers – toi qui répands ta lumière féminine sur tous les remparts, nourris de tes humides rayons les semences fécondes, et dispenses dans tes évolutions solitaires une clarté incertaine, sous quelque nom, par quelque rite, sous quelque aspect qu'il soit légitime de t'invoquer – assiste-moi dans mon malheur désormais arrivé à son comble, raffermis ma fortune défaillante[21]. »

Hécate apparaît donc comme une déesse caractéristique de ces divinités souterraines au double visage, l'un bienveillant, l'autre effrayant, dont la face terrible a fini par l'emporter. Ce qui reste certain, c'est que cette déesse, dans l'ensemble assez mystérieuse, est peut-être une déesse des enfers, mais elle n'intervient elle aussi que dans le monde des vivants, comme les Kères, les Moires ou les Érinyes.

On voit qu'à la différence des maîtres des enfers (Hadès et Perséphone), qui ne quittent pas le domaine des morts,

---

21. Apulée, *Les Métamorphoses*, XI, 2-4, trad. D. S. Robertson, Les Belles Lettres.

les autres divinités infernales s'y manifestent peu ; elles sont essentiellement des intermédiaires entre le monde des morts et celui des vivants, des émanations inquiétantes d'un monde obscur. Elles ont des fonctions soit de maîtresses de la destinée (comme les Parques), soit de justicières (comme les Érinyes), soit enfin de « démons » malfaisants, comme les Kères ou Hécate dans leur version post-homérique. Mais les morts, une fois parvenus chez Hadès, ne risquent pas de les rencontrer. Quand il s'agit de venger l'un d'eux, comme dans le cas de Clytemnestre, les Érinyes semblent prendre automatiquement en charge ce devoir de vengeance, sans contacter la victime – du moins dans les poèmes homériques et hésiodiques[22].

Hermès, Charon et Cerbère

Restent trois figures – à la frontière de l'Hadès – qu'on a l'habitude d'évoquer lorsqu'on parle des enfers : ce sont Hermès, dans ses fonctions de « psychopompe », c'est-à-dire de conducteur des âmes ; Charon, le passeur qui fait franchir aux morts le fleuve du Styx ; et le chien Cerbère qui contrôle l'entrée des enfers. En fait, ces trois figures sont peu ou pas présentes dans le monde homérique, mais leur apparition semble néanmoins assez ancienne pour qu'on en parle ici, et elles sont souvent groupées sur les vases grecs.

Hermès

Il est difficile de dire à quel moment Hermès est apparu dans son rôle de psychopompe ; on l'a vu dans l'*Odyssée* emmener les âmes des prétendants aux enfers, dans un

22. Le poète tragique Eschyle, lui, a innové de façon spectaculaire au début de sa pièce *Les Euménides* : on y voit le spectre de Clytemnestre venir réveiller les Érinyes endormies autour d'Oreste, pour les exciter comme des chiennes de chasse contre leur victime.

passage probablement postérieur au noyau originel du poème (mais Charon n'y apparaissait pas). Ce qui est sûr, c'est que son lien avec le monde des enfers, sinon comme psychopompe, en tout cas comme accompagnateur, est apparu très tôt : l'*Hymne homérique à Hermès* (daté du VIIe ou du VIe siècle) attribue au jeune dieu un rôle de messager envoyé vers Hadès dans ses derniers vers (« Sois le seul parfait messager chez Hadès »). Sur un lécythe blanc du « peintre de Sapho » (fin du VIe siècle), on voit même Hermès peser les destins, comme Zeus dans l'*Iliade* pèse les vies d'Hector et d'Achille[23] – thème peut-être emprunté à une épopée perdue, l'*Éthiopide*. On le voit souvent sur les vases accompagner aux enfers un personnage célèbre : sur une coupe laconienne, dans les dernières années du VIe siècle, il conduit Héraclès dans l'Hadès[24] ; sur un cratère à figures rouges du Metropolitan Museum (datant de 440 environ), il ramène Perséphone à sa mère, accompagné d'Hécate munie d'une torche. On le verra plus tard, dans la légende d'Orphée, guider le poète aux enfers. Peut-être est-il apparu dans le rôle plus précis de guide des âmes en même temps que les théories orphiques, puis platoniciennes, évoquaient un *daimôn* accompagnateur : on aurait donné à ce dernier le visage d'Hermès.

Charon

Il est possible d'être un peu plus précis sur Charon – qu'il est d'ailleurs difficile de séparer d'Hermès, dans la mesure où ils apparaissent à peu près à la même époque sur les vases funéraires : sur plusieurs d'entre eux, Hermès

---

23. Voir John Boardman, *Les Vases athéniens à figures noires*, Thames and Hudson, 1996, fig. 261 et p. 230 ; le dieu pèse seulement l'issue du combat.

24. Voir John Boardman, *Aux origines de la peinture sur vase en Grèce*, Thames and Hudson, 1999, fig. 427 et p. 188 : « Hermès et Héraclès se voient chacun accorder moins d'une jambe et un bras, le sujet étant un magnifique Cerbère. »

amène les morts jusqu'à la barque de Charon. Cependant, Charon semble être apparu dans la mythologie grecque un peu après Hermès psychopompe – peut-être lorsqu'on a précisé la géographie des enfers : s'ils étaient entourés par un fleuve, il fallait un passeur pour franchir ce fleuve.

Quel était d'ailleurs ce fleuve ? On a vu que chez Homère il ne pouvait guère s'agir que du fleuve circulaire Océan ; ensuite, les auteurs hésitent entre l'Achéron et le Styx. L'Achéron semble avoir été plus anciennement privilégié, comme on peut le penser d'après ce que dit Pausanias lorsqu'il décrit la Leschè des Cnidiens à Delphes, où il introduit en même temps le personnage de Charon. Cette Leschè, un portique couvert, avait été entièrement peinte d'illustrations de l'*Iliade* et de l'*Odyssée* par Polygnote, un célèbre artiste du Ve siècle. Il n'en reste malheureusement rien[25], mais Pausanias, qui a pu visiter ce portique au IIe siècle de notre ère, en a donné une description précise :

> « De l'autre côté du tableau, à gauche, il y a Ulysse descendu dans le lieu nommé Hadès pour consulter Tirésias sur un retour chez lui sans risque. Voici la disposition du tableau. Il y a ce qui ressemble à un fleuve, visiblement l'Achéron ; des roseaux y ont poussé, et il y a des poissons si indistincts qu'on pourrait penser à des ombres de poissons plutôt qu'à des poissons. Il y a un bateau sur le fleuve, avec le passeur en train de ramer.
> Je crois que Polygnote a suivi le poème intitulé *La Minyade* ; il y a en effet, dans *La Minyade*, un passage concernant Thésée et Pirithoüs. Ils ne purent prendre la barque sur laquelle le vieux passeur Charon transportait les morts : elle n'était pas au port. C'est d'après ce texte que Polygnote a peint Charon d'un âge déjà avancé[26]. »

Le poème cité par Pausanias, *La Minyade*, est très mal connu[27] ; il serait l'œuvre d'un certain Prodicos de Phocée

---

25. Carl Robert (Siebzehntes Hallisches Winckelmannsprogramm, 1893) a proposé une restitution des peintures d'après les indications de Pausanias.

26. Pausanias, *Description de la Grèce*, X, c. 28, 1, trad. D. Jouanna.

27. Il en reste en tout six fragments ; ce poème racontait probablement la descente aux enfers d'Héraclès.

(une ville située sur la côte asiatique), qu'on date approximativement du VIe ou du Ve siècle, et qui semble bien être le premier à avoir cité le nom de Charon. En tout cas, le fleuve qu'il indique (l'Achéron) est resté longtemps le seul fleuve associé à Charon[28] ; ce n'est qu'ensuite et dans la tradition moderne qu'on citera le Styx, en alternance avec l'Achéron.

La Minyade était donc considérée jusqu'à une date récente comme présentant la plus ancienne attestation du nom de Charon ; mais des découvertes récentes[29] semblent permettre d'affirmer que le nom de Charon apparaît dès la fin du VIIe siècle sur des inscriptions ou des vases. En tout cas, il était bien connu à Athènes à la fin du Ve siècle, puisque Euripide le mentionne dans *Alceste*, daté de 438 (« ni le chien de Pluton ni le rameur Charon, conducteur des âmes, ne m'arrêteront », v. 361). Aristophane le met nommément en scène en 405 dans sa comédie *Les Grenouilles*. On y voit le dieu Dionysos se rendre aux enfers, désolé qu'il n'existe plus de grand poète tragique pour présenter des pièces à ses Grandes Dionysies (Sophocle et Euripide viennent juste de mourir) ; il a l'intention d'en ressusciter un. Il lui faut d'abord traverser, non pas un fleuve, mais un lac, qu'un vieux nocher (*gerôn nautès*) lui fera passer, « moyennant un salaire de deux oboles » (v. 140). Charon est toutefois nommément cité quelques vers plus loin, quand Dionysos le rencontre effectivement et lui adresse un salut peu rassuré : « Salut Charon ! Salut

28. Voir par exemple Euripide, *Alceste*, v. 438-444 : « Qu'il le sache, Hadès, le dieu à la noire chevelure, et celui qui siège à l'aviron et à la barre, le vieux conducteur des morts, [...] sur le lac de l'Achéron, dans l'esquif à double rame » (trad. L. Méridier, Les Belles Lettres).

29. Voir Francisco Diez de Velasco, « Esquisse méthodologique de mythologie comparée : Charon indo-européen ? », *Colloque international d'anthropologie du monde indo-européen et de mythologie comparée : Anthropologie du monde indo-européen et culture matérielle*, Compostelle, 22-24/09/2004.

Charon ! Salut Charon ! » (*Chaïre Charôn, chaïre Charôn, chaïre Charôn*[30]). Ici, comme on le voit, sont connus non seulement le nom de Charon, mais aussi le prix du transfert, évalué à deux oboles[31]. Plus tard, il sera précisé que ce paiement (parfois réduit à une obole) doit être placé dans la bouche du mort.

On s'est interrogé sur l'origine du personnage Charon et de son nom. Diodore de Sicile (I, 92, 96) affirme que les Grecs l'auraient emprunté aux Égyptiens, mais cette thèse apparemment ne convainc personne. Il est certain, d'autre part, que le Charon grec offre une analogie remarquable avec une divinité étrusque ; les vases et les fresques étrusques en effet offrent souvent l'image d'un démon infernal nommé Charun, certes assez différent du nocher grec : il est grimaçant, doté d'un nez crochu, d'oreilles pointues, d'une bouche monstrueuse ; armé d'un maillet, il participe à la mort de ses victimes. Il est possible que les deux civilisations, étrusque et grecque, aient emprunté indépendamment cette figure au folklore indo-européen[32]. En tout cas, à partir du ve siècle, il est indubitablement entré dans l'imaginaire grec du monde des enfers... et il semble peu à peu éliminer Hermès, dont la présence

---

30. Le jeu sur les sonorités voisines a amené certains à voir une même étymologie pour les deux mots, ce qui paraît difficile. Voir M. Alexiou (« Modern Greek Folklore and Its Relation to the Past: the Evolution of Charos in Greek Tradition » S. Vryonis, éd. *Byzantina kai Metabyzantina. The Past in Medieval and Modern Greek Culture*, Malibu, 1978, 221-236) et H. Hoffmann (« Charos, Charun, Charon » *OJA* 3, 1984, 65-69 ; « From Charos to Charon: Some Notes on the Human Encounter with Death in Attic Red-Figured Vase-Painting », *Visible Religion* 3, 1985, 173-204).

31. Le texte d'Aristophane est aussi le premier à mentionner l'obligation de payer Charon ; cette pratique semble toutefois être restée assez marginale, puisque les archéologues n'ont trouvé que rarement des pièces de monnaie dans les tombes.

32. C'est la proposition de B. Lincoln (« The Ferryman of the Dead » *Journal of Indo-European Studies* 8, 1982, 41-60 ; reprint : *Death, War and Sacrifice*, Chicago, 1991, 62-75).

n'est plus sentie comme nécessaire ; il est de plus en plus souvent présent sans lui sur les vases funéraires, généralement accompagné du chien Cerbère.

Cerbère

On a déjà eu l'occasion de parler de Cerbère à propos du « travail » d'Héraclès chargé de ramener Cerbère des enfers. Ce chien monstrueux est beaucoup plus anciennement attesté que Charon et Hermès psychopompe, puisqu'il figure dans l'*Iliade*, dans l'*Odyssée* et chez Hésiode. Il a certainement connu une grande fortune dans l'imaginaire populaire et il est associé à tous les mythes de descente aux enfers – sauf dans le cas d'Ulysse, qui ne l'a pas rencontré. Il figure sur de nombreux vases, toujours associé à l'exploit d'Héraclès. Celui-ci en effet le ramène des enfers sur l'ordre d'Eurysthée – qui est si effrayé à sa vue qu'il se cache dans une jarre (voir l'hydrie à figures noires du musée du Louvre, 525 avant J.-C.) ; Orphée le charme de ses chants lorsqu'il vient chercher son épouse Eurydice. Thésée, lui, condamné à rester aux enfers pour avoir tenté d'enlever Perséphone avec son ami Pirithoüs, est mordu sans cesse par Cerbère avant qu'Héraclès ne le délivre. On le représente généralement avec trois têtes, mais selon les variantes de sa légende il peut en avoir cinquante (chez Pindare), voire cent, comme l'hydre de Lerne. Sa queue peut aussi être formée de plusieurs serpents[33] ; sur une hydrie du Louvre, on voit ses pattes garnies de serpents elles aussi. Certains enfin pensent que le nom Kerberos viendrait de *Kreoboros*, le « mangeur de chair » ; mais cette étymologie n'est pas garantie.

Le mort risque donc bien de rencontrer, à son arrivée aux enfers, le féroce Cerbère ; mais celui-ci ne veut aucun

---

33. D'ailleurs, certains commentateurs (suivant un texte d'Hécatée cité par Pausanias) pensent que c'était d'abord un serpent préposé à la garde de l'Hadès.

mal aux entrants : il est seulement là pour empêcher les évasions. Toutefois, il donne bien au malheureux défunt une idée du domaine sinistre qui l'attend.

Peut-être s'étonnera-t-on de ne pas voir cités ici d'autres habitants divins ou monstrueux des enfers ; ceux-ci semblent en effet s'être peu à peu emplis de figures inquiétantes évoquées ici ou là dans la littérature, symbolisant toutes l'horreur de la mort. Citons ici l'article *Inferi* du dictionnaire Daremberg et Saglio :

> « La même conception se retrouve dans Thanatos[34] qui suce le sang des morts, dans Eurynomos, démon monstrueux représenté par Polygnote dans la Lesché de Delphes, sect. V [...]. Peu à peu nous voyons l'Enfer se peupler d'autres épouvantails, [...] comme l'Empuse qui revêt des aspects multiples et dont le spectre apparaît la nuit aux hommes, comme Mormo ou Mormolyka, Lamia ou Lamo, Gello, Kerko, Baubo, dont les traits sont mal définis, et qui se confondent souvent entre elles ou avec Hécate. »

Ces figures sont effectivement très floues, mais surtout n'apparaissent pas encore dans le monde homérique (Empuse, Mormo et Lamia figurent, en revanche, chez Aristophane) ; le mort ne risque donc pas de les rencontrer, et il est inutile de les évoquer plus longuement.

Il vaut toutefois la peine de s'arrêter un instant ici sur les figures infernales qu'on vient de voir. Il est frappant de constater que presque tous les personnages maléfiques des enfers sont des divinités féminines. Les seuls personnages masculins que les morts aient pu rencontrer sont Hermès et Charon. Le premier ne semble pas manquer de bienveillance ; le second sera parfois présenté comme un être peu aimable, mais on ne le voit jamais brutaliser ou malmener les morts, comme le fait le Charun étrusque. Au contraire, Kères, Parques, Érinyes, Gorgones, et même

---

34. Thanatos (la Mort) figure effectivement dans l'*Alceste* d'Euripide : Héraclès se bat contre lui pour lui arracher Alceste avant qu'elle arrive aux portes de l'Hadès ; il apparaît aussi dans le mythe de Sisyphe (voir plus bas).

Hécate, sont là pour tourmenter les morts et surtout les vivants. Pourquoi les Grecs de l'époque archaïque ont-ils ainsi perverti en quelque sorte l'image féminine[35] ? Ont-ils consciemment ou inconsciemment attribué à ces femmes divinisées et souterraines le désir – et le pouvoir – de libérer des instincts cruels que réprimait la domination des hommes dans la vie de tous les jours ? Ce n'est que plus tard qu'on pourra noter un changement de rôles, et qu'on verra apparaître ces personnages masculins de Thanatos et Eurynomos mentionnés par l'article *Inferi* ; et la perspective se renversera très nettement ensuite, dans les cultes à mystères et chez Platon : on y trouvera des gardiens ou des démons inquiétants, mais jamais d'épouvantails féminins.

Reste une dernière catégorie d'occupants des enfers : les grands damnés, que les récits mythologiques se plaisent à évoquer. Mais qui peut vraiment les voir subir leurs supplices ?

35. Les déesses olympiennes échappent à cette image dévalorisante, qui paraît réservée aux figures infernales.

CHAPITRE V

Les grands damnés des enfers

En principe, le mort ordinaire ne devrait pas rencontrer, comme l'a fait Ulysse, les grands damnés des enfers, puisque ceux-ci sont enfermés dans le Tartare pour y expier leurs crimes. Mais peut-être notre mort jouira-t-il du même privilège qu'Ulysse, et, même si ces personnages n'appartiennent pas à la couche ancienne des poèmes homériques, ils méritent qu'on s'y arrête par l'importance qu'ils ont prise dans l'imaginaire moderne, et par les mythes qu'ils incarnent.

Tityos

Le premier de ces personnages rencontrés par Ulysse est Tityos. C'était un Géant, fils de la Terre (Gaia) ou, selon d'autres, de Zeus et d'une déesse nommée Élara ; il fut tué, selon les versions, par Zeus lui-même ou par Apollon et Artémis, les enfants nés de l'union de Zeus et de Létô, pour avoir tenté de faire violence à cette dernière. Condamné à expier son crime aux enfers, il est enchaîné au sol tandis que deux vautours lui déchirent les flancs[1]. Après les Grecs, les Romains se sont beaucoup intéressés à lui. Ovide, dans ses *Métamorphoses* (IV, 453 sq.), Virgile dans son *Énéide* (III, 595 sq.), le décrivent toujours attaqué par un ou deux vautours, tandis qu'Hygin, dans sa *Fabula 55*, lui fait déchirer le foie par un serpent, un foie qui repousse avec la nouvelle lune[2]. Tous font allusion à son supplice, parfois à sa tentative contre Létô. Les peintres de vases grecs ont représenté plusieurs fois sa mise à mort par Apollon et Artémis ; on peut voir au Louvre un cratère à figures rouges du ve siècle représentant cette scène. Selon Pausanias, elle figurait aussi sur le trône d'Apollon à Amyclées (III, 18, 9), et on montrait la tombe gigantesque de Tityos près de Panopée (X, 4, 4). Le reste de sa biographie est pratiquement inconnu : une seule allusion figure dans l'*Odyssée* (VII, 324), où les Phéniciens précisent à Ulysse que l'île la plus lointaine à l'est qu'ils connaissent est l'Eubée, où ils emmenèrent jadis le blond Rhadamanthe qui allait y « visiter Tityos, l'un des fils de la Terre ».

Sisyphe

Sisyphe, qu'Ulysse rencontre ensuite, est sans doute mieux connu du lecteur français, grâce à l'ouvrage d'Albert Camus intitulé *Le Mythe de Sisyphe*. Son histoire est assez

1. La première référence reste Homère (*Odyssée*, XI 580 ; voir le texte p. 48). Voir aussi le pseudo-Hésiode, *Catalogue des femmes*, frag. 25 ; Pindare, *Pythiques*, IV, épodes 2 et 4 ; Apollodore, *Bibliothèque*, I, 22 ; Apollonios de Rhodes, *Argonautiques*, I, 758 sq. ; Callimaque, *Hymne III à Artémis*, v. 109 ; Quintus de Smyrne, *La Chute de Troie*, III, 390 sq. ; Strabon, *Géographie*, IX, 3. 12 et 14 ; Pausanias, *Description de la Grèce*, X, 11. 1 et III, 18. 15 ; Nonnos, *Dionysiaques*, 4, 331 sq. ; 20, 35 ; 48, 395. Le supplice subi par Tityos ressemble beaucoup à celui de Prométhée, enchaîné, lui, sur le Caucase.

2. On trouve d'autres allusions encore chez Properce, *Élégies*, II, 20 et III, 5 ; Sénèque, *Hercule furieux*, v. 747 et 976, *Phèdre*, v. 1229 sq. ; Stace, *Thébaïde*, I, 710, VI, 751 et XI, 12.

différente de celle de Tityos. C'est en fait un personnage assez sympathique, même s'il est parfois évoqué dans la littérature grecque comme le parfait trompeur, à la mauvaise foi sans égale. Sympathique d'abord parce que c'est un simple mortel, même s'il est fils d'Éole, le dieu des Vents ; ensuite, il n'a pas commis de crime caractérisé, mais, par ses ruses astucieuses, il a fini par s'attirer la colère de Zeus. Il aurait été le premier à séduire Anticlée, la future mère d'Ulysse, et certaines légendes font de lui le véritable père de ce dernier (ce qui expliquerait le caractère *polytropon*, « aux mille ruses », d'Ulysse). Puis, ayant découvert que Zeus avait séduit la nymphe Égine, il révéla la chose au père de la jeune fille, le fleuve Asopos, obtenant en échange le jaillissement d'une source d'eau douce dans la citadelle de Corinthe qu'il venait de fonder. Zeus n'apprécia pas cette indiscrétion et lui envoya Thanatos, la Mort ; mais Sisyphe réussit à l'enchaîner. Résultat : plus personne ne mourait. Arès (ou Hermès) vint alors délivrer Thanatos, qui cette fois réussit à s'emparer de Sisyphe ; toutefois, avant de mourir, celui-ci recommanda à sa femme de laisser son corps sans sépulture. Arrivé aux enfers, il feignit l'indignation et obtint d'Hadès et de Perséphone l'autorisation de revenir sur terre punir son épouse ; une fois revenu, il « oublia » de retourner aux enfers et vécut très vieux. Lorsqu'il finit par mourir, il fut condamné au supplice que chacun connaît : pousser un très gros rocher jusqu'en haut d'une montagne, d'où il roule aussitôt jusqu'en bas, obligeant Sisyphe à recommencer son effort.

Cette légende évidemment n'a pas connu immédiatement une forme aussi aboutie. Certes, Sisyphe a une existence bien affirmée dès Homère, qui, dans l'*Iliade* (VI, 153), signale que Sisyphe fut le fondateur d'Éphyra (Corinthe) ; mais c'est une scholie (c'est-à-dire un commentaire marginal ajouté à une date difficile à préciser) à *Iliade*, VI, 153, qui donne l'essentiel de son histoire, en signalant qu'elle figurait chez le mythographe Phérécyde (début du ve siècle), qui aurait lui-même inspiré une pièce perdue d'Eschyle, *Sisyphe fugitif*[3]. Dans l'*Odyssée*, on le retrouve parmi les grands damnés des enfers que découvre Ulysse, mais c'est seulement son supplice final qui est évoqué là, dans une description fondatrice de toutes les évocations postérieures (voir plus haut p. 48).

Les auteurs suivants insistent surtout sur son caractère rusé. Les personnages de Sophocle et d'Euripide, lorsqu'ils ont à se plaindre d'Ulysse, le traitent souvent de « fils de Sisyphe ». Sa ruse pour revenir des enfers est racontée par le poète Théognis (*Élégies*, I, v. 702 et 711). Diodore de Sicile parle de sa « scélératesse » et de son « habileté » (*Bibliothèque historique*, VI, 6, 3). Mais plusieurs auteurs se bornent à signaler son tombeau qu'on pouvait voir à l'isthme de Corinthe[4].

Comme Tityos, Sisyphe a beaucoup inspiré les auteurs latins, tels Ovide et Virgile, et aussi des écrivains français[5]. Et le « travail de Sisyphe » est devenu une expression proverbiale pour évoquer un travail accablant et sans résultat, qu'il faut sans cesse recommencer.

Tantale

Tantale, qu'Ulysse découvre également aux enfers, est un personnage beaucoup moins sympathique. Lui aussi est un mortel, quoique né de Zeus et d'une nymphe. Roi de

---

3. Voir aussi Apollodore, *Bibliothèque*, I, 7, 3 ; 9, 3 ; III, 4, 3 ; 10, 1 ; 12, 6.

4. Eschyle, *Le Jugement des armes* (pièce perdue) ; Sophocle, *Philoctète*, v. 417 et 1311 ; Euripide, *Le Cyclope*, v. 104 ; *Iphigénie à Aulis*, v. 1362 ; le v. 1383 de *Médée* fait allusion plus respectueusement à la terre où il régna (Corinthe) ; Eumélos de Corinthe, *Corinthiaca*, fragments 4 et 6 ; et surtout Pausanias dans de nombreux passages de sa *Description de la Grèce*.

5. Outre Camus et son *Mythe de Sisyphe*, on peut signaler Pierre Brunel et Aeneas Bastian, *Sisyphe. Figures et Mythes*, Éditions du Rocher, 2004 ; François Racheline, *Sisyphe*, Albin Michel, 2002 ; Robert Merle, *Sisyphe et la mort*, Gallimard, 1950.

Lydie, il était immensément riche et voulut un jour inviter les dieux à sa table. Selon la version la plus répandue, pour éprouver la sagacité des dieux, il leur servit à manger son propre fils, Pélops. Tous les dieux rejetèrent avec horreur cette nourriture qu'ils avaient immédiatement identifiée ; tous, sauf Déméter, qui, plongée dans l'affliction après le rapt de sa fille Korè, mangea un morceau de l'épaule sans faire attention. Les dieux ressuscitèrent Pélops, Zeus lui fit une belle épaule en ivoire pour remplacer le morceau manquant, et ils condamnèrent Tantale à subir aux enfers le supplice décrit par Homère (voir ci-dessus p. 48) : il ne peut ni se désaltérer ni se nourrir, alors qu'il est plongé dans l'eau et que des arbres inclinent au-dessus de lui leurs branches chargées de fruits. Selon d'autres versions, son crime fut commis dans une situation inverse : invité par les dieux à partager leur repas, il aurait volé leur nourriture, le nectar et l'ambroisie, pour en faire profiter ses amis. Son supplice varie également : selon certains, il aurait été placé sous un gros rocher menaçant à chaque instant de tomber sur lui, l'empêchant ainsi de jouir tranquillement du festin placé devant lui[6] ; si l'on en croit Pausanias, cette version était illustrée aussi dans la Leschè des Cnidiens à Delphes par Polygnote, qui y avait représenté la descente d'Ulysse aux enfers et les personnages qu'il rencontre (voir plus haut p. 84) ; voici ce qui concerne Tantale : « En dessous, il y a Tantale avec tous les tourments que lui a attribués Homère. Mais il a ajouté l'effroi de la roche suspendue au-dessus de lui. Il est clair que Polygnote a suivi le poème d'Archiloque. Je ne sais pas si Archiloque a emprunté à d'autres ce qui concerne cette roche, ou s'il l'a ajouté lui-même à l'histoire[7]. » Le sens symbolique, voire

---

6. Ces versions sont développées par Pindare (*Olympiques*, I), qui cherche à réhabiliter Tantale.

7. Pausanias, *Description de la Grèce*, X, 31,12, trad. D. Jouanna.

philosophique, du mythe de Tantale a été exploité par de nombreux auteurs grecs (Sophocle, Euripide, Platon) ou latins (Ovide, Virgile).

Héraclès ?

Enfin, Ulysse découvre aussi Héraclès. Ce héros est tellement connu par ailleurs qu'on ne va pas s'y arrêter ici ; mais c'est sans doute la rencontre la plus surprenante faite par Ulysse aux enfers (XI, 601-627). Ce n'est pas un damné, et Ulysse sait bien – il le dit lui-même – que le véritable Héraclès vit désormais sur l'Olympe, parmi les dieux immortels, devenu lui-même immortel et époux de la gracieuse Hébè (dont le nom signifie « la jeunesse »). Comment expliquer qu'il soit aussi aux enfers ? En fait, explique Ulysse, ce qui est chez Hadès, c'est seulement son image, son *eidôlon.* Cet *eidôlon* est conforme à la représentation traditionnelle d'Héraclès : il porte son arc et ses flèches, et son regard farouche met en fuite les morts autour de lui ; il a même un baudrier aussi artistement ciselé que le bouclier d'Achille. En voyant Ulysse, il le reconnaît (on ne voit pas trop pourquoi il devrait le reconnaître, ne l'ayant évidemment jamais rencontré) ; il lui parle, et se plaint auprès de lui des travaux qu'on lui imposa pendant sa vie, et en particulier de sa descente aux enfers pour capturer le chien Cerbère ; après quoi il « rentre dans la demeure d'Hadès », sans attendre de réponse d'Ulysse. Curieux dédoublement d'Héraclès entre l'Olympe et les enfers ! On voit bien que l'auteur s'est efforcé à la fois de faire un morceau de bravoure dans la ligne du reste du poème, et de justifier cette insertion en précisant – un peu maladroitement – qu'Héraclès ne devrait pas se trouver là, mais qu'il y est tout de même...

Les Danaïdes

Il est d'autres damnés célèbres... qu'Ulysse ne rencontre pas, comme les Danaïdes, autres figures traditionnelles des enfers[8]. Si leur mythe ne figure pas chez Homère, c'est sans doute parce que leur légende n'était pas encore formée définitivement. Elles apparaissent pour la première fois, semble-t-il, dans le *Catalogue des femmes* attribué à Hésiode, mais plus tardif d'un bon siècle. Elles faisaient aussi l'objet d'une épopée aujourd'hui perdue. C'est au VIe siècle que leur légende trouve son plein épanouissement, avec les tragédies disparues du dramaturge Phrynichos (*Les Égyptiens* et *Les Danaïdes*) et une trilogie d'Eschyle dont nous reste seulement la pièce des *Suppliantes*. Mais apparemment ces poètes ne connaissent pas le châtiment subi par les jeunes femmes : ce développement de leur histoire apparaîtra plus tard. Ulysse ne pouvait donc les rencontrer aux enfers.

8. Les Danaïdes sont des descendantes d'Io, dont la course errante s'est terminée en Égypte. Leur grand-père, Bélos, a eu deux fils, Danaos et Égyptos ; il est inutile de s'étendre sur les démêlés des deux frères ; disons seulement que, pour mettre fin à leur discorde, Égyptos exige que ses cinquante fils épousent les cinquante filles de Danaos (les Danaïdes). Ni le père ni ses filles ne veulent de ces unions ; ils se réfugient à Argos, la ville d'origine d'Io. Poursuivies par leurs cousins, les jeunes filles sont contraintes de les épouser, mais, sur l'ordre de leur père, elles tuent leur mari pendant la nuit de noces, sauf une, Hypermestre, qui épargne son époux, Lyncée. Après leur mort, elles sont condamnées aux enfers à remplir des tonneaux percés, d'où l'eau s'enfuit aussitôt – supplice qui n'est pas sans rappeler les vains efforts de Sisyphe.

Conclusion : un monde des morts sans attraits… et sans morale

Voilà donc comment les Grecs du temps d'Homère imaginaient la « vie » qui les attendait aux enfers. S'ils ne faisaient partie ni des criminels mythiques allant directement au Tartare, ni des quelques privilégiés de l'île des Bienheureux, ils allaient rejoindre la foule anonyme des *eidôla* voletant chez Hadès, sans force et sans voix.

Ce qui frappe le lecteur moderne, habitué soit à la perspective d'une vie future consolatrice proposée par les religions du salut, soit à l'idée d'un néant absolu comme le soutiennent les sceptiques, c'est la grisaille sans espoir des enfers homériques. Certes, ce n'est pas le néant qui attend l'homme après sa mort : il connaît bien une forme d'« après-vie » ; mais c'est dans un univers décoloré et inconsistant, voire effrayant, où la survie n'est qu'un état larvaire, et surtout où sont mêlés indistinctement les bons et les méchants.

C'est ici que se pose pour le lecteur un problème qui apparemment n'est jamais présent à l'esprit des contemporains d'Ulysse : celui du bien et du mal. À quoi bon chercher à bien agir durant sa vie puisque cela ne fait apparemment aucune différence dans l'au-delà ? Qu'on fasse le bien de son vivant ne garantit aucune récompense après la mort ; et qu'on fasse le mal ne vaut nullement à l'homme ordinaire d'aller rejoindre les criminels dans le Tartare. On a l'impression qu'il faut au moins un certain statut social, voire une origine semi-divine, pour bénéficier d'un traitement distinctif aux enfers, que ce soit en direction des îles bienheureuses ou du Tartare.

Cette méconnaissance des notions de bien et de mal dans la conception de la vie future propre à la société de l'époque homérique est sans doute la conséquence de l'« idéal aristocratique ». Ce qui compte dans la morale homérique, ce n'est pas de faire le bien de son vivant, mais c'est de *se distinguer*, en général par son comportement au combat. C'est ce qu'on appelle l'éthique de l'*aristeia* (l'exploit individuel qui entraîne le respect et l'admiration), en opposition complète avec l'idéal hoplitique qui caractérisera la cité classique. Pour la cité en effet, l'hommage rendu aux morts de la guerre est toujours un hommage collectif (voir les oraisons funèbres prononcées par Périclès, Gorgias ou Lysias), jamais un hommage individuel ; le serment que prononcent les jeunes éphèbes lors de leur majorité civique repose sur le devoir de solidarité, de soutien de ses voisins au combat, jamais sur le devoir de se mettre en valeur. Au contraire, les guerriers homériques insistent, eux, sur la nécessité de se distinguer du groupe par une action exceptionnelle, qui vaudra au héros une forme d'immortalité.

De quelle immortalité s'agit-il ? La tragédie grecque a donné aux héros de la guerre de Troie l'occasion d'expliciter ce qu'ils entendent par là. Par exemple, dans la pièce d'*Hécube* d'Euripide, Achille apparu sur sa tombe réclame après la prise de Troie qu'on sacrifie la jeune Polyxène, sur son tombeau, comme part d'honneur. Le débat qui s'instaure alors est très révélateur. En soi, la requête d'Achille équivaut à demander un crime, le meurtre d'une jeune fille innocente, en niant même les lois de la reconnaissance dans le cas d'Ulysse, puisqu'il fut lui-même sauvé jadis par la mère de Polyxène, la vieille Hécube. Mais les fils de Thésée, puis Ulysse lui-même, soutiennent la demande d'Achille au nom du respect qu'on doit à celui qui a su s'élever au-dessus des autres, être un *aristos*. Ulysse formule très clairement cette éthique aristocratique : « Pour moi, de mon vivant, avoir de quoi vivre chaque jour, si peu que ce soit, cela me suffirait ; mais ma tombe, je voudrais qu'on la voie honorée. » En disant cela, Ulysse ne songe pas à se voir honoré dans l'au-delà, il se soucie seulement d'acquérir la reconnaissance des vivants, de rester vivant dans la mémoire des hommes. L'immortalité reste une affaire humaine, non une récompense offerte par les dieux d'en bas. Aux enfers, Agamemnon, Ajax, Achille, que rencontre Ulysse, restent certes reconnaissables parmi les ombres, mais n'ont pas plus de force et de vigueur que les autres, du moins tant qu'ils n'ont pas bu de sang. On pourra même relever une contradiction surprenante entre les exigences de l'*aristeia* telles que les formulent les héros de la tragédie et la remarque désabusée d'Achille dans l'*Odyssée*, où Homère lui fait dire à Ulysse qu'il préférerait être un misérable paysan *vivant* plutôt qu'un mort illustre régnant – si l'on peut encore parler de règne – sur un peuple d'ombres.

Enfin, une dernière constatation confirme cette impression ; lorsqu'un vivant parvient à descendre aux enfers, comme Ulysse, Héraclès ou Thésée, ce n'est pas dans l'espoir d'y trouver une forme de révélation mystique sur l'au-delà, c'est simplement pour réaliser une forme d'exploit, avec la ferme intention d'en ressortir aussi vite que possible. Le récit prend la forme non pas d'une initiation, mais d'un conte populaire, où l'on retrouve tous les ingrédients analysés par Vladimir Propp dans sa *Morphologie du conte*, avec un héros qui doit réaliser un exploit, en rencontrant des obstacles, des opposants et des adjuvants, et finalement le succès.

Il y avait sans doute dans l'esprit des Grecs une aspiration, même confuse, à une autre conception de la mort et du monde souterrain qui les attendait. Les successeurs d'Homère, et en particulier, plus tard, les premiers philosophes ioniens, ont essayé, eux, de concevoir ce monde des morts d'une tout autre façon, en introduisant dans la pensée grecque un mysticisme totalement nouveau.

DEUXIÈME PARTIE

LES ENFERS DES CULTES À MYSTÈRES
(VIIe - Ve siècles)

Au cours des VIIe et VIe siècles, paradoxalement moins bien connus que l'époque dite homérique, s'est développé un courant qu'on a pu qualifier de mystique. Les Grecs ont sans doute imaginé que les enfers pouvaient être autre chose que le lieu inquiétant qu'on a vu plus haut, qu'il était possible d'y mener une « vie » plus attrayante que celle des ombres éveillées par Ulysse, et surtout que l'accès à cette vie future devait être préparé pendant la vie terrestre. Cette préparation à l'au-delà était assurée, semble-t-il, par un enseignement spécifique, par des pratiques rituelles, et peut-être par un certain mode de vie. Et, là encore, on pourra se poser la question de savoir si ce mode de vie faisait intervenir des notions de morale telle que nous l'entendons aujourd'hui.

Certains objecteront qu'il est anachronique de dire que ces cultes à mystères sont apparus seulement à la période des VIIe-VIe siècles : on fait parfois remonter leur origine à l'époque mycénienne. Il est cependant certain qu'ils n'ont connu une véritable expansion qu'à l'époque post-homérique. Selon Walter Burkert, cette expansion est sans doute liée à l'évolution de la société, « qui s'était orientée avec insistance, aux environs du VIe siècle avant J.-C., vers la découverte de l'individu[1] ». Burkert veut dire par là que, jusqu'à ce moment, les cérémonies religieuses relevaient avant tout d'une religion d'État : en accomplissant les pratiques cultuelles, l'individu agissait en citoyen, et non en raison d'une aspiration personnelle. C'est vrai ; mais il faut toutefois nuancer cette affirmation. Certes, il s'agit effectivement, pour beaucoup de ces nouvelles pratiques, d'engagements individuels, impliquant la quête de réponses à des angoisses concernant la vie dans l'au-delà ; l'orphisme, le pythagorisme et peut-être le dionysisme appartiennent sans doute aux cultes impliquant une ferveur individuelle et une pratique plus ou moins discrète. Mais d'autres cultes ont été de fait récupérés par la cité et célébrés au grand jour de façon collective et solennelle ; c'est le cas des mystères d'Éleusis, ou d'autres moins connus, comme les mystères de Samothrace, dont le nom même montre leur lien étroit avec le lieu qui les abrite.

On a aussi souvent insisté sur la dimension mystique de ces nouveaux cultes ; là aussi, il faut sans doute se garder, comme le souligne encore W. Burkert[2], de donner à cette quête une dimension nécessairement spirituelle, présente chez tous les individus. Il est probablement vrai que certains se sont ardemment attachés à la recherche d'un autre monde plus lumineux et peut-être plus juste ; mais beaucoup d'autres ont pu être séduits simplement par l'idée de s'intégrer à un groupe pratiquant des rites

---

1. Walter Burkert, *Les Cultes à mystères dans l'Antiquité*, Paris, Les Belles Lettres, 2003 (traduit par Alain-Philippe Segonds), Introduction, p. 14.

2. W. Burkert, *ibid.*, p. 5.

plus ou moins secrets, et de se valoriser ainsi dans le milieu où ils vivaient.

Ces nouvelles pratiques ont été rangées sous le nom de « cultes à mystères », parce qu'elles réclamaient le secret de leurs adeptes et que leurs célébrations ont été appelées des « mystères » ; on pourrait ajouter : parce qu'elles offraient aux commentateurs un champ de mystères à explorer. « Comme rien ne suscite davantage la recherche que ce qu'on ne comprend pas, mais que l'on voudrait connaître [...], les études sur les mystères antiques sont très nombreuses », remarque très justement Michèle Daumas[3] ; et effectivement la bibliographie sur tous les cultes à mystères est énorme.

Dans les faits, deux obstacles majeurs se rencontrent dès que l'on essaie de cerner ce que pouvaient être ces cultes. Le premier est, comme on l'a dit, le secret bien gardé par tous les initiés. Le second est la rareté des œuvres littéraires appartenant à la période des VIIe-VIe siècles qui sont arrivées jusqu'à nous. Certes, beaucoup de noms sont passés à la postérité, poètes qui furent célèbres chez leurs contemporains, et, à partir du VIe siècle, philosophes ou savants ; mais il ne surnage que quelques fragments de leurs œuvres. Ainsi, même si certains initiés avaient à l'époque transgressé la règle du silence, leur témoignage ne nous est pas parvenu. Très rares sont donc les textes qui nous instruisent, en général sous forme de simples allusions, sur ce qu'étaient ces cultes à mystères (il existe aussi, on le verra, quelques témoignages anciens particulièrement précieux). En dehors d'eux, les sources sont plutôt les écrivains chrétiens qui, ayant pu connaître des initiations, ont laissé filtrer quelques renseignements (souvent critiques)

3. Michèle Daumas « De Thèbes à Lemnos et à Samothrace. Remarques nouvelles sur le culte des Cabires », *Topoi Orient Occident*, 12-13 (2005), p. 851-881.

après leur conversion au christianisme, nous permettant ainsi d'avoir une légère idée de la nature de ces cultes.

Il n'est toutefois pas impossible de préciser cette idée en rassemblant tous les témoignages, et en particulier de savoir comment les adeptes de ces nouvelles religions envisageaient la vie dans l'au-delà. Il peut paraître arbitraire d'étudier ces cultes séparément, car ils se sont très certainement influencés réciproquement ; toutefois, dans un souci de clarté, on va les présenter ici de façon distincte, en voyant d'abord les cultes indépendants de la cité, c'est-à-dire essentiellement l'orphisme et le pythagorisme, et ensuite les mystères plus étroitement encadrés par l'État, comme ceux d'Éleusis.

CHAPITRE I

Le monde infernal des orphistes

Orphée est sans doute le plus connu de ces nouveaux référents, et en même temps le plus mystérieux : il est nécessaire, dans un premier temps, d'établir une distinction entre le mythe d'Orphée lui-même et les doctrines de l'orphisme. Car rien ne prouve ni qu'Orphée ait réellement existé, ni qu'il ait enseigné lui-même les fondements d'un culte « à mystères » ; mais on lui a attribué très tôt la paternité d'une théogonie et d'un rituel nouveaux[1].

Orphée a-t-il existé ?

Les Grecs n'en ont jamais douté. L'existence d'Orphée et sa réputation de chanteur n'étaient pas contestées à

---

1. Sur Orphée et l'orphisme, on pourra consulter W. K. C. Guthrie, *Orphée et la religion grecque : étude sur la pensée orphique,* Paris, Payot, 1956, trad. de l'anglais par S. M. Guillemin ; Marcel Détienne, *Dionysos mis à mort,* Paris, Gallimard, 1977 ; Philippe Borgeaud éd., *Orphisme et Orphée* (en l'honneur de Jean Rudhardt), *Recherches et rencontres* n° 3, Genève, Droz, 1991.

l'époque classique. Pindare le cite dans sa quatrième *Pythique*, v. 176-177. Euripide y fait plusieurs fois allusion. Dans *Alceste*, Admète se plaint de ne pouvoir comme Orphée ramener son épouse des enfers : « Ah ! si j'avais la voix harmonieuse d'Orphée, pour t'arracher à l'Hadès en charmant de mes chants la fille de Déméter ou son époux, je descendrais aux enfers, et ni le chien de Pluton, ni le vieillard qui, la main sur l'aviron, conduit les âmes, ne m'empêcheraient de te rendre à la lumière » (v. 357-362). Iphigénie elle aussi, dans *Iphigénie à Aulis* (v. 1211-1215), s'exclame : « Si je possédais, père, l'éloquence d'Orphée, la magie persuasive de ses chants, pour me faire suivre des rochers et charmer à mon gré les cœurs par mes discours, j'aurais recours à ces sortilèges ; mais je n'ai d'autre artifice à t'offrir que mes larmes. » Et le chœur des *Bacchantes* (v. 563-565) évoque « les retraites de l'Olympe où jadis Orphée, en jouant de la cithare, rassemblait les arbres par ses chants, rassemblait les bêtes farouches[2] ».

Le poète comique Aristophane de son côté, dans sa pièce *Les Grenouilles*, jouée en 405, évoque Orphée dans une brève allusion. Le dieu Dionysos est descendu aux enfers pour en ramener un poète tragique de valeur ; un débat s'instaure devant lui entre Eschyle et Euripide, tous deux candidats à la résurrection. Le vénérable Eschyle se fait le défenseur des vraies valeurs poétiques : « Orphée, dit-il, nous enseigna les mystères (*teletai*) et à nous abstenir de meurtres ; Musée, la guérison des maladies et les oracles ; Hésiode, les travaux des champs, les saisons des fruits, les labours. Et le divin Homère [...], ordre des batailles, vertus guerrières, équipements des hommes » (v. 1032-1036). Les Grecs du Ve siècle reconnaissaient donc quatre « pères fondateurs » non seulement de la poésie, mais aussi

---

2. Les traductions d'Eschyle, Sophocle, Euripide et Aristophane sont celles des éditions des Belles Lettres.

et surtout des connaissances indispensables aux humains : Orphée, Musée, Hésiode et Homère – cet ordre d'énonciation impliquant dans leur esprit une date très ancienne, antérieure au VIIIe siècle, pour Orphée et Musée (considéré comme son disciple).

Apollodore, dans sa *Bibliothèque* (I, 3, 2), détaille la biographie d'Orphée : il serait né en Thrace du roi Œagre (lui-même descendant d'Apollon) et de la nymphe Calliope. La Thrace est effectivement restée dans les mémoires comme le lieu d'origine d'Orphée et du culte qui lui fut ensuite rendu. On voit encore près du village bulgare de Tatul une tombe creusée dans le roc baptisée la « tombe d'Orphée », que les responsables du tourisme bulgare utilisent sans état d'âme pour attirer les touristes : chaque année y a lieu un spectacle intitulé « Les mystères d'Orphée » ; et non loin de là un gouffre, appelé la « grotte d'Orphée », est présenté aux visiteurs comme l'endroit par où Orphée est descendu aux enfers. Orphée a fait la fortune des nombreux hôteliers et restaurateurs qui se sont installés dans les environs.

Les deux points de l'histoire légendaire d'Orphée qui ont le plus marqué l'imagination des poètes, mais aussi des Grecs en général (et, après eux, des modernes), sont la puissance magique du chant d'Orphée et sa descente aux enfers pour tenter de ramener à la lumière son épouse Eurydice. Comblé de dons par Apollon, il devint un aède célèbre et ajouta même deux cordes à la lyre traditionnelle. Grâce à elle, il pouvait charmer les animaux sauvages, et en particulier le chien Cerbère qui gardait les enfers – ce qui lui permit d'arriver jusqu'à Hadès lui-même pour obtenir le retour de son Eurydice, sans succès, comme on sait : Hadès lui rendit son épouse, mais Orphée ne put résister à l'envie de se retourner pour la regarder avant d'être sorti des enfers ; geste interdit et fatal qui renvoya Eurydice au royaume des ombres.

On trouve un autre épisode de sa biographie chez Pindare (*Pythiques*, IV, 177) et chez Apollonios de Rhodes, dans ses *Argonautiques* : Orphée fit partie de l'expédition des Argonautes que Jason emmenait en Colchide pour conquérir la Toison d'or[3]. Il donnait par son chant la cadence aux autres rameurs, et parvint à résister au chant des Sirènes. Il aurait donc été le contemporain d'Héraclès (lui aussi membre de l'expédition), et de Thésée, selon d'autres sources. Certains précisent même qu'il aurait vécu vers 1300 avant J.-C. Après avoir échoué à ramener Eurydice sur terre, il serait retourné en Thrace. Plusieurs versions circulent à propos de sa mort : selon la plus connue, les Bacchantes thraces, jalouses de sa fidélité au souvenir d'Eurydice, le mirent en pièces ; sa tête, jetée dans le fleuve Hèbre, arriva jusqu'à l'île de Lesbos où elle serait ensevelie, tandis que les Muses recueillaient le reste de son corps pour l'enterrer en Thessalie.

Le poète latin Virgile a rendu de façon émouvante ce voyage d'Orphée aux enfers et sa triste fin dans ses *Géorgiques* :

> « Déjà, revenant sur ses pas, Orphée avait échappé à tous les hasards ; Eurydice lui était rendue et remontait vers les airs en marchant derrière son mari (car Proserpine lui en avait fait une loi), quand un égarement soudain s'empara de l'imprudent amant, égarement bien pardonnable, si les Mânes savaient pardonner ! Il s'arrêta et,

---

3. Pindare, quatrième *Pythique*, antistrophe 8 : « À eux se joint un fils d'Apollon, le père de la lyre et du chant, le fameux Orphée » ; Apollonios de Rhodes, *Argonautiques*, I, 23-34 : « Tout d'abord citons [parmi les Argonautes] Orphée que jadis Calliope elle-même, unie au Thrace Oiagros, enfanta, dit-on, près de la cime de Pimpléia. On conte qu'il avait charmé dans les montagnes les durs rochers et le cours des fleuves par la musique de ses chants. Des chênes sauvages attestent encore les effets de cette mélodie : sur la côte thrace de Zonè, ils s'avancent avec leurs frondaisons verdoyantes en files serrées ; c'est lui qui les a fait descendre depuis la lointaine Piérie par le charme de sa lyre. Tel était cet Orphée, que, pour l'aider dans ses travaux, l'Aisonide, obéissant aux conseils de Chiron, accueillit, lui qui était roi de la Piérie Bistonienne. » (trad. d'E. Delage, Les Belles Lettres). Ce récit est repris dans les *Argonautiques orphiques*, ouvrage tardif du ve siècle de notre ère (édité par Francis Vian, Les Belles Lettres, en 1987).

au moment où ils atteignaient déjà la lumière, oubliant tout, hélas ! et vaincu dans son cœur, il se retourna pour regarder Eurydice. Aussitôt s'évanouit le résultat de tous ses efforts, son pacte avec le tyran cruel fut rompu, et trois fois un bruit éclatant monta des marais de l'Averne. Alors : "Quelle est, dit-elle, cette folie qui m'a perdue, malheureuse que je suis, et qui t'a perdu, Orphée ? quelle folie ? voici que pour la seconde fois les destins cruels me rappellent en arrière et que mes yeux se ferment, noyés dans le sommeil. Et maintenant, adieu ! je suis emportée dans la nuit immense qui m'entoure et je tends vers toi des mains impuissantes, hélas ! je ne suis plus à toi." Elle dit, et hors de sa vue, soudain, comme une fumée se confond avec l'air impalpable, elle fuit du côté opposé ; en vain il s'évertuait à saisir des ombres, il voulait lui parler et lui parler encore : elle ne le vit plus, et le nocher d'Orcus ne permit plus qu'il repassât le marais qui les séparait. Que faire ? Où porter ses pas, après que son épouse lui avait été ravie deux fois ? Par quels pleurs émouvoir les Mânes ? Quelles Divinités invoquer ? Déjà Eurydice glacée voguait dans la barque stygienne[4]. »

Rien ne dit, dans cette biographie légendaire, qu'Orphée ait décrit le monde infernal qu'il venait de découvrir, ni qu'il ait formulé une théorie métaphysique, ou initié d'autres humains aux moyens de gagner les enfers comme lui. Cependant, le voyage chez Hadès qu'on lui prête a certainement fait qu'on lui a attribué très tôt l'élaboration d'une doctrine mystique qu'on a appelée l'orphisme. On a vu qu'Aristophane, dans ses *Grenouilles,* faisait dire à Eschyle : « Orphée nous enseigna les mystères. » Cette idée était donc admise au ve siècle. Pausanias, au IIe siècle de notre ère, se montre sceptique sur l'ensemble des données de la tradition, mais semble admettre – avec certaines réserves – le rôle d'initiateur religieux d'Orphée lorsqu'il décrit les statues figurant sur le mont Hélicon, près de Thespies, à cinquante stades de Thèbes :

« Orphée, de Thrace, a une statue de Télétè [l'Initiation] à côté de lui ; on a représenté autour de lui des bêtes féroces en bronze ou en marbre qui l'écoutent chanter. Entre autres histoires inventées, les

4. Virgile, *Géorgiques,* IV, 485-506, trad. Eugène de Saint-Denis, Les Belles Lettres.

Grecs croient qu'Orphée était fils de Calliope (la Muse, non une fille de Piéros) et que les bêtes sauvages étaient attirées, ensorcelées, par son chant ; qu'il alla aussi lui-même, vivant, chez Hadès, pour réclamer sa femme aux dieux d'en bas. Selon moi, Orphée fut supérieur à ses devanciers par la qualité de ses poèmes et atteignit une grande renommée par exemple en persuadant qu'il avait découvert les mystères divins ainsi que les moyens de se purifier des actes impies, les remèdes des maladies, et comment détourner la colère des dieux[5]. »

L'idée qu'Orphée fut à l'origine de nouvelles pratiques religieuses a donc traversé les siècles ; mais comment son enseignement était-il formulé et comment s'est-il transmis ? En particulier, Orphée a-t-il « écrit » des poèmes mystiques, comme on le croyait à l'époque classique ?

Orphée a-t-il écrit des poèmes mystiques ?

Rien n'est moins sûr, évidemment. D'abord, si vraiment Orphée vivait à l'époque que lui attribuait la tradition antique, l'écriture n'existait pratiquement pas, et la transmission, comme pour les poèmes homériques, n'a pu être qu'orale. Or, justement, Hérodote (*Histoires*, VII, 6) affirme que, comme l'*Iliade* et l'*Odyssée*, les poèmes d'Orphée ont été fixés par écrit au VIe siècle avant J.-C. sur l'ordre d'Hipparque, le fils du « tyran » d'Athènes Pisistrate. Ce dernier aurait chargé une équipe de savants de rassembler les écrits d'Orphée et de son disciple Musée, et d'en établir le texte. Rien ne garantit, bien sûr, que ces textes étaient bien l'œuvre d'Orphée lui-même[6]. Quoi qu'il en soit, raconte Hérodote, un certain Onomacrite dirigeait l'équipe mandatée par Hipparque ; mais il fut accusé par un collaborateur d'avoir introduit dans le texte des vers de sa main, et exilé en punition. Platon de son

5. Pausanias, IX, *Description de la Grèce*, 30, 4 sq., trad. D. Jouanna.

6. Selon Ion de Chios (DK 36 B 2), ces *Orphica* auraient été écrits par Pythagore et attribués par lui à Orphée.

côté confirme, dans un passage de *La République* (364c) où il s'indigne des pratiques des charlatans (on va y revenir), qu'il circulait bien des écrits attribués à Orphée : « Ils produisent une foule de livres de Musée et d'Orphée, fils de la Lune et des Muses, dit-on. Ils règlent leurs sacrifices sur l'autorité de ces livres. » Comme on le voit, il semble qu'on ne faisait pas de distinction réelle entre ce qui était l'œuvre d'Orphée et celle de son disciple Musée, mais personne ne doutait de l'existence d'écrits sacrés. Dans l'*Alceste* d'Euripide, le chœur fait lui aussi allusion à ces écrits, tout en manifestant son scepticisme (v. 964-969) : « J'ai touché à bien des doctrines, sans rien trouver de plus fort que la Nécessité. Contre elle, nul recours dans les tablettes thraces où s'est inscrite la parole d'Orphée. » Une scholie au vers 968 précise que des tablettes écrites par Orphée avaient été trouvées en Thrace.

De ces « écrits », ces *hieroi logoi* qui se transmettaient oralement ou par écrit, nous sont parvenues peu de choses : des allusions chez les auteurs classiques, des mentions chez des auteurs plus ou moins postérieurs (rassemblés sous le nom d'*Orphicorum fragmenta*[7]), un recueil de date tardive (les *Hymnes orphiques*), mais aussi un papyrus fort ancien (daté du début ou du milieu du IVe avant J.-C.) : le papyrus de Derveni. C'est donc avec beaucoup de prudence qu'il faut aborder ce domaine, vu la rareté et l'obscurité des témoignages, et les divergences d'interprétation ; en outre, les découvertes récentes rendent parfois caduques

7. O. Kern, *Orphicorum fragmenta*, Dublin-Zurich, Weidmann, 1922, rééd. Berlin 1972 ; en font partie les minces restes des *Discours sacrés en 24 rhapsodies* dont la valeur est très discutée, en particulier par Luc Brisson (*Introduction à la philosophie des mythes. Sauver les mythes*, Vrin, 1996, p. 138) : ils ne furent composés qu'au Ier ou IIe siècle de notre ère, et sont fortement influencés par le culte de Mithra. Au contraire, le savant anglais M. L. West, dans *The Orphic Poems* (Oxford, 1983), s'appuie sur eux pour reconstituer les diverses théogonies attribuées à Orphée.

les savantes études qui les ont précédées. On peut toutefois déduire de ces données fragmentaires et souvent peu claires que l'orphisme comportait un double enseignement : premièrement une cosmo-théogonie, autrement dit le récit d'une création du monde et des dieux, et deuxièmement un mode de vie et des rituels assurant une vie heureuse après la mort, autrement dit un « passeport pour l'au-delà ». Comme le dit très justement l'article *Orpheus* du dictionnaire de Daremberg et Saglio (source ancienne, mais toujours précieuse) : « La philosophie orphique a entrepris de répondre aux deux grandes questions qui tourmentèrent l'esprit grec à partir du VIe siècle : explication du monde et destinée de l'homme. »

L'explication du monde : une cosmo-théogonie orphique

Pour retrouver les théories dites orphiques portant sur la création des dieux et de l'univers, on possède quelques témoignages anciens du Ve et du IVe siècle, auxquels il faut ajouter les sources tardives évoquées plus haut. On trouvera sans doute déconcertant que les créations du monde proposées par les divers textes comme étant l'enseignement d'Orphée semblent au premier abord ne pas coïncider exactement ; c'est ce qui a amené les savants à distinguer plusieurs théogonies orphiques, élaborées parfois tardivement pour tenter une synthèse.

Deux récits de l'origine du monde

À partir du néant ?

Dans sa comédie des *Oiseaux* (où il imagine, en 414, une cité idéale fondée par deux Athéniens entre ciel et terre), le poète Aristophane met dans la bouche des oiseaux qui accueillent les deux urbanistes un enseignement « sacré » sur les premiers temps du monde qui est visiblement une parodie :

> « Au commencement étaient le Vide et la Nuit et le noir Érèbe et le vaste Tartare, mais ni la terre ni l'air ni le ciel n'existaient. Dans le sein infini de l'Érèbe tout d'abord la Nuit aux ailes noires produit un œuf sans germe, d'où, dans le cours des saisons, naquit Éros le désiré au dos étincelant d'ailes d'or, Éros semblable aux rapides tourbillons du Vent. C'est lui qui, s'étant uni la nuit au Vide ailé dans le vaste Tartare, fit éclore notre race [c'est-à-dire celle des oiseaux] et la fit paraître la première au jour. Jusqu'alors n'existait point la race des Immortels, avant qu'Éros eût uni tous les éléments : à mesure qu'ils se mêlaient les uns aux autres, naquirent le Ciel et l'Océan et la Terre et toute la race impérissable des dieux bienheureux. Ainsi nous sommes de beaucoup les plus anciens de tous les bienheureux. Et que nous descendons d'Éros, mille preuves l'attestent : nous avons des ailes et nous vivons avec les amoureux[8]. »

Cet exposé risque de paraître bien obscur au profane. Le lecteur plus averti croit y reconnaître quelques emprunts à la *Théogonie* d'Hésiode, mais ce dernier n'a jamais parlé d'œuf ni d'un rôle particulier attribué à Éros ou au Vide. Tous les commentateurs actuels y voient en fait une allusion à l'une des versions de la théogonie orphique[9]. Il s'agirait de la théorie qui expose la création du monde à partir d'un œuf – et qui était donc connue du grand public à l'époque d'Aristophane, sans quoi sa parodie n'aurait fait rire personne. Selon cette version, qu'on retrouve dans les *Orphicorum fragmenta* (O. Kern, 24 et 70, 2), Nuit, un oiseau aux grandes ailes noires, engrossée par Vent, dépose son œuf dans le sein d'Obscurité ; et sort de l'œuf un dieu aux ailes d'or, Éros. Le savant anglais M. L. West dans *The Orphic Poems* résume ainsi cette généalogie : Nuit ✳ Œuf ✳ Éros ✳ mélange des éléments, mélange qui donne

---

8. Aristophane, *Les Oiseaux*, v. 693-704, trad. H. Van Daele, Les Belles Lettres.

9. Le premier à avoir vu dans le texte d'Aristophane un texte d'inspiration orphique est A. Dieterich en 1893, dans un article publié dans *Rheinisches Museum*, 48, 1893, p. 250-275 (« Über eine Scene der aristophanischen Wolken »).

naissance à Ouranos le Ciel, Okéanos l'Océan (= l'eau), et Gaia la Terre ; les oiseaux s'intercalant, dans la version parodique d'Aristophane, entre Éros et les éléments. Dans cette cosmo-théogonie, peut-être toutefois retrouve-t-on certains des éléments dégagés chez Hésiode, c'est-à-dire l'affirmation que dans l'Érèbe et surtout le Tartare se trouvent l'origine du monde, « les sources, les extrémités de tout (*pantôn pègai kai peirata*), de la terre noire et du Tartare brumeux, de la mer inféconde et du ciel étoilé » (*Théogonie*, v. 736-738 et 807-809) ; le monde souterrain est donc le monde premier et unique, qui a existé avant les deux autres espaces traditionnels, la terre et le ciel, avant le partage entre les trois frères Zeus, Poséidon et Hadès, dont l'existence n'est même pas mentionnée.

À partir de Zeus ?

Mais il existe une autre théogonie attribuée aussi à Orphée, qui part non pas des origines, mais de Zeus : celui-ci se serait uni sous la forme d'un serpent à Perséphone – ou à la mère de celle-ci, Déméter (Diodore, III, 64, 1)[10] ; de cette union serait né un premier Dionysos (appelé aussi Dionysos Zagreus), destiné à être le successeur de Zeus.

---

10. Selon Diodore de Sicile (III, 63-64), il y eut peut-être trois Dionysos : « Certains professent qu'il y eut un seul et même dieu qui enseigna [aux hommes] ce qui touche à la fabrication du vin et à la récolte de ce qu'on appelle les fruits cueillis sur l'arbre, qui parcourut avec son armée toute la terre habitée et qui de plus introduisit les mystères, les initiations et les orgies bacchiques. [...] D'autres disent que] le deuxième Dionysos est fils de Zeus et de Perséphone, ou, selon d'autres, de Déméter. Ils le présentent comme étant le premier à avoir attelé des bœufs à une charrue, alors que les hommes, avant cela, travaillaient la terre de leurs mains. Avec habileté, il conçut encore bon nombre d'autres inventions utiles au travail de la terre qui libérèrent les masses de leur grande misère. [...] Le troisième Dionysos naquit, selon eux, à Thèbes en Béotie de Zeus et de Sémélè fille de Cadmos. [...] Il enseigna aussi les rites d'initiation et communiqua les mystères à ceux des hommes qui étaient pieux et qui pratiquaient la justice dans la vie. » (trad. Bibiane Bommelaer, Les Belles Lettres). Le deuxième Dionysos (le nôtre ici) serait donc le seul à n'avoir pas pratiqué les mystères.

Les Titans attirent par une ruse ce Dionysos encore enfant, le tuent et le démembrent. Zeus irrité foudroie alors les Titans, recueille leurs cendres, et à partir d'elles crée la première race des hommes (qui auraient donc en eux la composante divine – et la faute originelle – des Titans). Pour établir cette seconde version, on s'appuie en partie sur le témoignage des *Hymnes orphiques*.

Les *Hymnes orphiques*

Il s'agit d'un recueil connu depuis longtemps (Leconte de Lisle en a même donné une traduction au XIXe siècle)[11]. Il comporte 87 poèmes écrits en hexamètres et consacrés à des divinités très variées, dont certaines mal connues. *A priori*, ils ne devraient pas être d'une grande utilité pour compléter notre connaissance de la théogonie orphique, puisqu'ils datent seulement des premiers siècles de l'ère chrétienne, et proviennent vraisemblablement d'une communauté religieuse d'Asie Mineure. Et de fait ils ont longtemps été regardés avec suspicion, jugés abstraits et incohérents, voire considérés comme non orphiques. Mais le regard que certains portent sur eux a changé. Ainsi, selon Anne-France Morand, ces *Hymnes* « présentent une pensée élaborée, cohérente, et font état d'une bonne connaissance des écrits attribués à Orphée[12] ». En particulier, plusieurs d'entre eux font allusion à Dionysos, et à sa présence aux enfers auprès de Perséphone (sa mère

11. Pour les éditions et les commentaires, voir M. L. West, *The Orphic Poems*, Oxford, 1983 ; Alberto Bernabé, *Poetae epici graeci : testimonia et fragmenta. Pars II, Orphicorum et orphicis similium testimonia et fragmenta. Fasciculus 2.* Münich ; Leipzig : Saur, 2005, Coll. « Bibliotheca scriptorum graecorum et romanorum teubneriana » ; Anne-France Morand, *Études sur les Hymnes orphiques* (Brill, 2001) ; Jean Rudhardt, *Opera inedita : Essai sur la religion grecque & Recherches sur les Hymnes orphiques. Kernos, Suppléments 19*, Liège, 2008.

12. Anne-France Morand, *op. cit.*, p. 36.

selon la théogonie orphique), et réunissent aussi en une seule divinité le Dionysos Zagreus né de Perséphone et le Dionysos plus connu né de Sémélè : Zeus aurait sauvé le cœur du premier après son meurtre par les Titans et l'aurait avalé ; ce qui aurait permis à celui-ci de se réincarner dans le second Dionysos lors de l'union de Zeus et de Sémélè.

Ces deux récits théogoniques paraissent donc assez différents, mais aussi complémentaires : l'un parle surtout de la création du monde au temps des forces primitives (Nuit, Vide, éléments, etc.), l'autre de la création des hommes au temps des « jeunes dieux » olympiens. Ils sont fragmentaires, mais on a la chance de posséder depuis peu un autre témoignage ancien et capital, le papyrus de Derveni, qui peut dans une certaine mesure faire la synthèse entre ces deux moments de l'histoire des dieux et des hommes.

Le papyrus de Derveni

L'histoire de ce papyrus relève presque du merveilleux, tant sa découverte et son déchiffrement furent le résultat de circonstances improbables. Il a été trouvé en 1962 à Derveni, dans le nord de la Grèce, à quelques kilomètres de Thessalonique, dans un groupe de six tombes macédoniennes. C'est le plus ancien des papyri grecs connus, puisqu'il daterait du IVe siècle avant J.-C. Son état semblait exclure toute possibilité de lecture : il avait été brûlé avec son propriétaire, et il n'en restait que des fragments plus ou moins calcinés, où l'on distinguait des signes d'écriture. Les archéologues ont toutefois réussi dans un premier temps à dérouler le papyrus, à reconstituer le puzzle sans réduire ces fragments en poussière, et à établir que le texte de ce papyrus (un rouleau de trois mètres qu'on déroulait en le lisant de gauche à droite) était disposé sur vingt-six colonnes de dix à dix-sept lignes. Le haut des colonnes, en partie préservé du feu, était beaucoup moins

abîmé que le bas. Un premier déchiffrement avait été fait, très insuffisant. Le papyrus dormait depuis, entre deux plaques de verre, à l'université de Thessalonique, quand des chercheurs eurent l'idée d'utiliser une technique de la NASA, l'imagerie multi-spectrale, qui permet de découvrir des nuances infimes dans les différences de couleur (en particulier les traces noires de l'écriture sur le fond noir du papyrus brûlé). Bref, plusieurs chercheurs sont parvenus successivement à établir et publier un texte assez long... et extrêmement intéressant[13].

13. Le papyrus a été l'objet de nombreuses éditions : A. Laks and G.W. Most éds, *Studies on the Derveni Papyrus*, Oxford, 1997 ; R. Janko, « The Derveni Papyrus: An Interim Text », *Zeitschrift für Papyrologie und Epigraphik* 141 (2002), p. 1-62 ; Fabienne Jourdan, *Le Papyrus de Derveni*, Les Belles Lettres, 2003 ; Gabor Betegh, *The Derveni Papyrus. Cosmology, Theology and Interpretation*, Cambridge University Press, 2004 ; G. M. Parassoglou et K. Tsantsanoglou, *Derveni (The) Papyrus*, éd. Leo S. Olschki, *Studi e testi per il Corpus dei papiri filosofi greci e latini*, 2006 ; Alberto Bernabé dans *Orphicorum et orphicis similium testimonia et fragmenta. Poetae Epici Graeci, Pars II, Fasciculus 3, Bibliotheca Teubneriana*, de Gruyter, 2007, Appendix IV, p. 169-269. De nombreux articles lui ont également été consacrés (voir en particulier le volume 219, année 2002, de la *Revue de l'histoire des religions*).

On a ainsi découvert qu'il s'agissait du commentaire (sans nom d'auteur), enrichi de citations, d'une cosmothéogonie en vers explicitement attribuée à Orphée, et des pratiques qui y étaient associées. Ce commentaire, antérieur au copiste du papyrus, pourrait lui-même remonter à la fin du ve siècle (certains toutefois lui attribuent une date plus tardive). Dans les six premières colonnes, le papyrus décrit les rituels et, dans les vingt colonnes suivantes, il cite et commente des vers du poème d'Orphée. C'est donc une confirmation de plus qu'il aurait bien existé un texte écrit attribué au poète (plus ancien que le commentaire lui-même). Et d'après les vers cités par le commentaire on a essayé de reconstituer quelques éléments de la doctrine censée être celle d'Orphée. Voici un échantillon du texte lu dans le papyrus, tiré du livre de Fabienne Jourdan (*Le Papyrus de Derveni*, Les Belles Lettres, colonne XIV ; les mots en gras sont considérés comme des citations du poème orphique) :

> « Ce **Cronos**-là donc, il [le poète] dit qu'il **vint à l'être**, parce qu'il fut responsable, par l'intermédiaire du soleil, du fait que les particules furent frappées les unes contre les autres. C'est pourquoi il emploie la formule : **lui qui fit quelque chose de grand.** Et le vers suivant : **Ouranos, fils d'Euphronè** [La « Bienveillante », c'est-à-dire la Nuit]**, qui, le tout premier, régna.** [...] Il [le poète] dit que celui-ci "fit quelque chose de grand" à Ouranos : ce dernier en effet se vit dépossédé de la royauté. »

Rendre compte du texte de ce papyrus, on le voit, est assez délicat et un peu aléatoire, et cela pour deux raisons. D'abord, la lecture de ces fragments (c'est-à-dire à la fois l'établissement du texte lui-même et sa traduction) a donné lieu à de nombreuses controverses entre savants. Ensuite, le texte obtenu est très abstrait, voire obscur : l'auteur du commentaire propose une interprétation allégorique (peu claire) du poème orphique, qu'il déclare lui-même « énigmatique » (*ainigmatôdes*) ; et il n'est pas toujours facile de distinguer entre ce qui est la théorie d'« Orphée » et celle du commentateur.

On a bien sûr tenté tout de même de reconstituer, à partir des citations, ce que pouvaient être le texte orphique lui-même et la théorie qu'il présentait. On fera grâce au lecteur des restitutions complexes d'exposés portant sur les particules, sur le rôle de l'air et du feu, et sur les noms donnés à ces divers éléments – restitutions qui varient selon les commentateurs modernes, et suivant les écoles philosophiques auxquelles ils les rattachent (celles des philosophes présocratiques, Anaxagore, Empédocle, et aussi Héraclite, cité expressément dans le poème). Disons simplement que, selon l'un de ses éditeurs (Gabor Betegh), ce poème orphique était construit selon une « composition annulaire » traditionnelle dans les plus anciennes œuvres poétiques : partant de l'accès de Zeus au pouvoir, le poète remonte dans le temps pour raconter l'origine du monde, avant de revenir à la recréation du monde opérée par Zeus (Zeus engloutit tout ce qui a été créé avant lui pour le recréer de nouveau). Voici le résumé qu'en donne de son côté Fabienne Jourdan (Introduction, p. XVI) :

> « À la lecture du papyrus de Derveni, on peut proposer, avec M. L. West, la restitution suivante de la théogonie. Orphée annonce qu'il va chanter, pour les initiés, l'œuvre de Zeus et de sa descendance. Le récit commence au moment où Zeus s'empare du pouvoir royal après avoir pris les conseils de la Nuit. Il avale le Premier-Né (Protogonos). La lignée divine d'où il est issu est ensuite déroulée grâce à une remontée dans la chronologie généalogique. Apparaissent les figures de la Nuit, du Premier-Né, d'Ouranos, de Gaia et de Cronos (qui castre Ouranos). Après avoir avalé le Premier-Né, Zeus devient le début, le milieu et la fin de tout. Il procède alors à une nouvelle fabrication de l'univers. Le récit s'interrompt au moment où est évoqué son désir pour sa mère. Cette théogonie a donc la Nuit pour principe primordial. [...] Mais il n'est fait aucune mention de Dionysos, de son assassinat par les Titans, et de sa résurrection. »

Les théories exposées ici, on le voit, permettent de rétablir la lignée de la Nuit originelle jusqu'à Zeus, et ainsi de relier dans une certaine mesure les versions des deux théogonies ; mais il n'y est pas question de Dionysos, dont la place paraît pourtant fondamentale dans la théogonie orphique[14].

Les divergences entre tous ces exposés proviennent peut-être des « prêtres » d'Orphée qui enseignaient sa doctrine. Ce rôle semble avoir été assuré par des mages itinérants qualifiés d'« orphistes », qui accommodaient sans doute leur enseignement aux attentes de leur public, un public moins intéressé par les subtilités d'une théogonie complexe que par les moyens de s'assurer un « passeport pour l'au-delà ». Peut-être le mort de Derveni avait-il tenu à emporter avec lui ce texte dans sa tombe à cause des premières colonnes concernant les rituels à observer pour obtenir une « vie » heureuse chez Hadès. Cet aspect utilitaire – qui nous ramène à la conception des enfers chez les Grecs – constitue le second volet de la doctrine attribuée à Orphée.

L'enseignement orphique : un passeport pour l'au-delà

On s'attendrait à voir l'enseignement orphique dispensé sous forme de mystères réservés à une petite élite d'initiés. Or apparemment ce n'était pas toujours le cas, et cet enseignement semble avoir été galvaudé sous une forme abâtardie par des prêtres orphiques qui n'avaient pas toujours une excellente réputation. Leurs disciples étaient assimilés à

14. Pour plus de détails sur les théogonies orphiques et les débats qu'elles ont suscités, on peut lire l'article de Luc Brisson « Les théogonies orphiques et le papyrus de Derveni (Notes critiques) », dans *Revue de l'histoire des religions*, t. 202 n° 4, 1985, p. 389-420. Selon R. G. Edmonds (communication faite à la Sorbonne le 12 mars 2012), le texte serait en fait un morceau de bravoure s'inscrivant dans le cadre d'une compétition entre prêtres orphistes prononcé par l'auteur pour démontrer sa compétence à interpréter allégoriquement les textes orphiques ; mais, dans ce cas, on ne voit pas pourquoi le mort aurait tenu à emporter ce texte dans sa tombe.

une secte, et leurs méthodes à du charlatanisme, comme on le voit par des témoignages anciens.

Aristophane

Une comédie d'Aristophane renferme peut-être une allusion à l'orphisme, comme à une secte pratiquant une religion à mystères. Il s'agit de la comédie des *Nuées*, où le paysan Strepsiade veut s'inscrire à l'école de Socrate, présenté ici comme une sorte de gourou entouré de disciples. Les principaux philosophes visés là sont sans doute les Ioniens, et en particulier Anaxagore ; mais le cérémonial de l'initiation auquel est soumis Strepsiade avant de recevoir l'enseignement du maître fait bien songer à un culte à mystères. Socrate propose à Strepsiade de « connaître les choses divines telles qu'elles sont réellement » (v. 250-251), et d'« entrer en relation et converser avec les Nuées, nos divinités » (v. 252-253). Strepsiade est alors invité à s'asseoir sur « le grabat sacré », et à porter une couronne ; le maître invoque « l'Air infini », le « brillant Éther », et les Nuées, qui apparaissent alors à Strepsiade. Celles-ci commencent son initiation : s'il ne se lasse « ni de rester debout ni de marcher », s'il sait « supporter le froid sans trop d'humeur et ne tient pas à déjeuner », s'il « s'abstient de vin, de gymnases et autres sottises », et accepte de ne reconnaître comme dieux que le Vide (Chaos) et les Nuées (et aussi la Langue !), il sera heureux « chez les Athéniens et les Grecs ». On reconnaît au passage certains points de la cosmogonie évoqués plus haut, complétés par la pratique d'un certain mode de vie ; mais on voit aussi la parodie : Strepsiade est venu trouver Socrate pour savoir non pas comment être heureux dans un autre monde, mais seulement comment gagner des procès à Athènes et ne pas payer ses dettes. Cependant, l'enseignement des Nuées, fait de renoncements et d'ascèse désagréable, fait bien songer à une initiation, de même que les divinités invoquées (Air, Vide) rappellent la théogonie orphique.

Le régime ascétique conseillé par les Nuées se trouve justement confirmé comme orphique dans une autre pièce, une tragédie cette fois : l'*Hippolyte* d'Euripide (qui a servi de modèle à la *Phèdre* de Racine). Thésée accuse son fils Hippolyte de s'être laissé dévoyer par les pratiques orphiques : « Alors, toi le sage, l'homme pur de tout mal, / [...] va, maintenant, fais le fier ; étale ton régime végétarien ; / en revendiquant Orphée comme ton maître, / joue l'inspiré (*baccheue*) en rendant hommage à un tas de livres... » (v. 949-954). On le voit : les adeptes de l'orphisme n'étaient pas nécessairement bien considérés ! Et on constate aussi, par l'allusion au régime végétarien, la confusion qui pouvait régner dans les esprits entre orphisme et pythagorisme : on va y revenir plus loin.

Platon

Platon lui aussi fait allusion au régime végétarien des orphistes dans *Les Lois*. Certaines des sociétés primitives, dit-il, se nourrissaient d'animaux et pratiquaient des sacrifices sanglants ; mais inversement, chez d'autres, on s'abstenait de toute nourriture carnée ; « la vie dite orphique était celle de l'humanité d'alors, qui se jetait sur tout ce qui n'a pas vie et s'abstenait, au contraire, de tout ce qui a vie[15] ». Le ton est ici assez neutre. Mais il est beaucoup plus critique dans *La République* ; Platon explique qu'il existe à son époque des prêtres itinérants prétendant enseigner – moyennant rétribution – des pratiques plus ou moins secrètes pour s'assurer un séjour agréable dans l'au-delà :

> « De leur côté, des prêtres mendiants et des devins viennent à la porte des riches et les persuadent qu'ils ont obtenu des dieux, par des sacrifices et des incantations, le pouvoir de réparer au moyen de jeux et de fêtes les crimes qu'un homme ou ses ancêtres ont pu commettre. [...] Ils produisent d'autre part une foule de livres de Musée et d'Orphée, fils de la Lune et des Muses, dit-on. Ils règlent

15. *Les Lois*, VI, 782c, trad. Éd. des Places, Les Belles Lettres.

leurs sacrifices sur l'autorité de ces livres et font accroire non seulement aux particuliers, mais encore aux États qu'on peut, par des sacrifices et des jeux divertissants, être absous et purifié de son crime, soit de son vivant, soit même après sa mort. Ils appellent initiations ces cérémonies qui nous délivrent des maux de l'autre monde, et qu'on ne peut négliger, sans s'attendre à de terribles supplices[16]. »

La référence à l'orphisme et à ses prêtres est explicite. Platon est scandalisé par ces charlatans selon lesquels il n'est pas nécessaire de mener une vie vertueuse pour être heureux dans l'au-delà, et qui n'imposent même pas des pratiques pénitentielles rigoureuses aux auteurs de crimes ; en outre, ils s'adressent seulement aux riches, dans l'espoir évident de s'assurer un gagne-pain. Mais ce témoignage montre aussi que désormais on croyait à une « vie » diversifiée dans l'au-delà (où l'on pouvait soit subir de « terribles supplices », soit mener une vie relativement heureuse), et que ceux qui se prétendaient les successeurs d'Orphée pratiquaient des cérémonies qu'ils appelaient « initiations » (*teletai*). On voit également qu'ils exerçaient une large influence, puisque selon Platon celle-ci s'étendait non seulement aux particuliers, mais aussi aux États.

Théophraste

On trouve enfin une autre preuve de cette influence – et de cette dégradation – de l'enseignement orphique chez un écrivain de la fin du IVe siècle : il s'agit de Théophraste, auteur des célèbres *Caractères*, et disciple d'Aristote. Dans son portrait du « Superstitieux », il précise que ce dernier, « chaque mois, pour renouveler son initiation (*telesthèsomenos*), va chez les prêtres orphiques (*Orpheotelestes*), en compagnie de sa femme (ou, si elle n'est pas libre, de la nourrice) et de ses enfants ». Théophraste n'explique pas le contenu de l'initiation, mais on peut retirer deux éléments

16. *La République*, II, 364c-365a, trad. Émile Chambry, Les Belles Lettres.

de ce témoignage : il fallait assister à la cérémonie chaque mois… et elle n'était pas très contraignante, puisque l'épouse pouvait se faire remplacer par la nourrice, et qu'on y acceptait les enfants ! Mais on voit aussi que si ce superstitieux tient autant à respecter les cérémonies orphiques, c'est parce qu'il en attend un bénéfice dans cette vie et dans l'au-delà ; et il est également clair que la croyance en cet enseignement était assimilée à une superstition et regardée avec ironie.

En quoi cet enseignement consistait-il ? Le secret, hélas, a été gardé par les initiés. Cependant, on a la chance de posséder un témoignage rare, celui des « lamelles d'or », qui nous intéresse plus directement pour juger de la nouvelle conception des enfers qu'ont introduite ces cultes à mystères.

Les lamelles d'or

On a en effet découvert, en Grande Grèce (c'est-à-dire en Italie du Sud), en Crète et en Thessalie, plusieurs tombes où se trouvaient posées près du défunt (homme ou femme), voire sur sa poitrine même, des lamelles d'or portant une inscription qui était comme un mot de passe pour gagner l'au-delà[17]. Elles aussi ont suscité une très abondante littérature sur l'interprétation qu'on pouvait en faire, et leurs liens avec la philosophie orphique ; leurs commentateurs se partagent encore entre « orphéo-sceptiques » et « pan-orphistes »[18] ; cependant la majorité admet leur inspiration orphique. Voici deux échantillons de ces lamelles :

---

17. Ces lamelles sont éditées et publiées aux Belles Lettres dans une traduction française par Giovanni Pugliese Carratelli, sous le titre *Les Lamelles d'or orphiques. Instructions pour le voyage d'outre-tombe des initiés grecs* (2003), et par Giorgio Colli, *La Sagesse grecque*, t. I, Paris, 1990, p. 172-187 et 398-403. Voir aussi R. G. Edmonds, *The « Orphic » Gold Tablets and Greek Religion: Further along the Path*, Cambridge/New York, University Press, 2010.

18. Voir par exemple R. G. Edmonds, *Myths of the Underworld Journey, Plato, Aristophanes and the « Orphic » Gold Tablets*, Cambridge, 2004.

Lamelle découverte en 1965 en Italie du Sud, à Hipponion (Vibo Valentia). La tombe contenait un squelette féminin de la fin du v*e* *siècle.*

La lamelle d'Hipponion, ci-dessus, date de la fin du ve (ou du début du IVe siècle) avant notre ère, celle de Pétélia (page suivante) de la première moitié du IVe siècle. Voici le texte de la lamelle d'Hipponion, d'après l'ouvrage de Giovanni Pugliesi Carratelli :

« À Mnémosyne est consacré ce dit : pour le myste sur le point de mourir.
Tu iras dans la demeure bien construite d'Hadès : à droite, il y a une source,
à côté d'elle se dresse un cyprès blanc ;
c'est là que descendent les âmes des morts et qu'elles se rafraîchissent.
De cette source tu ne t'approcheras surtout pas.
Mais plus loin tu trouveras une eau froide qui coule
du lac de Mnémosyne [la Mémoire] ; au-dessus d'elle se tiennent des gardes.
Ils te demanderont, en sûr discernement,
Pourquoi donc tu explores les ténèbres de l'Hadès obscur.
Dis : "Je suis fils de Terre et du Ciel étoilé.
Je brûle de soif et je défaille ; donnez-moi donc vite
À boire de l'eau froide qui vient du lac de Mnénosyne."
Et ils t'interrogeront, par le vouloir du roi des enfers.
Et ils te donneront à boire l'eau du lac de Mnénosyne.
Et toi, quand tu auras bu, tu parcourras la voie sacrée
Sur laquelle aussi les autres *mystai* et *bacchoi* avancent dans la gloire. »

Et voici le texte de celle de Pételia :

Lamelle découverte en 1834 à Pételia (en Calabre, près de Crotone)

« Tu trouveras à gauche de la demeure d'Hadès une source[19],
et près d'elle, se dressant, un cyprès blanc :
de cette source ne t'approche surtout pas.
Tu trouveras une seconde source, l'eau froide qui coule
Du lac de Mnémosyne ; devant elle se tiennent des gardes.
Dis : "Je suis fils de la Terre et du Ciel étoilé ;
Ma race est céleste, et cela vous le savez vous aussi.
Je brûle de soif et je défaille : donnez-moi donc à l'instant
L'eau froide qui coule du lac de Mnémosyne."
Et ils te donneront à boire de la source divine ;
Et dès ce moment, avec les autres héros, tu seras souveraine.
Ce texte est consacré à Mnémosyne : pour l'initié sur le point de mourir. »

---

19. Il y a une contradiction apparente entre les deux textes : dans le premier la source mauvaise se trouve à droite de la maison d'Hadès, et à gauche dans le second. On sait que, pour les Anciens, la gauche est le côté « sinistre », et donc le seul valable ici ; pourquoi la source est-elle placée à droite dans le texte d'Hipponion ? Les experts ont tenté de résoudre la contradiction en disant qu'elle est vue ainsi depuis la maison d'Hadès, mais qu'elle est bien à gauche pour l'arrivant.

Ces formules évoquant le passage dans le monde des morts font penser à celles qu'on retrouve dans les tombes égyptiennes. Et de fait Diodore de Sicile, lorsqu'il évoque la biographie d'Orphée, le fait passer par l'Égypte avant d'arriver en Béotie. Bien des commentateurs ont rapproché la cosmologie et les rituels orphiques de ce qu'on connaît de la religion égyptienne : les formules du *Livre des morts* écrites sur papyrus et placées dans la tombe du mort sont censées l'aider à atteindre l'au-delà ; et Dionysos Zagreus fait penser à Osiris démembré et ressuscité. Mais il faut se méfier – sans les nier pour autant – de ces rapprochements tentants : les premiers écrivains chrétiens ont fait les mêmes rapprochements avec le Christ, et ont même retrouvé le thème de la faute originelle dans le crime des Titans, dont les cendres ont contribué à créer les hommes ; en outre, pas de pesée des âmes des morts dans les lamelles orphiques comme chez les Égyptiens. L'idée semble désormais admise que ces tablettes sont bien « le reflet d'une doctrine et d'une pratique rituelle non seulement bachiques, mais aussi (et simultanément) orphiques[20] ». Comme le signale Claude Calame, cette appartenance paraît confirmée par une lamelle beaucoup plus sommaire trouvée à Olbia et datant du ve siècle, qui parle en deux endroits d'un « Dionysos des orphistes » et d'un « Dionysos orphique »[21].

On voit bien que ces lamelles expriment le désir de connaître une « autre vie », très différente de celle des *eidôla* homériques. Elles attestent en tout cas que le mort a été l'objet d'une initiation, qui devait comporter l'enseignement d'une théogonie, peut-être plus ou moins simplifiée, d'un

20. Claude Calame, Philippe Borgeaud, André Hurst, « L'orphisme et ses écritures : nouvelles recherches », dans *Revue de l'histoire des religions*, 2002, vol. 219, 4, Présentation, p. 382.

21. Claude Calame, « Qu'est-ce qui est orphique dans les *Orphica* ? », *ibid.*, p. 389.

mode de vie et de rituels, ce qui l'amène à se présenter comme faisant partie d'un groupe composé de « mystes » et de « bacchants », qu'il espère retrouver dans l'autre vie. On peut rattacher à l'enseignement théogonique le fait que le mort se présente comme « fils de la Terre et du Ciel étoilé » (on retrouve dans presque toutes les tablettes la même formule à dire aux gardiens : *Gès pais eimi kai Ouranou asteroentos*), et que, sur la tablette de Pétélia, il insiste en disant que sa lignée est céleste ; et l'on se souvient que les Titans (dont les cendres sont entrées dans la composition des hommes) sont eux aussi nés de Gè et d'Ouranos. Le reste du texte indique le moyen d'accéder à un séjour bienheureux : le mort se dirige vers la demeure d'Hadès et demande à suivre un certain itinéraire, qu'on lui a sans doute enseigné au cours de son initiation ; comme Ulysse en route vers les enfers, il rencontrera un lieu planté d'un cyprès blanc, près duquel se trouve une source (inconnue d'Ulysse) dont il ne doit surtout pas boire l'eau : d'après la lamelle d'Hipponion, seules les âmes des non-initiés s'y rafraîchissent. Lui doit s'approcher d'une autre source, venant du lac de Mnémosyne, où il subira un interrogatoire de la part des gardiens (*phulakes*) et devra répondre par des formules codifiées (« Je brûle de soif et je défaille ; mais donnez-moi vite à boire l'eau fraîche venant du lac de Mnémosyne »). D'où l'invocation à Mnémosyne (la Mémoire) : ces formules, il les a sans doute apprises de son vivant, et il doit les répéter devant les gardiens ; et le texte est inscrit sur la tablette pour lui permettre de s'en souvenir. Une fois autorisé à boire à cette source, il sera assimilé aux héros (Pétélia) ou retrouvera les autres mystes et bacchants « dans la gloire » (Hipponion)[22].

---

22. Cependant, ces formules ne se retrouvent pas dans toutes les tablettes : certaines d'entre elles se présentent comme des prières à Perséphone : le défunt arrivé devant la déesse se présente comme « pur » et lui demande d'être admis au « séjour des purs ».

Rien ne permet en tout cas, dans ces lamelles, d'imaginer de façon précise ce séjour des bienheureux. Les enfers auxquels accédera l'initié ne sont pas décrits comme un jardin fleuri (un *paradis*), ou une table abondamment servie où le défunt pourrait banqueter et deviser joyeusement comme les dieux d'Homère ; on a juste une indication de l'itinéraire que devra suivre l'âme du défunt, route jalonnée par des points d'eau (une source à éviter d'un côté, le lac de Mémoire de l'autre). Cependant, une tablette trouvée à Thurium (près de Naples) évoque un lieu plus précis : « Réjouis-toi, réjouis-toi, toi qui chemines à droite vers les prés sacrés et les bois de Perséphone[23]. » Le paysage esquissé ici rappelle évidemment l'*Odyssée* : les « bois de Perséphone » font penser à la description de Circé, dans l'*Odyssée*, X, 509 (« Mais quand tu auras, avec ton navire, traversé l'Océan, là où se trouvent un petit promontoire et le bois de Perséphone... »), de même que les « prés sacrés » rappellent la prairie d'asphodèles mentionnée trois fois dans l'*Odyssée*. En dehors de ces réminiscences probables du texte homérique, il est difficile d'esquisser un paysage précis du lieu « glorieux » où l'âme se retrouvera finalement ; on peut tout juste supposer que le mort se présentera devant Perséphone et devra lui adresser une invocation personnelle, comme l'affirme un groupe de lamelles d'or. Mais il ne comparaîtra pas devant les juges des enfers, qui ne sont pas encore attestés. Il faudra attendre Platon pour avoir une description (qui lui est propre, bien sûr, et d'ordre mythique) de ces terres de l'au-delà.

Un mode de vie et des rituels ?

Le futur défunt doit en tout cas se préparer pendant sa vie à ce passage dans l'au-delà. Cette préparation comportait

23. Giovanni Pugliese Carratelli, *op. cit.*, p. 118.

certainement, dans son principe du moins, trois éléments : l'initiation à un enseignement réservé aux mystes, un mode de vie particulier, et le respect de certains rituels.

De l'initiation, comme on l'a vu, on ne peut pratiquement rien dire, vu notre ignorance ; on peut sans doute en avoir une idée d'après le peu que l'on connaît de l'initiation lors des mystères d'Éleusis ; car il est assez vraisemblable que les mystères orphiques ont fortement influencé le cérémonial d'Éleusis, comme le laisse entendre Démosthène, dans le *Contre Aristogiton*, I, 14 (« ... la Justice qui, à ce que dit Orphée, le révélateur *de vos initiations les plus saintes*, siège à côté du trône de Zeus... »). Ces initiations les plus saintes sont évidemment les mystères d'Éleusis, sur lesquels on reviendra dans le chapitre III.

On n'en sait pas beaucoup plus sur le mode de vie recommandé aux orphistes. La parodie d'Aristophane de l'initiation du paysan Strepsiade permet toutefois de s'en faire une idée : l'initié doit pratiquer l'ascèse et le renoncement aux biens terrestres ; les Nuées en effet, on l'a vu plus haut, demandaient à Strepsiade de « rester debout » et de marcher, de « supporter le froid sans trop d'humeur » et de ne pas déjeuner, de « s'abstenir de vin, de gymnases et autres sottises ». Dans quelques lamelles d'or orphiques, le défunt assure avoir « purgé la peine pour ses actions injustes ». Certains voient là une allusion à des réincarnations précédentes, mais c'est sans doute l'assurance que le mort a bien effectué de son vivant les purifications demandées. D'après la remarque ironique de Platon citée plus haut, cette « purgation » n'impliquait pas nécessairement de privations particulières ; on peut penser cependant que la recherche de pureté, quand elle était le fait d'initiés convaincus, entraînait effectivement des sacrifices et des privations.

On n'en sait pas beaucoup plus sur les rituels ; on peut dire seulement, d'après la lamelle d'or de Thurium citée plus haut, que le dévot pense continuer à pratiquer les mêmes rituels dans l'autre monde (« Sous terre t'attendent les rites sacrés que les autres bienheureux célèbrent »). Hérodote (II, 81, 2) signale de son côté une pratique funéraire commune aux orphistes et aux Égyptiens (et aussi aux pythagoriciens, selon une variante du texte) : « Ils [les Égyptiens] n'introduisent pas de vêtements de laine dans les sanctuaires et ils ne se font pas ensevelir avec ; la loi religieuse l'interdit. En cela, ils sont d'accord avec les prescriptions des cultes qu'on appelle orphiques et bacchiques, lesquels en réalité viennent d'Égypte [et avec celles de Pythagore] ; à quiconque en effet participe à ces cultes mystiques (*orgia*), il est interdit de se faire ensevelir dans des vêtements de laine. » Et il ajoute : « Il existe un discours sacré (*hiros logos*) à ce sujet. » Malheureusement, nous n'avons pas ce discours sacré !

Cultes orphiques ou cultes dionysiaques ?

On voit qu'ici Hérodote associe cultes orphiques et cultes bacchiques (c'est-à-dire dionysiaques), ce qui renvoie à une question posée fréquemment : comment distinguer entre les pratiques dionysiaques, bien connues et bien attestées, et les pratiques plus spécifiquement orphiques ? Beaucoup de textes en effet laissent apparaître une certaine confusion entre les deux cultes. On a vu que la théogonie orphique privilégiait le mythe de Dionysos Zagreus né de Perséphone ou de Déméter ; il est probable que, dans la mentalité populaire, ce Dionysos Zagreus mal connu (que certains disent d'origine crétoise) se confondait avec le Dionysos traditionnel, originaire d'Asie, lui, et né de Sémélè (après avoir été mené à terme dans la cuisse de Zeus) : dieu du vin, mais aussi du théâtre, et enfin d'une certaine forme de possession et d'extase.

En fait, des différences existent bel et bien, qui ne se limitent pas à des différences de mythe et de théogonie. Les dévots du Dionysos traditionnel adhéraient à un « thiase », une sorte d'association, de club fermé aux non-initiés, mais reconnu par la cité, et se livraient à des manifestations spectaculaires : sacrifices publics, processions à travers la ville[24]. On voit par exemple dans les *Bacchantes* d'Euripide ce que pouvaient être la possession dionysiaque et ses formes parfois déchaînées, voire violentes, qui n'avaient rien à voir avec l'ivresse. Mais l'arrivée de ce second Dionysos dans le panthéon grec est relativement récente ; selon Jean Humbert[25], « c'est dans la deuxième moitié du VIe siècle que déferle sur la Grèce le dionysisme thrace ». L'orphisme est plus ancien. Rien n'indique que les orphistes aient été l'objet de pareilles transes, ou aient procédé à de pareilles manifestations publiques. Leurs pratiques semblent plutôt s'être déroulées discrètement dans des lieux de culte comparables aux chapelles chrétiennes, comme le suggère le texte de Théophraste (*Le Superstitieux*) cité plus haut (« Pour renouveler son initiation, il se rend chaque mois chez les prêtres orphiques »).

On le voit : il est difficile de préciser, d'après le peu que nous savons, la manière dont les Grecs convertis à l'orphisme imaginaient les enfers. Il semble en tout cas certain qu'il y avait dans les esprits une relative confusion entre les enfers orphiques et les enfers éleusiniens, de même que dans les rites. Mais, avant d'en venir aux mystères d'Éleusis, il faut jeter un coup d'œil du côté d'une autre pratique assez mystérieuse, avec laquelle l'orphisme offre également beaucoup de points communs : le pythagorisme.

---

24. Sur le dionysisme, on peut voir Anne-Françoise Jaccottet, *Choisir Dionysos. Les associations dionysiaques ou la face cachée du dionysisme,* Zürich, Akanthus Verlag, 2003 ; mais son étude est centrée sur une période beaucoup plus tardive (hellénistique et romaine).

25. Jean Humbert, *Hymne à Déméter* (Introduction), Les Belles Lettres.

CHAPITRE II

Orphisme et pythagorisme

On a souvent rapproché l'orphisme et le pythagorisme dans l'idée que leurs théories et leurs pratiques se confondaient plus ou moins. En fait, ce n'est pas tout à fait exact : si le mode de vie préconisé par les deux sectes présentait sans doute beaucoup de ressemblances, elles se différenciaient, semble-t-il, sur le plan de l'eschatologie. Et, ici encore, il faut sans doute distinguer entre Pythagore et les doctrines qu'on lui a attribuées sous le nom de pythagorisme[1].

La vie de Pythagore

La grande différence entre la vie de Pythagore et celle d'Orphée, c'est que le premier a certainement existé. Il est très postérieur à Orphée, puisqu'on attribuait à ce dernier

1. La bibliographie concernant Pythagore et le pythagorisme est énorme ; pour une bibliographie simplifiée, voir Jean-François Mattéi, *Pythagore et les Pythagoriciens*, coll. « Que sais-je », PUF, 1983.

une existence antérieure à celle d'Homère, tandis que Pythagore serait né dans l'île de Samos vers 580 avant J.-C., donc au tout début du VIe siècle. Mais les nombreux renseignements concernant sa biographie sont loin d'être fiables. On possède plusieurs *Vies de Pythagore* : une de Porphyre (IIIe siècle après J.-C.), une de Diogène Laërce (même date) et une de Jamblique (IVe siècle après) qui est moins une biographie qu'un éloge de Pythagore, accompagné d'une longue description du genre de vie pratiquée par la communauté rassemblée autour de Pythagore[2]. Comme on le voit, aucune de ces biographies n'est ancienne et, comme le note Jean-François Mattéi dans *Pythagore et les pythagoriciens*, plus on avance dans la littérature tardive, plus se multiplient les informations sur la vie de Pythagore, ce qui inspire évidemment une certaine méfiance. Selon ses biographes, Pythagore, lui-même issu de plusieurs réincarnations, a voyagé à Milet, à Sidon, en Égypte, chez les Perses et les Chaldéens, en Inde, en Crète, et est même descendu aux enfers où il serait resté trois fois neuf jours. Au cours de ces voyages, il a tantôt fréquenté de grands mages, voire subi des initiations, tantôt délivré lui-même son enseignement. La seule donnée crédible est qu'il partit pour la Grande Grèce (les colonies grecques d'Italie du Sud) vers 536 selon les uns, 512 selon d'autres, et s'installa à Crotone, où le célèbre athlète Milon de Crotone lui aurait offert l'hospitalité et serait devenu son gendre. Ce qui est sûr, c'est que la ville de Crotone a été effectivement dans l'Antiquité le foyer du pythagorisme, qui a essaimé dans toute l'Italie du Sud grâce à de nombreux disciples.

2. La *Vie de Pythagore* de Porphyre est éditée aux Belles Lettres par Éd. des Places, 1981, celle de Diogène Laërce (*Vies et doctrines des philosophes illustres*, livre VIII) est parue en 1965 dans la collection GF-Flammarion, trad. Robert Genaille ; celle de Jamblique a été traduite et éditée par Luc Brisson et Alain Segonds aux Belles Lettres en 1996.

La fin de la vie de Pythagore, selon ces récits, a été marquée par de graves troubles politiques. Un certain Cylon, jugé indigne d'entrer dans le groupe des pythagoriciens, aurait en représailles soulevé les Crotoniates contre le maître, le contraignant à se réfugier à Métaponte dans le temple des Muses où il serait mort après un jeûne de quarante jours[3]. Sa maison à Crotone fut incendiée, laissant survivre seulement deux de ses disciples ; tous les lieux de réunion de la secte furent également brûlés, d'après l'historien Polybe : « À l'époque où, dans la région de l'Italie qu'on appelait alors la Grande Grèce, furent incendiés les collèges des pythagoriciens, dans l'agitation considérable qui suivit, comme il était naturel après le massacre imprévu des premiers citoyens de chaque cité, les villes grecques de cette contrée se remplirent de meurtres, d'émeutes et de bouleversements de toute sorte[4]. »

Ces éléments biographiques, on l'a dit, résultent en grande partie d'élucubrations tardives. Mais nombreux sont les témoignages anciens rendant hommage à la sagesse et à l'influence de Pythagore. Hérodote voit en lui un « savant éminent » (IV, 95), et Empédocle loue sa sagesse (fr. 129). Isocrate se fait l'écho de l'épisode égyptien de sa biographie dans son *Busiris* (28-29), qui valut à Pythagore, dit-il, une réputation telle que « tous les jeunes désiraient être de ses disciples et que les gens les plus âgés voyaient avec plus de plaisir leurs fils le fréquenter que s'occuper de leurs affaires domestiques[5] ». La pensée de Pythagore a influencé de nombreux philosophes, comme Platon, dont Aristote souligne qu'il doit autant à ce maître qu'à Socrate

3. Selon Diogène Laërce et Porphyre, Pythagore serait mort dans l'incendie de la maison de Milon ; selon Hermippe de Smyrne, il aurait été tué par les Syracusains, lors de sa fuite, devant un champ de fèves qu'il refusait de traverser.

4. Polybe, *Histoires* II, 39, 1, trad. Paul Pédech, Les Belles Lettres.

5. *Busiris* 28-29, trad. Georges Mathieu et Émile Brémond, Les Belles Lettres.

et Héraclite[6] ; Aristote lui-même avait rédigé un *Sur les pythagoriciens* malheureusement presque entièrement perdu.

Le peu que l'on sait de cette biographie permet tout de même de conclure à de réelles différences, sinon entre l'orphisme et le pythagorisme, du moins entre leurs sectateurs. Orphée n'est pas connu pour avoir eu des opinions politiques[7]. Au contraire, les pythagoriciens ont eu une influence et même une activité dans ce domaine, comme en témoignent les troubles à Crotone mentionnés plus haut ; il apparaît certain que Pythagore avait des convictions « aristocratiques » et peut-être même militait activement. Rien ne prouve par ailleurs qu'Orphée, si tant est qu'il ait existé, ait cherché à avoir des disciples. Pour Pythagore au contraire, la chose est certaine, mais les candidats pythagoriciens n'étaient pas facilement admis à suivre l'enseignement du maître. Il leur fallait d'abord prouver leurs qualités (origine sociale, éducation, morale) pendant trois ans ; ils étaient autorisés ensuite à suivre les cours exotériques (c'est-à-dire destinés au public extérieur) pendant cinq ans, sans jamais prendre la parole ni même voir le maître qui restait derrière un rideau (ils étaient « acousmaticiens », c'est-à-dire seulement auditeurs). Ils franchissaient enfin la dernière barrière et devenaient disciples ésotériques (de l'intérieur), encore appelés « mathématiciens » (savants). Il semble d'ailleurs qu'à partir du ve siècle ait régné une certaine rivalité entre acousmaticiens et mathématiciens, les premiers insistant sur l'héritage moral de Pythagore, les autres sur son enseignement scientifique. Les acousmati-

---

6. Dans *La République*, 600b, Platon reconnaît l'influence de Pythagore, « qui fut extraordinairement aimé pour cela [avoir transmis à la postérité un plan de vie], et dont les sectateurs suivent encore aujourd'hui un régime de vie qu'ils appellent pythagorique, régime qui les distingue de tous les autres hommes » (trad. Émile Chambry, Les Belles Lettres).

7. Toutefois R. G. Edmonds, *Myths of the Underworld Journey*, voit dans l'orphisme un mouvement de résistance politique à l'ordre établi par la cité.

ciens sont devenus dès la fin du ve siècle, comme l'avaient été les orphistes avant eux, la cible des auteurs comiques, qui les dépeignent chevelus, barbus, ne se lavant jamais, ne buvant que de l'eau et faisant vœu de silence.

Une dernière différence sépare enfin les orphistes et les pythagoriciens : le pythagorisme est bien (pour nous) une secte mystérieuse, mais il n'est jamais vraiment apparu comme un « culte à mystères » ; il serait d'ailleurs abusif d'y voir un culte au sens propre du terme. Les orphistes, apparemment, ne sélectionnaient pas leurs adeptes, mais ils exigeaient d'eux le secret ; chez les pythagoriciens, la sélection était sévère, mais l'enseignement ne semble pas avoir été lié à un engagement au silence aussi absolu, même si, théoriquement, l'enseignement ésotérique était réservé aux initiés ; ou alors cet engagement n'était pas respecté : la preuve en est que la pensée du maître est assez largement connue... et le mystère moins total.

L'enseignement de Pythagore

Pythagore a-t-il laissé des écrits ? Là encore, rien n'est moins sûr. Certains anciens mentionnent plusieurs ouvrages qui seraient de sa main (sans nous être parvenus sinon sous forme de citations qui lui sont attribuées) ; selon d'autres, il n'a volontairement rien écrit, mais ses disciples, eux, ont rédigé plusieurs traités exposant ses théories, se bornant à dire : *Autos épha*, « C'est lui-même qui l'a dit ». Selon Jean-François Mattéi, « l'usage constant du secret dans le pythagorisme ancien, qui tranche avec les débordements littéraires de pythagoriciens tardifs, semble indiquer que Pythagore n'aurait jamais livré la moindre de ses recherches à des yeux non prévenus[8] ».

8. Jean-François Mattéi, *Pythagore et les pythagoriciens*, p. 18.

Pythagore semble en tout cas avoir été un génie universel ; son enseignement touchait de nombreux domaines qui étaient plus spécifiquement étudiés par les disciples du dernier cercle, comme les mathématiques (tout le monde connaît le théorème de Pythagore), l'astronomie ou la médecine : l'école de Crotone fit longtemps concurrence à l'enseignement d'Hippocrate et des hippocratiques, basés, eux, à Cos et à Cnide ; les soins préconisés par Pythagore paraissent avoir consisté à la fois en un régime strict et en incantations, qui apaisaient aussi bien les souffrances du corps que celles de l'âme. Il aurait même introduit l'usage de la monnaie en Italie du Sud.

Pour en rester plus précisément au sujet de cette étude, il faut se tourner plutôt vers les « acousmaticiens », c'est-à-dire rechercher les théories morales d'une part, eschatologiques d'autre part, attribuées à Pythagore. Sur le premier point, c'est-à-dire les exigences, les pratiques et les rituels que recommandait le maître, on est assez bien renseigné. Il semble avoir poussé plus loin encore que les orphistes l'exigence d'une vie ascétique et pure. Il prônait une morale stricte (ne pas commettre de meurtre, pratiquer la fidélité sexuelle, voire l'abstinence), un régime alimentaire fait de restrictions et d'interdictions : pas de fèves, sans qu'on sache exactement pourquoi, et pas d'animaux (on pouvait toutefois, selon certains, consommer du poisson). Diogène Laërce, par exemple, donne une longue liste des interdits parfois bizarres imposés à ses disciples, tout en soulignant qu'il faut sans doute donner à ces recommandations une interprétation symbolique[9].

9. « Il ne faut pas tisonner le feu avec un couteau, il ne faut pas faire pencher la balance, il ne faut pas s'asseoir sur un boisseau de blé, il ne faut pas manger de cœur, il ne faut pas porter à deux un fardeau, mais le déposer, il faut toujours avoir ses paquets tout prêts, il ne faut pas avoir l'image du dieu sur son anneau, il faut effacer les traces de la marmite sur les cendres, il ne faut pas essuyer sa chaise avec une torche, il ne faut pas uriner en regardant le soleil, il ne faut pas marcher

En tout cas, Pythagore est resté aux yeux de la postérité le premier tenant d'un régime végétarien sans concession, et, plusieurs siècles plus tard, Ovide fait de lui un éloge dithyrambique dans ses *Métamorphoses* : « Le premier, il fit grief à l'homme de servir sur les tables la chair des animaux ; le premier, il tint ce langage plein de sagesse, qui pourtant ne fut pas écouté[10]... »

Ces pratiques et ce mode de vie, et en particulier les interdits alimentaires, n'étaient certainement pas une fin en soi, mais une préparation à l'au-delà. Sur ce second point, c'est-à-dire les théories de Pythagore sur l'âme et le monde des morts, on possède un certain nombre de renseignements de seconde main, plus ou moins suspects, évidemment, mais fort intéressants. Selon ces témoignages, Pythagore a peut-être laissé des indications sur sa vision du monde infernal, où il aurait fait un voyage, comme Ulysse ; mais, surtout, il semble avoir été le premier à avoir soutenu l'idée de la réincarnation des âmes, même si certains pensent que cette théorie existait déjà chez les orphistes.

Pythagore a-t-il décrit les enfers ?

Il est assez frappant de constater que les fondateurs de ces nouveaux cultes, ou de ces nouvelles sectes, se doivent en quelque sorte d'avoir eux-mêmes visité les enfers. Pythagore, comme Orphée, serait bien descendu chez Hadès. Diogène Laërce, dans sa *Vie de Pythagore*,

---

sur les grands chemins, il ne faut pas jeter sa main au hasard, il ne faut pas avoir d'hirondelles dans sa maison, il ne faut pas élever d'oiseaux aux ongles crochus, il ne faut ni uriner ni marcher sur des rognures d'ongles ou des cheveux coupés, il faut proscrire les couteaux pointus ; quand on a quitté son pays, il ne faut pas se retourner vers la frontière. » (Diogène Laërce, *Vie de Pythagore*, p. 130-131, éd. GF-Flammarion, 1965). Toutes les citations de cette *Vie de Pythagore* sont données dans la traduction de Robert Genaille de cette édition.

10. Ovide, *Métamorphoses*, livre XV, v. 72-74, trad. Georges Lafaye, Les Belles Lettres.

donne plusieurs versions concernant ce voyage. Selon l'un des disciples, il en aurait fait un récit :

> « Hiéronyme ajoute que Pythagore descendit aux enfers, qu'il y vit l'âme d'Hésiode attachée à une colonne de bronze et hurlant, et celle d'Homère suspendue à un arbre et entourée de serpents, qu'il apprit que tous ces supplices venaient de tous les contes qu'ils avaient faits sur les dieux ; qu'il vit encore les tourments de ceux qui avaient négligé de remplir leurs devoirs conjugaux, et qu'à cause de cela il fut honoré des femmes de Crotone. »

Cette description, qui range Homère et Hésiode parmi les grands damnés des enfers, paraît à première vue assez surprenante ; apparemment, les deux poètes subissent ce supplice dans les enfers pythagoriciens parce qu'ils ont dit du mal des dieux en leur prêtant des actes scandaleux (infidélité conjugale, mutilation et meurtre du père, etc.). Ce qui toutefois pourrait donner une certaine authenticité à cette version, c'est que Platon, qui fut assurément inspiré par le pythagorisme, affirme lui aussi dans *La République* (II, 377-378) qu'il ne faut pas raconter aux jeunes enfants ces épisodes scandaleux de la vie des dieux, absolument mensongers selon lui.

Un autre disciple, toujours selon Diogène Laërce, rattache ce voyage aux enfers à un cycle de réincarnations de Pythagore. Selon lui, celui-ci, après avoir été Æthalide, fils d'Hermès, fut Euphorbe :

> « Héraclide du Pont dit que Pythagore racontait ainsi son histoire : [...] Et Euphorbe a dit qu'il avait été autrefois Æthalide et qu'il avait reçu en présent d'Hermès le circuit de son âme dans des métempsycoses végétales et animales, et il raconta tout ce que son âme avait subi dans l'Hadès, et ce qu'y subissaient encore les autres âmes. [...] Il continuait à se souvenir de tout et comment il avait été d'abord Æthalide, puis Euphorbe, puis Hermotime, puis Pyrrhos, et quand Pyrrhos fut mort, il fut Pythagore, et se rappelait tout ce que je viens de dire. »

Le récit d'Héraclide du Pont était peut-être plus détaillé. Ce pythagoricien, bien connu par ailleurs, aurait écrit un dialogue intitulé *Abaris*, où il donnait sur cette « catabase » du maître des détails qui peuvent compléter le récit précédent. En fait, nous n'en possédons que deux fragments[11] :

> 1. « Des trous qui étaient proches sortaient en rampant des serpents, qui s'élançaient vivement vers le corps ; mais ils étaient arrêtés par des chiens qui aboyaient contre eux. »
>
> 2. « Il dit que le démon devenu jeune homme lui montra l'arbre, et lui prescrivit de croire que les dieux existent et veillent sur les affaires humaines. »

Ces fragments peuvent renvoyer au même récit que celui de Hiéronyme : l'arbre pourrait être celui où est attachée l'âme d'Homère, environnée de serpents et de chiens. Et le démon devenu jeune homme, qui lui montre cet arbre, est peut-être la divinité qui sert de guide à Pythagore dans le monde infernal.

Impossible d'en savoir beaucoup plus sur ce que Pythagore aurait vu chez Hadès ; on n'a pas non plus de lumières sur l'itinéraire qu'il a suivi pour s'y rendre. Cette prétendue descente aux enfers, toujours selon Diogène, était d'ailleurs présentée par d'autres comme une simple mystification...

> « Hermippe cite une autre anecdote sur Pythagore : venu en Italie, il se fit creuser sous terre un caveau, où il descendit. Il demanda à sa mère de consigner sur des tablettes tous les événements avec leurs dates et de les lui descendre dans son caveau. Ainsi fit-elle. Plus tard, Pythagore remonta sur terre, maigre et squelettique. Il vint trouver ses disciples et leur raconta qu'il revenait des enfers. Il le prouva en décrivant tout ce qui s'était passé en son absence. »

... dont les poètes comiques se gaussaient aussi :

> « Aristophon écrit dans son *Pythagoristès* : "Descendu au séjour infernal, il dit avoir vu chacun, et comme les pythagoriciens différaient des autres morts. Car eux seuls mangeaient, disait-il, à la table de Pluton pour leur piété. Le vilain dieu que tu nommes là, qui se plaît à manger avec des gens crasseux !" »

---

11. Voir Aimé Puech, compte rendu du livre d'Isidore Lévy *La Légende de Pythagore*, dans le *Journal des savants*, janvier 1928, p. 5-9. Les deux fragments se trouvent dans les *Anecdota graeca* de Bekker, Berlin, 1814, t. I, p. 145 et 178.

Les témoignages sont donc rares sur ce voyage de Pythagore aux enfers ; mais ils deviennent nombreux dès qu'il s'agit des théories du maître concernant la nature de l'âme et surtout le cycle de ses réincarnations. À ce sujet d'ailleurs se pose à nouveau la question de la paternité de cette idée, qu'on a attribuée tantôt aux orphistes, tantôt aux pythagoriciens.

L'âme et la réincarnation chez Pythagore

Que l'âme soit immortelle et se sépare du corps après la mort n'est pas une idée nouvelle, et elle est sans doute commune aux orphistes et aux pythagoriciens ; mais c'est Pythagore qui, selon son disciple Philolaos (fragment 15 D), a formulé pour la première fois le célèbre rapprochement entre le corps (*sôma*) et le tombeau (*sèma*). Platon[12] apporte son témoignage à cette attribution dans le *Gorgias* (493) : « Un jour, j'ai entendu dire à un savant homme que notre vie présente est une mort, que notre corps (*sôma*) est un tombeau (*sèma*) », et dans le *Cratyle* (400c) : « Certains le définissent [le corps] le *tombeau* (*sèma*) de l'âme, où elle se trouverait présentement ensevelie. » Cependant, le *Cratyle* précise aussitôt après que l'idée existe aussi chez les orphistes, même si elle n'est pas formulée de façon aussi brillante : « Toutefois ce sont surtout les orphiques qui me semblent avoir établi ce nom, dans la pensée que l'âme expie les fautes pour lesquelles elle est punie, et que pour la *garder* (*sôzetai*), elle a comme enceinte ce corps qui figure une prison ; qu'il est donc, suivant ce nom même, le *sôma* (la *geôle*) de l'âme, jusqu'à ce qu'elle ait payé sa dette[13]. »

---

12. Voir P. Courcelle, « Le corps-tombeau, Platon, *Gorgias* 493a, *Cratyle* 400c, *Phèdre* 250c », *Revue des études anciennes*, LXVIII, 1966, p. 101-122.

13. *Cratyle*, 400c, trad. Louis Méridier, Les Belles Lettres ; les orphistes rattachent donc le mot *sôma* au verbe *sôzô*, qui signifie « sauver, conserver, garder ». Selon le *Cratyle*, les mots désignent une réalité.

C'est sur le sort de l'âme après la mort que se différencient sans doute les orphistes et les pythagoriciens, et en particulier sur la croyance en la métempsycose, qu'il faut sans doute attribuer aux seuls pythagoriciens. Hérodote affirme que la croyance en la transmigration des âmes est née en Égypte :

> « Les Égyptiens sont aussi les premiers à avoir énoncé cette doctrine, que l'âme de l'homme est immortelle ; que, lorsque le corps périt, elle entre dans un autre animal naissant à son tour ; qu'après avoir parcouru tous les êtres de la terre, de la mer et de l'air, elle entre de nouveau dans le corps d'un homme naissant ; que ce circuit s'accomplit pour elle en trois mille ans. Il est des Grecs, qui, ceux-ci plus tôt, ceux-là plus tard, ont professé cette doctrine comme si elle leur appartenait en propre ; je sais leurs noms, je ne les écris pas[14]. »

Hérodote songe probablement à Orphée et à Pythagore quand il parle de ces Grecs (« ceux-ci plus tôt, ceux-là plus tard ») qu'il ne veut pas nommer, et c'est eux, et non les Égyptiens, qui sont restés les « inventeurs » de cette idée aux yeux des philosophes qui les ont suivis ; mais c'est Pythagore seul qu'on crédite généralement de cette théorie.

On a en effet parfois cru trouver dans les lamelles d'or orphiques qu'on a vues plus haut l'indication que l'âme arrivée aux enfers devait s'attendre à une ou plusieurs réincarnations avant d'atteindre à une éternité de bonheur. Plusieurs commentateurs soutiennent ainsi l'idée que les âmes refoulées par les « gardiens » vont devoir se réincarner. Walter Burkert en particulier[15] estime que la source que doivent éviter les âmes des initiés, mentionnée dans les tablettes d'Hipponion et de Pételia, est la source de l'Oubli (*Léthè*, opposée au lac de Mémoire) ; et que les âmes ordinaires qui la boivent devront subir une réincarnation – idée qui, on le verra, sera aussi développée par Platon. Ce dernier, d'ailleurs, fait allusion dans le *Phédon*, 70c, à

---

14. Hérodote, *Histoires*, II, 123, trad. Ph.-E. Legrand, Les Belles Lettres.
15. W. Burkert, *op. cit.*, p. 83 et n. 130 p. 147.

« une antique tradition » qui pourrait être l'orphisme : « Il existe une antique tradition dont nous gardons mémoire, selon laquelle les âmes arrivées d'ici existent là-bas, puis à nouveau font retour ici même et naissent à partir des morts. » D'ailleurs une lamelle d'or trouvée à Pélinna (en Thessalie) et datée du IVe siècle pourrait aussi suggérer une réincarnation : « Maintenant tu es mort et maintenant tu es né, ô trois fois bienheureux, en ce jour. » Certains voient là une allusion à une triple renaissance ; mais la formule « trois fois bienheureux » peut fort bien n'être qu'une forme de superlatif, et le début de la formule une allusion à la mort terrestre suivie d'une renaissance dans le monde des bienheureux. Comme on le voit, il est difficile d'apporter une réponse définitive à cette question de la réincarnation des âmes dans l'enseignement orphique, du moins à l'époque préclassique. Le néo-platonicien Proclos, au Ve siècle de notre ère, n'hésitera pas, lui, à attribuer à Orphée la doctrine d'un cycle de réincarnations. Mais il est plus vraisemblable que cette thèse soit née par contamination du pythagorisme[16]. Dicéarque, disciple d'Aristote, l'aurait clairement énoncé, d'après la *Vie de Pythagore* de Porphyre : « Les points les plus généralement admis [concernant les pythagoriciens] sont les suivants : d'abord que l'âme est immortelle ; ensuite, qu'elle passe dans d'autres espèces animales ; en outre, qu'à des périodes déterminées ce qui a été renaît, que rien n'est absolument nouveau, qu'il faut reconnaître la même

---

16. Voir G. Casadio, « Le metempsicosi tra Orfeo e Pitagora » dans *Orphisme et Orphée, en l'honneur de Jean Rudhardt*, éd. par Ph. Borgeaud, Genève, Droz, 1991, 119-155, et surtout Luc Brisson, « Platon, Pythagore et les pythagoriciens », dans *Eikasia. Revista de Filosofía*, 10, Extraordinario 1 (2007) ; ce dernier reste sceptique sur l'attribution de cette doctrine (qui sera fondamentale chez Platon) aux orphistes ou aux pythagoriciens : « Aucun des témoignages avancés pour prouver que les pythagoriciens prônaient la doctrine de la transmigration n'est décisif [...]. Par ailleurs, aucun témoignage ancien n'attribue explicitement la doctrine de la transmigration à l'orphisme ».

espèce à tous les êtres qui reçoivent vie. Car ce sont là, à ce qu'on rapporte, les dogmes que Pythagore le premier introduisit en Grèce[17]. » Et Diogène Laërce apporte à l'appui une anecdote plaisante, mais assez peu crédible : « Alors qu'un jour il [Pythagore] passait près d'un jeune chien que l'on battait, il fut, raconte-t-on, pris de pitié et dit : "Arrêtez ces coups de bâton, car c'est l'âme d'un ami. Je la reconnais en l'entendant aboyer." »

Ce qui en tout cas distingue radicalement le pythagorisme de l'orphisme (si tant est que celui-ci ait cru lui aussi à la réincarnation), c'est que, pour Pythagore, l'âme pouvait renaître non seulement chez un autre humain, mais chez n'importe quel être vivant, et peut-être même dans les espèces végétales. Au début du *De l'âme*, Aristote ironise : « Comme s'il se pouvait, conformément aux mythes pythagoriciens, que n'importe quelle âme pénètre dans n'importe quel corps[18] ! » C'est sans aucun doute cette croyance qui fonde les interdits alimentaires des pythagoriciens, même si on s'est plu à en relever les incohérences. On comprend en effet qu'on puisse hésiter à manger une viande provenant d'un animal où s'est peut-être incarnée l'âme d'un homme, et pourquoi pas d'un proche ; mais à ce compte il faudrait aussi s'interdire de consommer des végétaux, et finalement ne plus rien manger du tout.

L'idée d'une réincarnation sous forme animale a en tout cas été la source de nombreuses parodies déjà chez les Anciens. Lucien, au IIe siècle de notre ère, se moque de cette croyance dans son conte intitulé *Le Coq* ; il vaut la peine de lire le passage où le coq explique à son maître qu'il est une réincarnation… de Pythagore lui-même !

---

17. Porphyre, *Vie de Pythagore*, c. 19, trad. Éd. des Places, Les Belles Lettres.

18. Aristote, *De l'âme*, I, 3, 407 b 20, trad. E. Barbotin, Les Belles Lettres ; cf. aussi II, 2, 414 a 22.

LE COQ. – Écoute, Micyle, je vais te dire une chose qui te paraîtra sans doute bien étrange : tu me vois à présent sous la figure d'un coq ; eh bien, j'étais homme il n'y a pas longtemps, et c'est tout récemment que je suis devenu coq.
MICYLE. – Comment cela ? Voilà ce que je veux savoir avant tout.
LE COQ. – Tu as sans doute entendu parler d'un certain Pythagore de Samos, fils de Mnésarque ?
MICYLE. – Tu veux parler de ce sophiste, de ce vantard qui défend de goûter de la chair des animaux, de manger des fèves, proscrivant ainsi des tables un mets, à mon goût, excellent. C'est lui qui persuadait aux hommes qu'il avait été Euphorbe avant d'être Pythagore, et il passe pour un charlatan et un faiseur de prodiges.
LE COQ. – C'est moi-même qui suis ce Pythagore ; ainsi, mon bel ami, cesse de m'injurier, d'autant plus que tu ignores quel était mon caractère.
MICYLE. – Voilà qui est encore plus prodigieux, un coq philosophe ! [...]
LE COQ. – Assez instruit et versé dans les hautes sciences, je voyageai jusqu'en Égypte pour avoir avec les prêtres de ce pays des entretiens sur la sagesse ; je pénétrai jusque dans leur sanctuaire, et j'étudiai à fond la doctrine contenue dans les livres d'Oros et d'Isis. Je fis une seconde fois voile pour l'Italie, où je disposai si bien en ma faveur les Grecs de ce pays-là, qu'ils me traitèrent comme un dieu.
MICYLE. – J'ai ouï dire tout cela aussi bien que la merveille de ta résurrection, ainsi que la cuisse d'or que tu leur as montrée. Mais, dis-moi, quelle idée t'est venue d'interdire de manger ni viande ni fèves ? [...]
LE COQ. – Eh bien, cette défense ne portait sur rien de sensé et de sage ; mais je voyais qu'en prenant les lois de tout le monde je ne réussirais guère à me faire admirer, et qu'au contraire plus j'aurais l'air étrange, plus l'on me jugerait digne de respect. C'est pourquoi je pris le parti de faire cette innovation, en faisant un mystère du motif, afin de partager les esprits dans leurs conjectures et de les frapper tous d'admiration comme au sujet d'un oracle obscur[19].

19. Lucien, *Le Songe ou le Coq*, traduction sans nom d'auteur, Paris, Hachette, 1890. De la même façon, Voltaire ironisera, dans *Zadig*, sur la croyance en la réincarnation dans un animal : on y voit un Indien arrêter un Égyptien sur le point de manger une poule en lui disant que l'âme de sa tante se trouve peut-être dans cette poule !

Tous ces témoignages prouvent qu'effectivement, au moins dans l'opinion du public, l'enseignement de Pythagore incluait la croyance en une réincarnation des âmes. Mais il est difficile de savoir avec certitude ce que le maître a pu dire effectivement sur ce sujet. De même qu'on ne sait absolument pas si Pythagore évoquait le monde des morts, voire le décrivait, et si l'âme y faisait un passage, long ou bref, avant de se réincarner. La seule chose qui paraît certaine, c'est que Platon connaissait ces théories, et qu'elles ont profondément influencé sa réflexion philosophique, comme on le verra plus loin ; mais il restera toujours une inconnue : comment distinguer, dans les exposés platoniciens, ce qui est dû à Platon lui-même, et ce qu'il a emprunté à ses prédécesseurs ?

Alors, enfers ou réincarnation ?

On voit bien apparaître la différence majeure entre orphisme et pythagorisme. L'âme pythagoricienne ne séjourne pas dans les enfers, puisqu'elle se réincarne aussitôt. À la limite, les enfers n'ont pas vraiment besoin d'exister dans la philosophie pythagoricienne. Inutile donc de chercher à les décrire, même si le maître a pu leur rendre visite. Il n'y a pas de séjour réservé aux bienheureux ou aux damnés, mais une réincarnation peut-être plus ou moins valorisante selon la vie qu'on aura menée. Cependant aucun texte pythagoricien ne donne de précision même à ce sujet – sauf si l'on accorde crédit à la version de Hiéronyme rapportée par Diogène Laërce, selon laquelle Homère et Hésiode figureraient parmi les damnés des enfers. On peut supposer que le respect d'une vie pure et austère et des interdits alimentaires vaudront au mort une réincarnation satisfaisante, mais cette idée n'est clairement exprimée nulle part. Pas de justice divine, pas de rétribution des mérites, pas de punition des crimes. On en reste à l'impression que l'attribution d'une nouvelle vie se fait un peu au hasard, dans un au-delà dont les dieux sont absents. La seule consolation qu'attendent sans doute les disciples pythagoriciens, c'est l'idée que la mort n'est pas une fin, mais seulement un passage vers une autre forme de vie ; jamais l'âme ne se repose enfin dans un paradis idéal. C'est là une vision bien différente de celle qu'avaient sans doute les orphistes, et qu'on va retrouver dans les mystères d'Éleusis.

Quoi qu'il en soit, orphisme et pythagorisme sont restés de leur temps assez marginaux, objets de curiosité et de railleries, et jamais reconnus officiellement dans la cité, du moins à Athènes[20] ; mais ils ont eu une longue postérité dans le monde grec et dans le monde romain, et même, selon certains commentateurs, indirectement dans le monde chrétien, par l'intermédiaire du platonisme ; et ils continuent à fasciner les chercheurs modernes. Il en va tout autrement des mystères d'Éleusis, qui ont eux aussi perduré longtemps dans le monde romain. Ils offrent assurément des ressemblances avec ces deux visions du monde des morts ; mais ils semblent bien avoir été les seuls à réunir un enseignement mystique, une reconnaissance officielle et des adhésions massives.

20. En Italie du Sud, au contraire, les pythagoriciens ont constitué une secte reconnue, et peut-être même un parti politique.

CHAPITRE III

Le mort aux enfers, selon les mystères d'Éleusis

Quand on parle de « cultes à mystères », on pense immédiatement aux « mystères d'Éleusis ». C'est en effet la forme de mystères la plus connue dans le monde antique. Même si les fouilles ont montré l'existence d'un culte pouvant remonter à l'époque mycénienne, c'est à partir du VIe siècle avant notre ère qu'ils ont commencé à connaître leur plus grande notoriété.

La célébration des mystères d'Éleusis

Éleusis, petite cité située près de la mer, au nord-ouest d'Athènes, doit sa réputation à ces mystères qui, selon la tradition, y avaient été instaurés par la déesse Déméter et n'ont pas peu contribué au rayonnement d'Athènes elle-même. À la différence des cultes orphiques, la célébration des mystères d'Éleusis est bien connue (mais non leur contenu). La cérémonie n'avait rien de secret ; au contraire, c'était une fête solennelle prise en charge non par des adeptes anonymes, mais par la cité d'Athènes tout entière. Éleusis fut en effet intégrée à Athènes dès le début du VIe siècle : c'est sous Pisistrate que fut construit le *telesterion* (salle des initiations) et que commencèrent à affluer les visiteurs venus de tout le monde grec. Les cérémonies étaient contrôlées par l'archonte-roi athénien, les prêtres du sanctuaire étaient payés par Athènes, et les charges principales de *dadouque* (« porteur de torches ») et de *hiérophante* (littéralement « montreur des objets sacrés ») étaient réservées à deux familles nobles d'Athènes, les Kerikes et les Eumolpides. Le sanctuaire continua son activité durant toute la période hellénistique et romaine, jusqu'à l'invasion des Wisigoths en 395 après J.-C., où il fut pillé et rasé par les envahisseurs. Son attraction sur le public et son influence sur les philosophes semblent avoir cessé en même temps, au contraire de l'orphisme et du pythagorisme.

La cérémonie n'était pas non plus réservée à une petite élite : l'initiation aux mystères était ouverte à tous, riches ou pauvres, libres ou esclaves, hommes ou femmes. Toute personne de langue grecque pouvait demander à être initiée pourvu qu'elle n'ait pas de casier judiciaire, comme on dirait aujourd'hui. Mais si la première partie de la célébration, c'est-à-dire la procession des initiés et des nouveaux candidats qui allait d'Athènes à Éleusis, était suivie par une foule nombreuse de spectateurs profanes, il n'en allait pas de même une fois cette procession arrivée à Éleusis : seuls pénétraient dans le *telesterion* les initiés déjà anciens et les nouveaux « mystes ». Et ceux-là étaient ensuite astreints à garder le secret le plus total sur ce qui s'y passait.

Les étapes préliminaires

Faire acte de candidature marquait le début d'une longue préparation, en plusieurs étapes, comportant des rites, des jeûnes, des « retraites » et des cérémonies collectives, où l'on était encouragé à la fois par les initiés, et par les spectateurs. Les petits Mystères, au printemps, se déroulaient près d'Athènes ; c'était la première étape vers l'initiation, avec un sacrifice solennel aux Deux Déesses (Déméter et sa fille Perséphone), et un bain purificateur dans le cours d'eau de l'Ilissos. À l'automne avait lieu le moment le plus important, les grands Mystères, qui duraient dix jours. Le premier jour, une procession, escortée par les éphèbes, allait d'Éleusis à Athènes, transportant les *hiera* (« objets sacrés ») dans des corbeilles qui les dissimulaient ; arrivée à l'Éleusinion d'Athènes, un sanctuaire au pied de l'Acropole, elle remettait ces objets sacrés à la prêtresse d'Athéna. Le lendemain commençait la fête proprement dite, ouverte par le hiérophante accompagné du dadouque. Chaque candidat sacrifiait dans le port de Phalère (l'un des ports d'Athènes) un petit cochon, qu'on brûlait et dont on dispersait les cendres, chargées des souillures du myste. Lui-même se purifiait dans la mer, revêtait des vêtements neufs, et revenait en procession vers Athènes pour assister à un nouveau sacrifice purificatoire. Après une période de jeûne, on repartait dans l'autre sens, et on ramenait les *hiera* à Éleusis ; c'était le jour le plus solennel. La procession s'étirait sur les vingt kilomètres séparant Athènes d'Éleusis. Venait d'abord une statue de Iacchos (voir plus loin), puis un chariot portant les *hiera*, puis les prêtres, les mystes, les magistrats suivis de citoyens rangés par tribus et par dèmes, puis l'Aréopage, le Conseil des Cinq-Cents (le Sénat), et pour finir la foule des spectateurs.

La procession, cependant, ne se déroulait pas nécessairement dans le recueillement ; plusieurs témoignages font état de railleries saluant au passage les personnes célèbres. On emportait aussi des bagages, de quoi se restaurer et dormir pendant les quelques jours que durerait le séjour à Éleusis. Il semble même que certains paresseux, et surtout les femmes, aient jugé moins fatigant de faire le parcours en voiture[21]. Il était également prudent, semble-t-il, de ne pas porter de beaux habits qui souffriraient du voyage : dans le *Ploutos* d'Aristophane (v. 845), on demande à un homme qui offre aux dieux un vêtement en très mauvais état : « Viens-tu donc de célébrer les mystères ? » ; et, dans *Les Grenouilles* du même Aristophane, le chœur des initiés constate que leurs sandales et leurs vêtements sont déchirés, réduits à l'état de guenilles (v. 404)[22].

La procession arrivait enfin au *telesterion*, où seuls pouvaient pénétrer les initiés et les candidats à l'initiation ; la salle pouvait contenir jusqu'à trois mille personnes. Alors avaient lieu, pendant trois jours, les cérémonies d'initiation, qui, elles, se déroulaient dans une atmosphère de recueillement, et surtout dans le secret.

Les cérémonies d'initiation

Aucun des initiés n'a trahi le secret de ces initiations ; on en sait donc très peu à ce sujet. Cependant un auteur chrétien, Clément d'Alexandrie (au IIe siècle de notre ère) a rapporté la formule que prononçaient les futurs initiés : « J'ai jeûné, j'ai bu le *cycéon*, j'ai pris dans la *ciste* (panier), et après avoir travaillé j'ai remis dans le *calathos* (corbeille), j'ai repris dans le *calathos* et remis dans la *ciste* » (*Protreptique*, 21, 2). On sait à peu près ce qu'était le cycéon d'après la légende de Déméter : c'est la boisson qui lui fut offerte pendant qu'elle cherchait sa fille Korè, et grâce à laquelle elle avait rompu le jeûne qu'elle s'était imposé (on va y revenir). Mais que prenait le myste dans la ciste ? Les commentateurs ont émis les hypothèses les plus

21. Au IVe siècle, Lycurgue fit passer un décret taxant d'une amende ceux qui utilisaient ce procédé ; amende qu'il dut payer lui-même, sa femme n'ayant pas respecté le décret (voir Georges Méautis, *Les Dieux de la Grèce et les Mystères d'Éleusis*, PUF, 1959).

22. Les traductions d'Aristophane sont de H. Van Daele, Les Belles Lettres.

diverses ; s'agissait-il de reproductions d'organes génitaux, comme plusieurs l'ont pensé ? ou de grains de blé, que Déméter a fait connaître aux hommes ? L'entrée dans le *telesterion* était-elle suivie d'une représentation liturgique mettant en scène dans une hiérogamie (« mariage sacré ») Déméter, Perséphone et Zeus ? En tout cas les cérémonies s'achevaient pour les initiés par l'*époptie*, la révélation des objets sacrés, dont la nature est restée inconnue, et pour lesquels on retrouve les mêmes hypothèses (organes sexuels, grains de blé, ou peut-être vieilles idoles de bois). Le tout s'accompagnait sans doute d'un enseignement oral, dont, là encore, rien n'a été révélé.

Ce qui est probable en tout cas, c'est qu'on promettait aux mystes une vie heureuse dans l'au-delà, comme le suggèrent les derniers vers de l'*Hymne à Déméter* : « Heureux parmi les hommes de la terre celui qui a vu ces mystères. Celui qui n'est pas initié aux rites sacrés et n'y participe pas n'a pas semblable destin, une fois mort, dans les ténèbres humides[23]. »

Sources anciennes : l'*Hymne homérique à Déméter*

Ce poème est en effet la base sur laquelle s'appuient les essais de reconstitution des cérémonies secrètes célébrées dans le *telesterion* d'Éleusis. L'épithète d'« homérique » ne signifie nullement qu'il est attribué à Homère, au même

23. *Hymne à Déméter*, v. 479-483, trad. J. Humbert, Les Belles Lettres. Même remarque un siècle plus tard chez Sophocle, dont le fragment d'un thrène (perdu) est cité par Clément d'Alexandrie (fr. 837 Radt) : « Trois fois heureux ceux des mortels qui ont vu ces mystères / Quand ils vont chez Hadès. Seuls ceux-là pourront vivre ; / les autres auront pour lot de souffrir tous les maux » ; et un peu plus tard encore chez Platon : « Quiconque, disent-ils, arrivera chez Hadès sans avoir été initié ou purifié, aura sa place dans le Bourbier, tandis que celui qui aura été purifié et initié, celui-là, une fois arrivé là-bas, aura sa résidence auprès des Dieux » (*Phédon*, 69c, trad. Léon Robin).

titre que l'*Iliade* ou l'*Odyssée*, mais simplement qu'il est écrit dans le même vers épique, l'hexamètre dactylique. Il s'agit néanmoins d'un hymne très ancien, puisqu'il est daté de la fin du VIIe siècle ou du début du VIe. Ce long poème (495 vers) raconte la détresse de Déméter après l'enlèvement par Hadès de sa fille Koré (devenue ensuite Perséphone), son errance à travers le monde à la recherche de sa fille, le gel des cultures qui en fut la conséquence et, finalement, l'accord négocié par Zeus entre Hadès et Déméter, laissant Perséphone revenir sur terre auprès de sa mère pendant les deux tiers (ou la moitié) de l'année. Mais un long épisode central s'attarde sur le moment où Déméter, arrivée à Éleusis sous l'apparence d'une vieille femme, est prise en pitié par les filles d'un des quatre « rois » d'Éleusis, Célée, qui l'amènent auprès de leur mère Métanire. Tout d'abord, Déméter reste plongée dans le silence, « sans sourire, sans prendre de nourriture ni de boisson » ; mais une servante parvient à la dérider et à lui faire accepter une boisson. Déméter toutefois refuse la coupe de vin que lui tend Métanire, et demande qu'on lui prépare un mélange de farine, d'eau et de pouliot (menthe sauvage). Puis elle boit ce *cycéon* (littéralement « mélange ») « pour fonder le rite » (v. 211). Métanire alors s'attache à cette vieille femme et lui confie le soin de son fils nouveau-né Démophon. Déméter devenue sa nourrice le « frotte d'ambroisie comme s'il fût né d'un dieu », et, la nuit, le plonge dans le feu pour lui donner l'immortalité. La mère, malheureusement, la surprend lors de cette opération et pousse les hauts cris. La déesse irritée révèle alors sa véritable identité :

> « Je suis Déméter que l'on honore, la plus grande source de richesse et de joie qui soit aux Immortels et aux hommes mortels. Mais allons ! Que le peuple entier m'élève un vaste temple et, au-dessous, un autel, au pied de l'acropole et de sa haute muraille, plus haut que le Callichoros, sur le saillant de la colline. Je fonderai moi-même des mystères (*orgia*), afin qu'ensuite vous tâchiez de vous rendre mon cœur propice en les célébrant pieusement » (v. 268-274).

Les Éleusiniens se hâtent alors de construire le temple demandé, où Déméter vient s'installer en attendant qu'on lui rende sa fille. Lorsque enfin elle retrouve Perséphone, elle libère les moissons, et récompense les quatre rois d'Éleusis pour leur accueil :

> « Elle s'en fut enseigner aux rois justiciers – à Triptolème, à Dioclès, le maître de char, au puissant Eumolpe et à Célée, le chef du peuple – l'accomplissement du ministère sacré ; elle leur révéla à tous les beaux rites, les rites augustes qu'il est impossible de transgresser, de pénétrer ni de divulguer : le respect des Déesses est si fort qu'il arrête la voix » (v. 473-479).

On a déduit de ce récit que l'initiation comportait un enseignement, la pratique de certains rites, en supposant en particulier l'absorption d'un *cycéon* imité de celui de Déméter. Certains ont avancé l'idée que ce cycéon était un mélange hallucinogène[24].

Les Romains, en particulier Ovide, ont enrichi l'histoire du rapt de Korè et de l'errance de Déméter en y ajoutant diverses péripéties qui ont beaucoup inspiré les peintres italiens et français des XVIe et XVIIe siècles : une nymphe des eaux, Cyanè, aurait tenté sans succès d'empêcher le rapt, et Déméter aurait transformé en lézard un enfant qui se moquait d'elle :

> « Épuisée de fatigue, elle souffrait de la soif et aucune source n'avait humecté ses lèvres, lorsqu'elle aperçoit par hasard une cabane couverte de chaume ; elle frappe à son humble porte ; une vieille femme en sort qui, à la vue de la déesse demandant de l'eau, lui offre un doux breuvage, qu'elle avait saupoudré avec de l'orge grillée. Tandis que la déesse boit ce qui lui est offert, un enfant, à l'air dur et insolent, s'est arrêté devant elle ; il se met à rire et l'appelle goulue. Offensée, elle lui lance, pendant qu'il parlait encore, ce qui restait du breuvage et répand sur lui l'orge mêlée

---

24. Albert Hoffman, R. E. Shultes, *Les Plantes des dieux*, 2005, et avant eux Albert Hoffman, Robert Gordon Wasson et Carl A. P. Ruck, *The Road to Eleusis: Unveiling the Secret of the Mysteries*, Harcourt, Brace, Jovanivich, New York, 1978. Selon eux, l'ergot de seigle, qui contient un hallucinogène dont la nature est proche de celle du LSD, était sans doute utilisé dans le cycéon.

> au liquide. Son visage s'imprègne de taches ; ses bras font place à des pattes ; une queue s'ajoute à ses membres transformés ; son corps est réduit à de faibles proportions, pour qu'il ne puisse pas faire grand mal ; sa taille est inférieure à celle d'un petit lézard. La vieille femme étonnée pleure et cherche à toucher cet animal né d'un prodige ; mais il la fuit et court se cacher ; il porte un nom [Stellion] qui rappelle la couleur de son corps, constellé des gouttes qu'il a reçues çà et là[25]. »

Mais restons à ce que connaissaient les Grecs de l'époque classique du rituel éleusinien. On a parfois douté de l'existence d'un enseignement au sens propre, en citant un texte d'Aristote rapporté par un néoplatonicien, Synésius de Cyrène (fin du IVe siècle après J.-C.) ; selon ce passage, les initiés ne devaient pas tant apprendre (*mathein*) qu'éprouver une émotion (*pathein*). Les commentateurs de ce passage[26] en concluent qu'il n'y avait pas vraiment d'enseignement oral, mais seulement des gestes et des spectacles destinés à mettre le myste dans une sorte de transe, d'émerveillement devant la révélation de l'*époptie*. Il est difficile de trancher. Mais il y avait probablement un rappel du mythe de Déméter, une description du bonheur qui attendait les initiés dans l'autre monde, et sans doute aussi des conseils de morale. On peut le déduire de la comédie d'Aristophane intitulée *Les Grenouilles*. La pièce, on l'a déjà vu, se déroule en partie aux enfers, où arrive le dieu Dionysos venu chercher un poète de valeur pour le ramener sur terre, à Athènes, qui, depuis la mort presque simultanée de Sophocle et d'Euripide, manque cruellement de bons dramaturges. Dionysos y est accueilli par un chœur d'initiés dont le statut est un peu ambigu : leurs chants donnent à penser tantôt qu'ils sont déjà arrivés aux enfers, en train de goûter la félicité des bienheureux, tantôt qu'ils sont

---

25. Ovide, *Métamorphoses*, V, v. 445-462 ; trad. Georges Lafaye, Les Belles Lettres.

26. Entre autres Jeanne Croissant, *Aristote et les mystères*, Bibliothèque de la faculté de philosophie et lettres de l'université de Liège, fasc. 51 (1932).

encore en marche vers Éleusis ; et c'est dans cette dernière perspective qu'ils déclarent au public (v. 354 sq.) : « Que cède la place à nos chœurs quiconque n'est pas [...] pur d'esprit, [...] qui, au lieu de dissoudre la sédition ennemie et d'être accommodant pour les citoyens, attise et souffle le feu dans son intérêt privé ; qui, magistrat dans la cité battue par l'orage, se laisse corrompre par des présents... » ; c'est-à-dire que ne peuvent faire partie des mystes les impurs, les mauvais citoyens, les corrompus. Ces recommandations sont insérées dans une liste d'exclus beaucoup plus longue qui ajoute plaisamment les noms d'hommes politiques contemporains véreux ou d'adversaires du poète. Si on met de côté ces allusions à l'actualité pour ne retenir que les phrases citées, il est possible qu'on ait là un écho des conseils et des interdits moraux qui étaient dispensés aux mystes pendant la cérémonie.

Les indications des autres sources : l'adolescent de la triade éleusinienne

Si l'on en croit cet hymne, Déméter enseigna directement aux quatre rois d'Éleusis la pratique de l'agriculture, ce qui était certainement évoqué aussi lors de l'initiation. Mais on a aussi quelques indications dans la littérature postérieure à l'hymne. On y fait intervenir, lors des cérémonies d'initiation, dans le rôle d'intermédiaire entre la déesse et les hommes, un adolescent privilégié associé aux Deux Déesses (Déméter et Perséphone), qu'on retrouve sur la documentation figurée. Qui est exactement cet adolescent ? Dans l'hymne, les soins donnés par la déesse au jeune Démophon pourraient laisser penser que ce dernier jouait ensuite un rôle dans les mystères, mais on n'en trouve pas de trace ensuite. Les sources proposent d'autres personnages aux noms variés, dont deux essentiellement.

Iacchos

La première suggestion est celle d'un enfant nommé Iacchos. L'*Hymne à Déméter* ne précise pas comment la servante a réussi à faire rire Déméter, mais il donne une indication : il est dit qu'elle y parvint « à force de saillies et de railleries » (v. 202-203). Les textes tardifs sont plus explicites. On lit dans le *Protreptique* de Clément d'Alexandrie (2, 21) qu'elle s'assit en face de Déméter et souleva indécemment sa robe, les jambes écartées ; ce qui révéla la présence là du jeune Iacchos. La déesse surprise ne put s'empêcher de rire, et accepta de boire[27]. Si Iacchos n'est pas nommé dans l'hymne, il est mentionné tout de même au ve siècle à propos des mystères – sans être nécessairement un enfant –, par exemple dans *Les Bacchantes* d'Euripide (v. 726). Qui était-il précisément et quel rôle jouait-il ? Quand son nom est-il apparu exactement ? Les informations à son sujet varient selon les interprétations des érudits.

Certains affirment que c'est l'un des noms du premier Dionysos, Dionysos Zagreus. On a déjà rencontré ce fils de Zeus et de Perséphone (ou de Déméter) dans la théogonie orphique ; il fut massacré par les Titans et renaquit sous la forme du second Dionysos, le Dionysos traditionnel fils de Zeus et de Sémélè. On sait que le culte de ce dernier, venu d'Asie, envahit la Grèce seulement au VIe siècle ; il aurait donc hérité du nom du premier Dionysos, et, par confusion des deux identités, aurait été introduit dans le culte d'Éleusis sous la forme d'un enfant fils de Perséphone (et de Zeus). C'est la thèse soutenue en particulier par l'historien ancien Arrien (IIe siècle après J.-C.), qui toutefois fait bien la distinction entre les deux Dionysos : « Les Athéniens honorent Dionysos le fils de Zeus et de Koré,

27. Qu'est-ce exactement qui a fait rire Déméter ? Pour Georges Dévereux (*Baubo, la vulve mythique*, Payot, 1983), Baubo a seulement peint sur son ventre Iacchos sortant de son sexe.

c'est-à-dire l'autre Dionysos ; et le Iacchos célébré dans les mystères renvoie à ce Dionysos-là, pas à celui de Thèbes [c'est-à-dire le fils de Sémélè] » (*Anabase d'Alexandre*, II, 16). Mais pourquoi ce Dionysos fils de Perséphone se serait-il retrouvé à Éleusis avec la servante ? Aucune source ne s'interroge là-dessus.

Selon d'autres, Iacchos est une divinité purement attique, introduite tardivement (au ve siècle) dans le rituel de la procession[28]. Il semble que son nom apparaisse pour la première fois chez Hérodote, qui, au livre VIII de ses *Histoires*, rapporte une anecdote annonçant la victoire des Grecs à Salamine. Deux Grecs passés dans l'armée des Perses, un Athénien nommé Dikaios et l'ex-roi de Sparte Démarate, voient venir d'Éleusis un énorme tourbillon de poussière :

> « Ils se demandaient avec surprise quels êtres humains pouvaient bien soulever cette poussière ; et voici que soudain un bruit de voix s'était fait entendre ; et il avait semblé à Dikaios que c'était l'invocation des mystes à Iacchos ; Démarate, qui n'était pas instruit des cérémonies d'Éleusis, avait demandé qui ce pouvait bien être qui proférait ce bruit ; et il lui avait dit : [...] "Ceux qui profèrent ce bruit sont envoyés par les dieux ; ils viennent d'Éleusis, ils vont au secours d'Athènes et de ses alliés. [...] Cette fête est une fête que les Athéniens célèbrent tous les ans en l'honneur de la Mère et de la Fille (Korè), au cours de laquelle quiconque le veut, d'entre eux et des autres Grecs, peut se faire initier ; et le bruit que tu entends est celui que font pendant la fête leurs invocations à Iacchos[29]." »

Si l'anecdote est authentique[30], ce qui est évidemment douteux, elle se situerait donc en 480, date de la bataille

---

28. Erwin Rohde pense que son introduction dans le culte éleusinien correspond au moment où Athènes prit la direction de la célébration des mystères ; Iacchos avait un temple à Athènes, et non à Éleusis ; il figure en tête de la procession qui va d'Athènes à Éleusis, faisant ainsi le lien entre les deux cités (*op. cit.*, I, p. 220).

29. Hérodote, *Histoires*, VIII, 65, trad. Ph.-E. Legrand, Les Belles Lettres.

30. On retrouve une allusion à cette intervention divine d'Iacchos avant Salamine dans le *Banquet* de Xénophon où Socrate dit à Callias (VIII, 40) : « Tu es un Eupatride, prêtre de ces divinités dont le culte fut établi par Érechtée, qui avec Iacchos marchèrent contre les Barbares. » Elle était sans doute entrée

de Salamine, et indiquerait que Iacchos était alors déjà bien installé dans les rites d'Éleusis. Ce qui semble certain en tout cas, c'est que Iacchos, à l'époque classique, était invoqué lors de la procession, comme guide des mystes ; il ouvrait le cortège en marche vers Éleusis en brandissant une torche (sans qu'on sache exactement s'il s'agissait d'une statue ou d'un figurant). Dans *Les Grenouilles*, datées de 405, Iacchos est évoqué comme un habitant des enfers, mais surtout comme le guide des mystes en marche : « Toi, avec ton brillant flambeau, avance et emmène vers la plaine fleurie et humide, ô bienheureux, la jeunesse qui forme les chœurs » (v. 351-353). Ce rôle de guide est confirmé par des auteurs plus tardifs, comme Denys d'Halicarnasse (fin du Ier siècle avant J.-C.) qui cite l'invocation lancée par les mystes : « Iacchos dithyrambe, toi qui conduis les gens que voilà... » (*Sur la composition des mots*, 17) ; ou par Strabon son contemporain, qui appelle Iacchos « le *daimon* de Déméter » : « Ils appellent Iacchos et Dionysos celui qui mène les mystères (*archégétès tôn mustériôn*) » (*Géographie* X, 3, 10).

Iacchos jouait-il également un rôle lors de la célébration des mystères eux-mêmes dans le *telesterion*, figurant ce troisième personnage associé aux Deux Déesses ? C'est ce que semble indiquer Pausanias, lorsqu'il signale dans sa *Description de la Grèce* (I, 2, 4) qu'il existait à côté du temple de Déméter trois statues représentant « Déméter, sa fille et Iacchos tenant une torche », et qu'il était écrit sur le mur qu'elles étaient l'œuvre de Praxitèle, ce qui ferait remonter cette association des trois divinités au moins au IVe siècle[31]. Malheureusement, ces statues ont disparu.

dans la mémoire collective, puisqu'on la trouve encore dans l'*Eleusinios* d'Ælius Aristide (IIe siècle apr. J.-C.).

31. On trouve aussi une allusion à ces trois statues de Praxitèle chez un contemporain de Pausanias, Clément d'Alexandrie, dans son *Protreptique*, IV, 62, 3.

Il est donc difficile de dire avec précision le rôle et la place de ce Iacchos. Il semble néanmoins clair qu'il a été plus ou moins confondu avec Dionysos, et associé ensuite aux rites des mystères, sans avoir été cependant considéré comme l'intermédiaire chargé de distribuer aux hommes le grain donné par Déméter. Ce rôle apparaît réservé à un autre adolescent très souvent représenté comme complétant la triade éleusinienne : il s'agit de Triptolème.

Triptolème

On a déjà rencontré Triptolème dans l'*Hymne à Déméter* ; il était présenté comme l'un des quatre rois d'Éleusis, à côté de Célée. Il apparaît ensuite aux côtés de Déméter et Perséphone sous les traits d'un jeune garçon, et sa généalogie prend des formes variées. Chez Pausanias (I, 14, 2 sq.), il devient l'un des fils de Célée (« pour les Athéniens et leurs partisans, ils savent que Triptolème, fils de Célée, fut le premier qui sema du blé »). Dans sa *Bibliothèque*, Apollodore, ou plutôt l'auteur anonyme qui écrivit sous son nom cet ouvrage au Ier ou IIe siècle après J.-C., résume ainsi les variantes de la légende de Triptolème qui avaient cours à son époque :

> « À Triptolème, le fils aîné de Métanire [la femme de Célée], Déméter donna un char avec des dragons ailés et lui confia le blé, qu'il répandit, s'élevant dans le ciel, sur toute la terre habitée. Panyasis le dit fils d'Éleusis [une nymphe] ; et c'est, selon lui, chez ce dernier que Déméter avait logé. Phérécyde, pour sa part, déclare qu'il est le fils d'Océan et de Gaia[32]. »

Quoi qu'il en soit de sa généalogie supposée, le double rôle joué par Triptolème, à la fois d'auxiliaire des Deux Déesses lors des Mystères et de distributeur aux hommes du blé donné par Déméter, semble fixé très tôt. Au IVe siècle, l'Athénien Callias, dans les *Helléniques* de Xénophon, fait même de Triptolème l'initiateur des mystères en s'adressant

32. Apollodore, *Bibliothèque*, I, 32, trad. D. Jouanna.

aux Spartiates : « Comme le dit la tradition, Triptolème, notre ancêtre, quand il montra les mystères sacrés de Déméter et de Korè aux étrangers, commença par Héraclès votre ancêtre, ainsi que par le couple des Dioscures vos concitoyens, et le Péloponnèse fut le premier à recevoir la graine du fruit de Déméter[33]. »

Ce sont surtout les représentations figurées très nombreuses qui montrent la place qu'a occupée Triptolème dans le culte éleusinien. La représentation la plus célèbre figure sur un relief votif exposé au musée archéologique d'Athènes, et daté de 440-430 avant J.-C. On y voit Déméter et Koré remettre à Triptolème un épi de blé pour qu'il apprenne l'agriculture à l'humanité. Mais ce dernier est aussi représenté sur de très nombreux vases grecs ; Charles Dugas en dénombre au moins cent douze[34], qu'il répartit en trois groupes selon que leur sujet porte sur l'enseignement donné à Triptolème par la déesse, ensuite sur son départ pour accomplir la mission qu'elle lui a confiée de répandre cet enseignement parmi les autres hommes, et enfin sur sa participation aux rites éleusiniens. Le premier groupe (le moins nombreux) le montre barbu, assis sur un trône et s'adressant à un public attentif ; le second (beaucoup plus répandu) en fait un jeune homme assis sur un char volant, envoyé pour distribuer le blé par l'une des Deux Déesses ou les deux réunies.

Un vase du « peintre d'Aberdeen » (daté de 470-460, musée du Louvre) illustre le troisième groupe. On y voit Koré tendre à Triptolème partant en mission sur son char ailé non pas un épi, mais un vase dont elle s'apprête à verser le contenu dans une coupe inclinée. Ce genre d'image

---

33. Xénophon, *Helléniques*, VI, 3, 6, trad. J. Hatzfeld, Les Belles Lettres.

34. Charles Dugas, « La mission de Triptolème d'après l'imagerie athénienne », *Mélanges d'archéologie et d'histoire*, 1950, vol. 62. T. Hayashi, dans *Bedeutung und Wandel des Triptolemosbildes vom 6.-4. Jh. v. Chr.*, Würzburg 1992, en compte au moins cent soixante-sept.

renvoie en général à une scène de libation ; mais on a pensé qu'il y avait peut-être ici une allusion aux rites éleusiniens : Koré offre-t-elle à Triptolème le fameux cycéon ? Plusieurs autres vases montrent justement Triptolème portant la coupe à ses lèvres. Il aurait donc été le premier initié, chargé ensuite de répandre les rites sacrés, comme le disait Callias dans son discours aux Spartiates. Charles Dugas, dans l'article cité plus haut, remarque que les vases représentant le don de l'épi se font de plus en plus rares dans la seconde moitié du ve siècle, tandis que ceux insistant sur la coupe, et donc sur l'aspect rituel, se font plus nombreux : signe, selon lui, de la place de plus en plus importante de la célébration des mystères d'Éleusis dans la société athénienne.

Un secret bien ou mal gardé

On en sait donc assez peu sur les célébrations elles-mêmes. Erwin Rhode s'étonne à juste titre qu'un « mystère » communiqué à autant de gens ait pu rester secret. Car l'initiation aux mystères s'est poursuivie jusqu'à l'époque romaine, sans être davantage divulguée[35]. Il faut tout de même évoquer ici l'épisode qui fit scandale à Athènes en 415 avant J.-C., selon lequel Alcibiade et ses amis éméchés auraient parodié la cérémonie des Mystères dans une maison privée. Il est rapporté par plusieurs auteurs : par Thucydide (VI, 27-28), par l'orateur Andocide, qui fut lui-même compromis dans

35. Dans *Des lois* (II, 14), Cicéron, s'adressant à Atticus, lui dit : « Athènes me semble avoir mis au jour et apporté dans l'existence des hommes tant de bienfaits de choix et de présents merveilleux ; elle ne nous a pourtant rien donné qui soit meilleur que ces mystères. Ce sont eux qui, nous éloignant d'une vie sauvage et cruelle, nous ont civilisés et amenés à la douceur d'une existence humaine ; qui nous ont fait connaître "les premiers accès" (*initia*), comme on dit, mais en réalité les vrais principes de la vie et qui nous ont donné, en plus d'une théorie qui nous enseigne à vivre dans la joie, celle qui nous permet de mourir avec une espérance meilleure » (trad. Georges de Plinval, Les Belles Lettres).

le scandale (*Sur les Mystères*, 11), par Isocrate (*Sur l'attelage*, XVI, 6) et par Plutarque (*Vie d'Alcibiade*, 22). Ces témoignages divergent parfois, mais sont d'accord sur le sacrilège.

C'est Thucydide qui fait le mieux comprendre l'émotion des Athéniens au moment des faits, dans la mesure où s'y ajoutait un autre sacrilège, celui de la mutilation des bornes sacrées appelées « hermès ». On y vit en effet la marque d'un complot des aristocrates contre la démocratie, parce que ce sacrilège pouvait s'apparenter aux épreuves initiatiques que les « clubs » aristocratiques imposaient à leurs nouveaux adhérents. Thucydide évoque le contexte historique des faits lorsqu'il raconte les préparatifs de la flotte athénienne partant pour la Sicile afin d'y attaquer les Syracusains, alliés de Sparte :

> « Tandis que les armements se poursuivaient, il arriva que les hermès en marbre qui se trouvaient dans la ville d'Athènes – on connaît ces blocs taillés quadrangulaires que l'usage du pays a répandus aussi bien devant les demeures particulières que devant les sanctuaires – furent pour la plupart, une nuit, mutilés au visage. Nul ne connaissait les coupables mais, par de fortes primes à la délation, l'État les faisait rechercher, et l'on décréta, en outre, que quiconque aurait connaissance de quelque autre acte sacrilège devait le dénoncer, sans crainte pour sa personne, qu'il fût citoyen, étranger ou esclave. L'affaire prenait dans l'opinion une grosse importance : elle paraissait constituer un présage pour l'expédition, en même temps qu'appuyer un complot visant à faire une révolution et à renverser la démocratie. Là-dessus une dénonciation, venue de métèques et de gens de service, sans rien révéler au sujet des hermès, apprend qu'il y avait eu précédemment d'autres mutilations de statues, du fait de jeunes gens qui s'amusaient et qui avaient bu et que, de plus, dans quelques demeures privées, on parodiait outrageusement les mystères. Ces accusations atteignaient entre autres Alcibiade[36]. »

Andocide raconte les faits lors de son procès :

> « Pythonicos se leva devant le peuple et dit : [...] "Je vais vous prouver que votre stratège Alcibiade contrefait les mystères dans sa maison, avec d'autres ; et si vous décrétez l'impunité pour l'homme que je

36. Thucydide, I, 27-28, trad. J. de Romilly, Les Belles Lettres.

vais dire, vous allez entendre un esclave, appartenant à quelqu'un qui est ici, vous révéler, quoique non-initié, les mystères." [...] Alcibiade ayant longuement riposté et nié, les prytanes décidèrent d'éloigner les non-initiés et d'aller eux-mêmes trouver l'esclave dont parlait Pythonicos. [...] Celui-ci leur dit alors que dans la maison de Poulytion se célébraient des mystères ; Alcibiade, Nikiadès et Poulytion en étaient les officiants, d'autres assistaient et voyaient, et il y avait là des esclaves, dont lui-même. [...] Parmi ceux dont il donna la liste, Polystratos fut arrêté et exécuté ; les autres s'enfuirent et furent condamnés à mort par contumace[37]. »

Plutarque donne plus de détails sur l'acte d'accusation :

« On a conservé l'acte d'accusation ; le voici : "Thessalos, fils de Cimon, du dème Lakiades, accuse Alcibiade, fils de Clinias, du dème Scambonide, d'avoir commis un sacrilège envers les Deux Déesses, en contrefaisant leurs mystères et en les montrant aux membres de sa coterie dans sa propre maison. Revêtu d'une robe analogue à celle que porte l'hiérophante, quand il fait l'ostension des objets sacrés, il s'est intitulé lui-même hiérophante, a nommé Poulytion porte-flambeau, Théoros, du dème Phégaia, héraut, et il a appelé ses autres compagnons mystes et époptes, en violation des règles et dispositions instituées par les Eumolpides, les Kéryces et les prêtres d'Éleusis[38]." »

On voit que le témoignage de Plutarque diverge de celui d'Andocide sur le nom du dénonciateur et sur la maison où se déroulait le sacrilège ; mais les coupables ont bien pu contrefaire les mystères dans plusieurs maisons. On en a la preuve dans le discours d'Andocide, qui mentionne un peu plus loin une autre dénonciation : « Il y en eut encore une. Lydos, esclave de Phéréclès de Thémacos, dénonça les mystères que l'on célébrait dans la maison de son maître, à Thémacos. »

Effectivement, devant tant d'adhérents, et tant de profanations faites devant des non-initiés, on peut s'étonner que le contenu des mystères n'ait pas été éventé. Mais il y a sans

---

37. Andocide, *Sur les mystères*, 11, trad. Georges Dalmeyda, Les Belles Lettres.
38. Plutarque, *Vie d'Alcibiade*, 22, trad. R. Flacelière et E. Chambry, Les Belles Lettres.

doute une raison bien simple : aucun écrivain n'a pris le risque de confier à l'écrit ce qu'il savait. Il est probable que, par le bouche-à-oreille, des informations sur le déroulement des célébrations ont pu circuler dans le public ; mais, quand on voit les condamnations qui frappaient les sacrilèges, on comprend qu'aucun auteur n'ait été assez fou pour se signaler dans son œuvre comme l'auteur d'une transgression.

L'initié aux enfers

Les mystères révélés aux initiés restent donc... un mystère. On ne peut que supposer que l'initiation comportait une évocation du mythe de Déméter et des conseils moraux, comme on l'a vu. Elle décrivait aussi très certainement le bonheur qui attendait les initiés après leur mort ; en sait-on un peu plus là-dessus ? Comment les Grecs imaginaient-ils les enfers dans cette nouvelle perspective ?

Le même silence a été gardé sur ce point par les initiés, et on ne peut se livrer qu'à des suppositions. Cependant, on trouve peut-être une allusion dans la comédie des *Grenouilles* d'Aristophane, déjà mentionnée. La pièce se déroule en partie aux enfers. Dionysos y est accueilli par un chœur d'initiés connaissant justement chez Hadès la félicité annoncée dans les mystères. Mais le chant de ce chœur est ambigu, comme on l'a déjà signalé ; tout le début de leur chant les présente plutôt comme des pèlerins en marche vers Éleusis : ils demandent à Iacchos de les guider, ils s'invitent à avancer, ils évoquent la veillée qui les attend. Mais d'autres passages laissent supposer qu'ils sont déjà aux enfers. Héraclès (qui connaît déjà l'itinéraire[39]) indique à

39. Parmi les personnages mythiques qui sont allés aux enfers et en sont revenus, seul Héraclès est mentionné comme ayant été initié aux mystères d'Éleusis. Dans l'*Héraclès* d'Euripide (voir plus haut p. 43), le héros explique à son « père » Amphitryon qu'il a pu arriver aux enfers parce qu'il s'était fait

Dionysos, au début de la pièce, la route à suivre pour arriver chez Hadès ; il saura qu'il est arrivé quand « un souffle de flûtes [l]'environnera ; [qu'il verra] une clarté très belle, des bosquets de myrtes, d'heureux thiases d'hommes et de femmes, et un vif battement de mains ». « Et ceux-là, qui sont-ils ? » demande Dionysos ; « Les initiés » (*oi memuèmenoi*), répond sobrement Héraclès (v. 154-158). Ce sont bien ces initiés que rencontre Dionysos, et, lorsqu'il les interroge, ils lui confirment qu'il est arrivé dans la demeure d'Hadès et lui disent, à lui et à son esclave Xanthias : « Avancez à présent dans l'enclos sacré de la déesse, dans le bocage fleuri, en jouant » (v. 440-442) ; et un peu plus loin : « Avançons vers les prés fleuris pleins de roses » (v. 448-450). On ne peut évidemment pas imaginer que ces initiés révèlent là, devant un public nombreux, le contenu de l'enseignement dispensé lors des mystères ; mais ils font un tableau de leur vie aux enfers qui doit bien correspondre à peu près à l'idée que s'en faisaient les Grecs, ou qu'ils souhaitaient désormais s'en faire. Au lieu de l'univers incolore, sombre, glacé, où rôdaient les ombres désincarnées qu'évoquaient les poèmes homériques, ils imaginaient certainement un lieu beaucoup plus charmant, verdoyant, une prairie plantée d'arbres et de myrtes, pleine de fleurs et en particulier de roses ; on y est accueilli par le son des flûtes, et hommes et femmes mêlés y passent leur temps à danser, dans une lumière éclatante, tandis que les non-initiés se retrouvent dans les « ténèbres

---

initier aux mystères d'Éleusis : « Pour vaincre, j'ai vu les mystères. » Cette initiation d'Héraclès est probablement une innovation dans son mythe, comme semble l'attester le fait qu'elle figure dans deux œuvres presque contemporaines (l'*Héraclès* d'Euripide et *Les Grenouilles* d'Aristophane) ; et elle est peut-être tournée en dérision chez les deux auteurs : Euripide, même lorsqu'il écrit une tragédie, ne se prive pas d'insérer des railleries contre les modes contemporaine ; on l'a vu lorsque Thésée accusait son fils Hippolyte de se livrer à des pratiques orphiques ou pythagoriciennes.

humides », comme le dit la fin de l'*Hymne à Déméter*, le « bourbier » dont parle le *Phédon* (69c).

Lumière, végétation luxuriante, musique et danse, tel semble donc être le cadre où se retrouvent les initiés après leur mort. On reconnaît là une partie de l'héritage homérique, dans la mesure où cette description fait songer aux îles des Bienheureux, avec sa nature exubérante qui fournit à profusion tous ses bienfaits à une élite semi-divine ; mais le cadre semble ici plus attrayant encore, avec ses fleurs, ses chants, son atmosphère de fête perpétuelle. Il est difficile de dire si le monde de l'au-delà proposé aux initiés ressemblait vraiment à cela ; sans doute entre-t-il dans la description d'Aristophane une part de caricature. Mais cette vision exprime probablement les aspirations qui sont celles des Grecs désormais : ils espèrent trouver après leur mort au moins un monde de « bienheureux », comme le laissent entendre les rites orphiques, et au mieux, avec l'initiation à Éleusis, un espace lumineux, fleuri, joyeux, où chacun connaîtra l'« enthousiasme » au sens premier du terme, c'est-à-dire la possession divine. En tout cas, rien, dans les minces données que nous possédons sur les mystères éleusiniens, ne laisse supposer que les morts, initiés ou non initiés, puissent être appelés un jour à se réincarner, comme le pensaient les pythagoriciens.

On voit néanmoins les limites de cet idéal. Même si des considérations morales entraient peut-être dans l'enseignement dispensé aux mystes, on n'en retrouve aucune trace dans les descriptions des bienheureux éleusiniens : ils sont là parce qu'ils ont été initiés, et non parce qu'ils ont saintement vécu. La préparation à l'initiation ne comporte que des rites de purification, aucune vérification des vertus de l'impétrant ; avant de le déclarer initié, on exige peut-être de lui, dans le secret du *telesterion*, un engagement à mener une vie pure ; mais on n'a guère l'impression que l'initiation ait entraîné un changement de vie radical, quand on voit l'absence de sélection des candidats à l'initiation, et quand on constate qu'apparemment la foule des initiés continue à vivre sans rien changer à ses habitudes ; Alcibiade en particulier, qui avait bien été initié, n'a pas été un modèle de vertu. Là encore, les Grecs voyaient dans l'initiation aux mystères un « passeport pour l'au-delà », destiné à leur assurer une belle vie après leur mort, comme le disaient Sophocle (« Trois fois heureux ceux des mortels qui ont vu ces mystères / Quand ils vont chez Hadès. Seuls ceux-là pourront vivre ; / les autres auront pour lot de souffrir tous les maux ») et Cicéron (« Ce sont eux qui, nous éloignant d'une vie sauvage et cruelle, nous ont civilisés et amenés à la douceur d'une existence humaine ; qui [...] nous ont donné, en plus d'une théorie qui nous enseigne à vivre dans la joie, celle qui nous permet de mourir avec une espérance meilleure »)[40].

En tout cas, il ne semble pas que les bienheureux éleusiniens se soient attendus à une réincarnation. Une fois arrivés dans ce « paradis », ils se voient sans doute y mener pour l'éternité une vie de félicité.

D'autres mystères dans le monde grec ?

Les mystères d'Éleusis sont de loin les plus célèbres du monde grec ; mais ce n'étaient pas les seuls. Il en existait d'autres – assez mal connus – dans les régions les plus éloignées d'Athènes, comme dans la lointaine île de Samothrace, tout au nord de la mer Égée. On y célébrait des mystères en l'honneur non de Déméter, mais des Cabires[41], qui ont jusqu'à un certain point concurrencé les mystères d'Éleusis à partir de l'époque hellénistique et

40. Passages cités page 155 note 23 et page 165, note 35.

41. Les Cabires ont été honorés également à Thèbes ; voir Michèle Daumas, *Cabiriaca. Recherches sur l'iconographie du culte des Cabires*, Paris, 1998, et surtout

romaine ; et, comme eux, ils recommandaient le secret[42]. Hérodote le premier signale l'existence des mystères des Cabires à Samothrace (II, 51), et Eschyle leur avait consacré un drame satyrique (c'est-à-dire une brève comédie dont ils formaient le chœur de satyres), où ils accueillaient les Argonautes de passage dans l'île de Lemnos. Strabon enfin leur consacre une longue digression (*Géographie*, X, 21-22).

Ces Cabires sont assez mystérieux ; à l'origine, ce sont des *daimones* (mot qui signifie non pas démons, mais divinités de second ordre), personnifiant sans doute les forces telluriques ; on les présente tantôt comme les fils, tantôt comme les petits-fils d'Héphaïstos, grâce auquel ils maîtrisent aussi les arts du feu. Ils sont également honorés dans l'île de Lemnos, voisine de Samothrace, et rattachés là au culte de Dionysos, dieu du vin que produit abondamment cette île. Comme ces deux îles, Samothrace et Lemnos, sont situées près du passage de l'Hellespont, dans une zone assez dangereuse, les Cabires n'ont pas tardé à devenir des dieux protecteurs des marins et plus généralement des voyageurs[43]. Les érudits modernes ont fini par leur trouver des liens avec toutes les grandes divinités grecques et asiatiques, et en particulier avec Déméter.

Sans entrer dans le détail de ces discussions savantes[44], il est certain qu'un culte à mystères, peut-être venu d'Asie, a

---

l'article intitulé « De Thèbes à Lemnos et à Samothrace. Remarques nouvelles sur le culte des Cabires », *Topoi Orient Occident*, 12-13 (2005), p. 851-881.

42. *Gravis est culpa tacenda loqui* (« C'est une faute grave de dire ce qui doit être tu ») dira Ovide à propos des mystères de Samothrace (*Art d'aimer*, v. 604).

43. Aristophane, dans *La Paix*, v. 277-279, fait allusion aux prières qu'apprenaient les initiés ; le héros Trygée s'adresse aux spectateurs pour les inviter à souhaiter le retour de la paix : « Allons, si quelqu'un parmi vous se trouve avoir été initié à Samothrace, c'est maintenant qu'il s'agit de prier pour qu'en revenant il se donne une bonne entorse double » (Polémos vient d'envoyer son esclave Tumulte chercher un pilon).

44. Voir en particulier Charles Picard, *Revue de l'histoire des religions*, 1952, n° 142-2, p. 219-229 ; Michèle Daumas, citée note 154.

existé très anciennement à Samothrace, à Lemnos, et aussi à Thèbes, mais qu'il n'a pris son essor dans le monde grec qu'après le début du déclin d'Athènes, au IVe siècle, et en particulier avec l'apogée de la Macédoine. On sait que le père et la mère d'Alexandre, Philippe et Olympias, avaient été initiés[45]. On ne sait rien de ces rites d'initiation, ni de leur enseignement, mais on peut supposer qu'à cette date ils étaient fortement contaminés par les rites éleusiniens. Par conséquent, même si ce culte est ancien lui aussi, on n'approfondira pas davantage ici ses mystères, puisque leur expansion ne commence qu'à une date postérieure à celle qui nous intéresse pour le moment.

Un jugement des morts ?

Une dernière question se pose à propos de ces religions à mystères : leurs adeptes croyaient-ils que l'âme subissait un jugement, avant de gagner un séjour idéal ou de se réincarner (du moins pour les orphistes et les pythagoriciens) ? Apparemment, pour les orphistes, il suffit d'être initié et de connaître le « mot de passe » pour accéder au séjour des bienheureux : le mort ne semble pas être soumis au verdict d'un juge ; rien de clair non plus pour les pythagoriciens, ni, on l'a vu, dans le rituel d'Éleusis. Cependant, certains textes laissent subsister un doute. Tout d'abord, dans quelques rares lamelles d'or, le mort se présente devant Perséphone et doit lui adresser une invocation personnelle ; on y a vu l'idée que Perséphone pouvait refuser l'accès des enfers à une âme ayant pourtant reçu l'initiation – sans qu'on puisse en conclure à un verdict de la déesse fondé sur une appréciation des mérites du mort. D'autre part, dans sa *Vie de Pythagore*, Diogène Laërce explique que, selon ce dernier,

---

45. Plutarque, *Vie d'Alexandre*, 2, 2.

« c'est Hermès qui conduit les âmes pures vers le plus haut des cieux, et qui interdit aux âmes impures d'aller avec les premières, ou de se grouper entre elles, mais au contraire les fait enchaîner par les Érinyes[46] à des liens indestructibles ». Peut-être, au vu de ces textes, une divinité (Perséphone ou Hadès lui-même, ou encore Hermès[47]) faisait-elle un tri des âmes à l'entrée des enfers ; peut-être séparait-elle les âmes pures des âmes impures. Mais en quoi consistaient exactement la pureté et l'impureté ? S'agissait-il de vertus ou de vices ? Ou seulement de bonne ou mauvaise pratique du culte ? Il est difficile de le dire.

Certains poèmes du VIe et du Ve siècle évoquent fugitivement la notion nouvelle d'un jugement des morts fondé sur des critères moraux. L'idée que le mort devrait payer aux enfers pour des fautes restées impunies de son vivant est certainement née de l'indignation devant le manque de réaction des dieux à l'égard de criminels notoires. Le poète et législateur athénien Solon, qui vécut au milieu du VIe siècle, prend, certes, la défense de Zeus dans son *Élégie* I (v. 25 et suivants) en affirmant que le maître des dieux ne laisse aucun crime impuni ; mais son argumentation n'est qu'à demi satisfaisante : lorsque Zeus ne châtie pas sur-le-champ le coupable, ce sont ses enfants ou sa descendance, dit-il, qui paieront pour lui. Cette notion archaïque d'une responsabilité collective du *genos* (famille) pour les fautes d'un ancêtre est effectivement à la base des sagas familiales dont se nourrit la tragédie grecque : les Atrides paient pour la faute originelle d'Atrée, comme Œdipe pour celle de

46. Cette allusion aux Érinyes comme préposées aux peines des damnés semble surprenante et isolée ; mais, curieusement, les premières colonnes du papyrus de Derveni contiennent plusieurs allusions aux mêmes Érinyes.

47. On a parfois évoqué des vases où l'on voit Hermès (ou Zeus) peser deux personnages. Mais il ne s'agit jamais de peser les âmes des morts : le dieu pèse le destin de deux combattants (en général Achille et Memnon) pour savoir lequel doit mourir.

Laïos. Mais l'on voit bien que cette transmission de la faute aux descendants n'implique nullement le châtiment aux enfers du coupable lui-même. À la différence de Solon, son contemporain le poète Théognis de Mégare lance un vibrant cri de révolte contre cette justice boiteuse de Zeus. Si Zeus était juste, écrit-il, « les fils d'un père injuste mais dont les pensées et les actes sont inspirés par la justice parce qu'ils redoutent ta colère, ô Cronide, [...] ne devraient rien avoir à expier des déportements de leur père[48] ». Sinon, poursuit-il, comment pourrait-on continuer à honorer les dieux ?

La deuxième *Olympique* du poète Pindare, qui vécut au début du ve siècle, propose peut-être une réponse à cette indignation, dans un texte assez troublant. Cette ode datée de 476 rend hommage au vainqueur d'une course de chars aux Jeux olympiques (il s'agit de Théron, le tyran, c'est-à-dire le roi, d'Agrigente en Sicile). Pindare, dont les convictions aristocratiques sont bien connues, y fait au passage l'éloge de ceux qui, comme Théron, unissent la richesse et le mérite. Et il insère alors un passage qui a suscité bien des commentaires. Il affirme tout d'abord qu'il faut garder confiance en la justice des dieux : si le mort n'a pas été puni de son vivant, c'est en arrivant aux enfers qu'il devra rendre compte de ses actes (lui-même, et non ses descendants) ; et le riche ne devrait pas s'estimer à l'abri du courroux des dieux :

> « Ah ! Surtout, si celui qui la [l'opulence] possède sait connaître l'avenir ! S'il sait que, quand la mort les a frappés ici, les esprits des coupables subissent aussitôt leur peine ; sous terre, un juge prononce contre les crimes commis dans ce royaume de Zeus des arrêts inexorables. »

Un juge ? Qui est ce juge ? Le texte ne le précise pas ; ce n'est pas Zeus lui-même, puisque le mort est sorti de son

---

48. Théognis, *Poèmes élégiaques*, I, v. 731-752, trad. Jean Carrière, Les Belles Lettres.

royaume. Est-ce Hadès ? Ou Perséphone ? Mais Pindare poursuit en évoquant le séjour que connaîtront les justes, dans un mythe où l'on s'accorde à voir une inspiration orphique (certains ajoutent : ou pythagoricienne) :

> « Éclairés par un soleil qui fait leurs nuits toujours égales, toujours égaux leurs jours, les bons (*esloi*) reçoivent en partage une vie moins pénible que la nôtre ; ils n'ont pas besoin d'employer la force de leurs bras à tourmenter la terre ni l'onde marine, pour soutenir leur pauvre vie. Auprès des favoris des dieux, de ceux qui aimèrent la bonne foi (*euorkiais*), ils mènent une existence sans larmes ; les autres subissent une épreuve que le regard ne peut supporter.
> Tous ceux qui ont eu l'énergie, *en un triple séjour dans l'un et l'autre monde*, de garder leur âme absolument pure de mal (*apo pampan adikôn*), suivent jusqu'au bout la route de Zeus qui les mène au château de Cronos ; là, l'île des Bienheureux est rafraîchie par les brises océanes ; là resplendissent des fleurs d'or, les unes sur la terre, aux rameaux d'arbres magnifiques, d'autres, nourries par les eaux ; ils en tressent des guirlandes pour leurs bras ; ils en tressent des couronnes, sous la juste surveillance de Rhadamanthe, l'assesseur qui se tient aux ordres du puissant ancêtre des dieux, de l'époux de Rhéa, déesse qui siège sur le plus haut des trônes[49]. »

On reconnaît, dans la description de ce lieu béni, les îles des Bienheureux déjà évoquées chez Homère. Cependant, comme on l'imagine bien, une phrase a retenu l'attention des commentateurs : celle où Pindare précise que les « bons » n'arrivent pas directement dans ce séjour. Il leur faut, semble-t-il, renaître trois fois avant d'y arriver après « *un triple séjour dans l'un et l'autre monde* »[50].

Comme on le voit, ce texte pose à la fois l'idée d'un jugement des morts et celle de la réincarnation. C'est bien ce qui suscite la perplexité des commentateurs : faut-il voir là une théorie orphique ? ou pythagoricienne ? L'idée d'un jugement est peut-être plus spécifiquement orphique, celle

---

49. Pindare, deuxième *Olympique*, épodes 3 et 4, trad. Aimé Puech, Les Belles Lettres.

50. Dans un autre texte cependant, Pindare semble limiter l'accès au lieu béni à ceux qui ont été initiés aux mystères d'Éleusis (*Thrènes*, fr. 137).

de la réincarnation plutôt pythagoricienne. En tout cas, les critères de sélection suggérés par le poème de Pindare sont intéressants : les élus sont nobles (*esloi*), n'ont jamais trahi leur serment (*euorkiais*) et n'ont pas commis d'injustice (*apo pampan adikôn*) : ce sont des critères à la fois sociaux et moraux. Ce poème de Pindare témoigne donc bien à la fois de l'infiltration sans doute progressive des doctrines orphiques et pythagoriciennes dans les esprits les plus cultivés dès le VIe siècle, et du désir naissant de croire en une justice d'outre-tombe.

Certaines œuvres théâtrales montrent encore plus nettement qu'existait déjà dans le public, au Ve siècle, l'idée que le mort aurait des comptes à rendre en arrivant aux enfers. Ces œuvres présentent en effet deux caractéristiques qui pourraient paraître *a priori* inconciliables : elles gardent les traces de croyances archaïques peut-être abandonnées dans les faits à l'époque de leur représentation, et elles témoignent en même temps de l'apparition d'idées nouvellement répandues dans le public, en particulier celle d'un tribunal infernal qui jugera le mort.

Le plus ancien des poètes tragiques, Eschyle, est un exemple assez caractéristique de cette croyance encore diffuse. Dans sa pièce des *Suppliantes* (datée aujourd'hui de 463), le roi Danaos avertit tout fils d'Égyptos qui voudrait épouser de force l'une de ses filles : « Non, dit-il, même dans l'Hadès, il n'échappera point à l'accusation de luxure, si telle fut sa conduite. Et là encore, il est, dit-on, un autre Zeus, qui, sur toutes fautes, prononce chez les morts des sentences suprêmes » (v. 228-231)[51]. De même, dans *Les Euménides* (pièce représentée en 458), les Érinyes menacent Oreste : « Je t'entraînerai sous la terre pour que tu sois là, parricide, puni des peines que tu as méritées.

51. Les traductions d'Eschyle sont de Paul Mazon, Les Belles Lettres.

Tu verras là les sacrilèges qui ont <sciemment> offensé divinité, hôte ou parent : chacun subit le châtiment que réclame la justice. Hadès, sous la terre, exige des humains de terribles comptes, et son âme, qui voit tout, de tout garde fidèle empreinte » (v. 267-275). Le coupable sera bien soumis à un jugement, mais un seul juge semble ici décider de son sort : Hadès, appelé aussi « un autre Zeus ». Euripide évoque lui aussi un jugement infernal dans la pièce d'*Alceste* (en 431) ; le chœur accompagne la défunte de ses vœux tout en exprimant quelques doutes, et sans se prononcer sur l'identité du juge : « Qu'il te soit propice, l'accueil d'Hermès souterrain et d'Hadès ! S'il est là-bas quelque privilège pour la vertu, puisses-tu y avoir part, et siéger aux côtés de l'épousée d'Hadès[52] ! »

C'est l'Antigone de Sophocle qui, dans la pièce qui porte son nom (en 442), pose avec le plus de force l'idée qu'un jugement attend les humains chez Hadès. Le roi Créon refuse les rites funéraires à Polynice, coupable d'avoir attaqué sa cité ; Antigone sa sœur brave l'interdiction au nom du respect dû aux dieux d'en bas : la loi de Créon, dit-elle, ce n'est pas la Justice qui l'a proclamée, « assise aux côtés des dieux infernaux » (v. 451). Si elle transgresse les lois de ces dieux d'en bas, elle en sera punie quand elle arrivera un jour chez eux : « Pouvais-je donc, dit-elle, par crainte de quelque homme, m'exposer à leur vengeance ? » (v. 458-460). De toute évidence, ses paroles impliquent l'idée que le sort des humains après leur mort est tranché par ces dieux des enfers, sans doute Hadès et Perséphone, même si leurs noms ne sont pas prononcés.

En même temps, cependant, se pose encore une fois la question de savoir sur quels critères sont jugés les morts chez Hadès. Sont-ils condamnés pour des fautes à l'égard

52. Euripide, *Alceste*, v. 743-746, trad. Louis Méridier, Les Belles Lettres.

des dieux, pour des sacrilèges, des transgressions de rites, comme le suggèrent les paroles d'Antigone ou celles des Érinyes ? Ou pour des fautes à l'égard de la cité et des citoyens, comme semble l'impliquer le chœur des initiés dans *Les Grenouilles* d'Aristophane, lorsqu'il exclut du cortège (v. 354 sq.) celui « qui, au lieu de dissoudre la sédition ennemie et d'être accommodant pour les citoyens, attise et souffle le feu dans son intérêt privé ; qui, magistrat dans la cité battue par l'orage, se laisse corrompre par des présents... » ? Ou, enfin, sont-ils condamnés pour des fautes touchant vraiment à la morale telle que nous l'entendons ? Il est possible toutefois que ces distinctions soient celles d'un esprit moderne ; chez les Grecs de cette époque, l'idée d'une vertu exclusivement morale, indépendante du respect des lois et de la religion traditionnelle, existait-elle vraiment ?

En conclusion

Quelle image des enfers les Grecs avaient-ils à la fin du Ve siècle ?

Il est sans doute impossible d'apporter une réponse unique à cette question. Très certainement perdurait dans la conscience populaire l'idée que tous les morts se rendaient après leur décès dans un lieu unique, un Hadès obscur, incolore, effrayant, où se côtoyaient des ombres sans consistance, potentiellement menaçantes ; tous les rituels funéraires toujours très vivants et scrupuleusement respectés, offrandes, libations et prières, ont pour but d'honorer le mort, mais aussi de ne pas encourir sa colère. La littérature poétique et théâtrale témoigne de la persistance de cette image sinistre du monde des morts, depuis Théognis au VIe siècle (« Lorsque tu auras, sous les obscures profondeurs, rejoint la demeure d'Hadès aux mille cris plaintifs[53] ») jusqu'à Euripide (« Vers le noir passage qui conduit à l'Hadès, m'élancerai-je, infortuné[54] ? »).

Mais en même temps que se développaient les premières recherches véritablement philosophiques, en Ionie ou en Grande Grèce, les esprits plus évolués ne pouvaient plus se satisfaire de cette image trop simple, et en même temps trop décourageante dans la mesure où l'homme ne pouvait agir sur sa future destinée. Se sont donc peu à peu développées à Athènes et dans le reste du monde grec, comme on l'a vu, plusieurs approches religieuses, voire mystiques, qui proposaient à leurs initiés l'espoir, et même la certitude, d'accéder à une vie faite de félicités variées dans un lieu analogue à ces îles des Bienheureux réservées chez Homère à de rares élus – à condition toutefois de posséder les bons mots de passe. Parmi ces nouveaux cultes, les mystères d'Éleusis ont certainement connu une vaste adhésion populaire ; l'orphisme et le pythagorisme, plus complexes et plus exigeants, sont restés limités à une petite élite intellectuelle.

En tout cas, désormais, l'au-delà apparaissait comme un lieu double, dont une partie était réservée aux initiés[55] ; mais que devenait la foule des ignorants ? On peut supposer qu'elle restait reléguée dans un monde bourbeux certainement très proche de l'Hadès homérique. On a en effet très peu de détails sur ce que devenaient les non-initiés. On a vu le *Phédon* (69c) évoquer le « bourbier » où se retrouvent chez Hadès ceux qui n'ont été ni initiés ni purifiés ; et peut-être faut-il même les imaginer subissant un supplice identique à celui des Danaïdes, comme le suggère un bref

53. *Poèmes élégiaques*, I, v. 243-246, trad. Jean Carrière, Les Belles Lettres.

54. *Hécube*, v. 1100.

55. On pourra lire en annexe I (voir p. 283) la curieuse relation d'une expérience « mystique » vécue par Pausanias au IIe siècle de notre ère, où l'on reconnaîtra un mélange des diverses religions à mystères.

passage du *Gorgias* de Platon se référant à « un spirituel conteur de mythes, quelque Italien sans doute, ou quelque Sicilien », vis-à-vis duquel Socrate semble toutefois prendre ses distances :

> « Parmi tous les habitants de l'Hadès, les plus misérables sont ces non-initiés, obligés de verser dans des tonneaux sans fond de l'eau qu'ils apportent avec des cribles également incapables de la garder » (*Gorgias* 493b).

La tentation du doute ?

On peut toutefois se poser une question : les esprits des Grecs n'étaient-ils jamais effleurés par la tentation du doute ? Étaient-ils certains tout simplement de la survie de l'âme ? Quand on lit Platon, qui a écrit au début du siècle suivant, mais qui donne la parole à des interlocuteurs ayant vécu pendant le siècle de Périclès, on ne peut qu'être frappé par les allusions des interlocuteurs de Socrate ou de Socrate lui-même à l'existence d'un scepticisme ambiant. « Ce que tu dis de l'âme, dit Cébès dans le *Phédon*, suscite une grande incrédulité chez les hommes ; peut-être doit-on craindre, pensent-ils, que l'âme, une fois séparée du corps, n'existe plus nulle part, et qu'elle ne soit détruite, et ne périsse, le jour où meurt l'homme ; dès le moment de la séparation, dès qu'elle sort de lui, peut-être se dissipe-t-elle comme un souffle ou comme une fumée et, s'envolant ainsi, n'est-elle plus rien nulle part[56]. » Et dans *Les Lois*, œuvre où Socrate n'apparaît pas, l'Athénien (l'un des trois protagonistes) s'en prend aux « modernes » et aux pseudo-savants qui ont contribué au développement de l'impiété en soutenant que le Soleil, la Terre, les astres (que tout le monde considérait comme des dieux) étaient en réalité « de la terre et des pierres, incapables d'avoir souci des affaires humaines » (*Les Lois*, 886d). On reconnaît dans ces

---

56. Platon, *Phédon*, 69e-70a, trad. Paul Vicaire, Les belles Lettres.

allusions l'enseignement de la philosophie ionienne, dont le maître était Anaxagore (500-428 avant J.-C.) ; et Clinias le Spartiate reconnaît que le nombre des partisans de cette doctrine est extrêmement grand. L'Athénien en conclut que les deux sources de l'impiété qui gagne certains de ses contemporains sont d'abord l'idée que le monde est le fruit non d'une création divine mais de la Nature et du hasard (*Les Lois*, 889a), et ensuite le soupçon que les dieux, s'ils existent, sont indifférents aux affaires humaines (895d) ; convictions qui, sans doute, impliquent l'absence d'enfers où l'âme recevrait récompense ou châtiment.

Tous ces courants de pensée invitaient inévitablement le « vrai philosophe », comme dira Socrate, à une méditation personnelle sur l'hypothèse de la survie ou de la disparition de l'âme après la mort, sur le monde qui attend celle-ci dans le premier cas, et sur les choix de vie qu'impliquent les convictions de chacun ; cette méditation, c'est Platon qui en a tracé tous les méandres, en lui apportant un approfondissement qui à son tour a marqué définitivement la pensée moderne.

TROISIÈME PARTIE

LES ENFERS DE PLATON
(IVe siècle)

C'est chez Platon, dans le premier tiers du IVe siècle, qu'on va enfin découvrir une réelle réflexion sur l'au-delà et une élaboration complexe de l'image des enfers. Bien sûr, cette réflexion n'est pas entièrement neuve ; on y a souvent repéré l'influence du pythagorisme et de l'orphisme, plus ou moins importante selon les commentateurs[1]. Mais, comme on l'a vu plus haut, les textes pythagoriciens et orphiques sont rares et obscurs ; au contraire, l'œuvre de Platon est immense, explicite, et nous est parvenue à peu près intégralement.

---

1. Voir par exemple Luc Brisson, « Platon, Pythagore et les pythagoriciens », dans *Platon, source des présocratiques. Exploration*, éd. par M. Dixsaut et A. Brancacci, *Histoire de la philosophie*, Paris, Vrin, 2003, p. 21-46 : « Devant tant de confusions et tant d'incertitudes, [...] la question de savoir lequel, du pythagorisme ou de l'orphisme, a pu influencer l'autre n'a pas de sens. Les deux, tout de même que Platon, ont admis et rejeté certaines interdictions et certains points de doctrine venus de mouvements religieux, qu'il est impossible d'identifier. »

Platon : enfin une vie bien connue

La vie de Platon (427-347), à la différence de celle d'Orphée ou de Pythagore, est bien connue. Platon est un aristocrate, qui a reçu une bonne éducation et étudié les philosophes ioniens ; il se destinait sans doute à la vie politique, quand, à vingt ans, il rencontre Socrate et devient son disciple. Après le procès et la mort de celui-ci en 399, Platon, par goût ou par prudence (le procès de Socrate avait certainement aussi un aspect politique), se lance dans de longs voyages qui le mèneront, entre autres, en Égypte et à Cyrène, dans l'actuelle Libye. À partir de 395, il alterne de longs séjours à Athènes (où il fonde en 387 une école de philosophie, l'Académie), et trois voyages en Sicile qui se terminent tous mal : il avait cru trouver en Denys l'Ancien, puis en Denys le Jeune, tyrans de Syracuse, des disciples donnant l'exemple de « despotes éclairés », mais doit chaque fois déchanter. Au cours de ses divers voyages, puis lorsqu'il finit par demeurer à Athènes de façon permanente, il écrit de nombreux « dialogues » avec Socrate pour principal protagoniste, qu'on partage généralement en œuvres de jeunesse, de maturité et de vieillesse en fonction de la date où ils ont été écrits.

Pour la première fois, on se trouve devant un maître à penser dont la vie n'a rien d'hypothétique, et qui a laissé de nombreuses œuvres à peu près toutes parvenues jusqu'à nous : nous le connaissons non par les écrits de ses disciples (et ils furent nombreux), mais par son discours propre. On peut évidemment soulever la question de savoir si les écrits platoniciens sont bien la parole de leur auteur, ou s'il s'agit en réalité de celle de Socrate, dont Platon a été le disciple et qui n'a rien écrit lui-même. Il est assuré que Platon se fait le porte-parole de Socrate dans son œuvre, mais il est certain aussi qu'il a lui-même médité, approfondi et enrichi la pensée de son maître[2]. Par conséquent, on parlera ici, pour simplifier, de philosophie platonicienne, en y mêlant de temps à autre le nom de Socrate.

Le *credo* de Socrate

La question de l'au-delà et de l'éventuelle survie de l'âme est au centre de la philosophie platonicienne – on pourrait dire du *credo* socratique. On a vu que devait se développer dans la société grecque la tentation du doute sur la survie de l'âme après la mort. Socrate, lui, affirme avec force sa croyance en l'éternité de l'âme : y croire, dit-il dans le *Phédon* – en des termes qui font penser au pari de Pascal[3] –, c'est un beau risque à courir (*kalos kindunos*) ; et cette croyance implique *ipso facto* un choix de vie. En effet, la principale innovation de Platon, dans la perspective qui nous occupe, est d'avoir mis l'accent sur l'idée, enfin nettement exposée et constamment répétée, qu'il existe une rétribution dans l'au-delà fondée exclusivement sur les mérites et les fautes de chacun, et un jugement des morts ; pour la première fois, il est dit clairement que le sort des âmes dépend de la conduite que chacun a eue de son vivant, et non d'un apprentissage mystérieux de clés et de mots de passe permettant d'entrer triomphalement dans le royaume des morts, comme c'était le cas pour les adeptes de l'orphisme ou les initiés d'Éleusis. C'est aussi ce principe initial qui conditionne la géographie complexe des enfers platoniciens et l'itinéraire des âmes dans cet

2. Il suffit pour s'en convaincre de lire les ouvrages de Xénophon consacrés à Socrate, et portant parfois le même titre que ceux de Platon : on y voit un Socrate d'une envergure philosophique bien moindre.

3. Selon Pascal, il vaut mieux parier sur l'existence de Dieu : on n'a rien à perdre s'il n'existe pas, et tout à gagner s'il existe – à condition, bien sûr, d'accorder son mode de vie avec les exigences divines.

espace-temps vertigineux : tout est conçu en fonction du trajet que doivent accomplir les âmes bonnes ou méchantes, et du temps assigné à leur éventuelle expiation. Enfin, c'est ce principe qui permet à Platon de poser nettement l'hypothèse d'une réincarnation des âmes.

Ces thèmes sont exposés essentiellement dans le *Gorgias*, le *Phédon* et *La République*, et abordés de façon plus brève dans d'autres dialogues[4]. Dans le premier de ces dialogues, le *Gorgias* (considéré comme une œuvre de jeunesse), Socrate a réduit au silence le sophiste Gorgias, mais se fait attaquer par le riche et méprisant Calliclès qui rejette la loi et la morale comme ayant été conçues par les faibles pour se défendre contre les forts ; et quand ce dernier ne trouve plus d'arguments, il écoute en silence Socrate lui exposer sa ferme croyance en l'immortalité de l'âme et en la nécessité de pratiquer la vertu pour atteindre la juste récompense finale du sage. Dialogue plus tardif, le *Phédon* raconte la dernière journée de Socrate dans sa prison : il discute avec ses amis en attendant que le gardien lui apporte la fatale ciguë, et tout naturellement la conversation en vient à ce que Socrate espère trouver une fois franchi le seuil de l'au-delà : « Si vraiment l'âme est immortelle, elle demande qu'on ait soin d'elle non seulement pour le temps que dure ce que nous appelons la vie, mais pour le temps dans sa totalité. » Enfin, le très long dialogue de *La République* (qui porte à la fois sur la « police » de la cité et sur celle de l'âme) se termine par le mythe d'Er le Pamphylien[5], c'est-à-dire le

4. Les traductions de Platon données ici sont celles des Belles Lettres, pour le *Gorgias* celle d'Alfred Croiset et Louis Bodin (1999), pour le *Phédon* celle de Paul Vicaire (2002), et pour *La République* celle d'Émile Chambry (2003). Les passages concernés sont donnés intégralement en annexe à la fin de ce volume, p. 287 *sq*.

5. L'identité de ce personnage mythique a fait l'objet de beaucoup de discussions dès l'Antiquité ; voir la note de Georges Leroux à son édition de *La République* (Flammarion, GF, 2002), p. 724 (note 57) : « Le philosophe épicurien Colotès (*c*. 310-260) l'aurait identifié à Zoroastre, dans le but avoué

récit d'un guerrier laissé pour mort et revenu des enfers pour porter témoignage de ce qu'il y a vu : « Il était mort dans une bataille. Dix jours après, comme on ramassait les morts déjà putréfiés, on le releva, lui, en bon état, on le porta chez lui pour l'ensevelir, et, le douzième jour, ayant été mis sur le bûcher, il revint à la vie. Alors il raconta ce qu'il avait vu là-bas[6]. »

Il est certain que Platon (ou Socrate) expose là des idées personnelles qui ne sont pas exactement celles de l'orphisme, du pythagorisme ou des mystères éleusiniens, même s'il s'en inspire ; il n'aurait pas pris le risque de révéler des mystères au public, ni eu l'audace de présenter leurs théories comme siennes. Mais, dira-t-on peut-être, dans ces trois dialogues, ces méditations sont présentées sous forme de « mythes », c'est-à-dire de récits imaginaires faisant appel plus à l'esprit de finesse qu'à l'esprit de géométrie chers à Pascal[7]. Faut-il voir là un véritable

---

de discréditer Platon en faisant de lui un plagiaire des doctrines de la Perse. Proclus expose longuement la question, en citant nombre d'auteurs anciens fascinés par cette question. » Proclus (ve siècle de notre ère) est l'auteur d'un commentaire de *La République* (*In Platonis Rempublicam commentarii*, vol. 1-2 ; éd. W. Kroll, Leipzig, Teubner, 1899-1901).

6. Le mythe d'Er le Pamphylien a suscité une abondante littérature ; voir entre autres J.-P. Vernant, « Le fleuve Amélès et la *mélétè thanatou* », dans *Mythe et pensée chez les Grecs*, I, 1965, Maspero, p. 79-94 ; J. Annas, « Plato's Myths of Judgement », *Phronesis* 27, 1982 : J. R. Russell, « The Platonic Myth of Er », *Revue des études arméniennes*, XVIII, 1984, p. 477-485 ; H. S. Thayer, « The Myth of Er » *History of Philosophy Quarterly* 5, 1988, p. 369-384 ; G. Schils, « Plato's Myth of Er : The Light and the Spindle », *Antiquité classique* 62, 1993, p. 101-1144 ; D. Bouvier, « Ulysse et le personnage du lecteur dans *La République* : réflexions sur l'importance du mythe d'Er pour la théorie de la mimèsis » dans *La Philosophie de Platon*, éd. M. Fattal (Paris), 2001 ; G. Ferrari, « Le mythe d'Er », dans le vol. 2 des *Études sur* La République *de Platon*, éd. M. Dixsaut, Vrin, 2005, et « Glaucon's Reward, Philosophy's Debt: The Myth of Er », in *Plato's Myths*, éd. C. Partenie (Cambridge), 2008 ; et un article de Stephen Halliwell, « The life-and-day Journey of the Soul: Myth of Er » (2007), consultable sur Internet.

7. Selon Pascal, on peut arriver à la connaissance soit par la logique (relevant de l'esprit de géométrie), soit par l'intuition et la sensibilité (relevant de l'esprit de finesse).

système philosophique, ou une rêverie presque hallucinée sur des hypothèses invérifiables ?

Platon n'a jamais prétendu que ses mythes présentaient des faits scientifiques, au contraire, mais il n'en insiste pas moins sur le caractère fondamentalement *vrai* des notions exposées. Dans le *Gorgias* (523a), Socrate commence son exposé ainsi : « Écoute donc, comme on dit, une belle histoire, que tu prendras peut-être pour un conte, mais que je tiens pour une histoire vraie ; et c'est comme véritables que je te donne les choses dont je vais te parler » ; dans *La République*, il introduit ainsi le mythe d'Er le Pamphylien : « Ce n'est point, dis-je, un récit d'Alkinoos que je vais te faire [c'est-à-dire un récit fabuleux], mais le récit d'un brave, Er, fils d'Arménios, originaire de Pamphylie » (614b). Enfin, le mythe du *Phédon* se termine ainsi (114d) : « Il ne convient pas, sans doute, à un homme sensé de soutenir que ces choses sont précisément comme je l'ai dit. Mais qu'il en soit ainsi, ou à peu près ainsi, de nos âmes et de leurs demeures, puisqu'il est évident que l'âme est immortelle, c'est un risque, à mon avis, qu'il convient d'affronter, et qui vaut la peine, quand on croit à l'immortalité. »

L'idée première, pour comprendre les enfers de Platon, est que l'âme du mort est traduite devant un tribunal. La décision de ce tribunal entraîne l'âme dans un circuit compliqué, soit vers le haut, soit vers le bas, dont découle une vision géographique du monde infernal qui s'inscrit elle-même dans une image plus générale de l'univers. Ce circuit lui-même implique une conception vertigineuse du temps, qui peut amener l'âme soit jusqu'à la réincarnation, soit jusqu'à une béatitude finale dans le monde des dieux.

CHAPITRE I

L'âme devant le tribunal des morts

Les textes antérieurs à Platon mettaient l'accent sur l'itinéraire plus ou moins compliqué de l'âme vers les enfers (que ce soit celui d'Ulysse dans l'*Odyssée*, ou celui des orphistes avec leurs lamelles d'or) ; mais ils étaient évasifs, on l'a dit, sur un éventuel jugement. Au chant XI de l'*Odyssée*, dans un passage interpolé tardivement, Ulysse descendu aux enfers assistait déjà à un jugement des morts, mais effectué par le seul Minos (« Alors je vis Minos, le noble fils de Zeus : avec un sceptre d'or, il jugeait les défunts, assis. Les autres autour du roi attendaient le jugement assis ou debout, dans la demeure d'Hadès aux larges portes », v. 568-571). Selon les lamelles d'or orphiques, le mort était peut-être amené devant Perséphone qui l'introduisait dans le séjour des bienheureux, mais sans qu'il ait véritablement subi de jugement (tout juste un interrogatoire des « gardiens », auquel il fallait répondre correctement). Ce que nous savons des mystères d'Éleusis ne permet pas non plus de conclure à l'existence d'un tribunal, mais on peut penser que le mort comparaissait devant Perséphone et peut-être son époux Hadès. Aucune doctrine ne mettait encore nettement l'accent sur l'existence d'un véritable jugement des morts, même si l'hypothèse avait déjà pénétré lentement la mentalité populaire. Platon semble bien avoir été le premier à faire comparaître l'âme devant un tribunal, et un tribunal constitué de plusieurs juges.

L'arrivée de l'âme devant le tribunal divin

Selon Platon (qui se réfère à de vagues « on-dit », sans doute orphiques), l'âme, après la mort, arrive directement devant un tribunal divin, guidée par un *daimôn*, un « démon », qui n'a rien à voir avec ce que la religion chrétienne appelle de ce nom, mais qui serait plutôt une sorte d'ange gardien affecté à chaque individu. Ce guide divin est présenté clairement dans le *Phédon* :

> « Voici, dit-on, ce qui arrive à chaque homme après sa mort : le Génie (*daimôn*) auquel chacun, de son vivant, a été confié par le sort se charge de le mener en un lieu où les morts se rassemblent pour y être jugés ; après quoi, ils prennent le chemin de l'Hadès avec ce guide qui a pour mission de les conduire d'ici jusque là-bas. [...] Le chemin n'est pas tel que le dit Télèphe dans Eschyle : il déclare en effet que la route qui conduit dans l'Hadès est simple. Pour moi, elle n'est manifestement ni simple ni unique, car dans ce cas on n'aurait pas besoin de guide : personne, sans doute, ne pourrait s'égarer, s'il n'y avait qu'une voie. En fait, elle semble présenter des bifurcations et des carrefours en grand nombre. Je le dis en me fondant sur nos usages religieux. L'âme prudente et sage accepte docilement ce qui lui advient, et n'en ignore point le sens. Au contraire, celle qui tient au corps par ses passions, comme je l'ai dit précédemment, celle qui a longtemps eu un attachement violent pour lui et pour le monde visible, cette âme-là, après beaucoup de résistances et beaucoup de souffrances, s'en va, sous la contrainte et avec peine, conduite par le Génie qui lui a été assigné » (*Phédon*, c. 107e-108b).

Platon semble vouloir se démarquer des croyances de ses contemporains ; chez lui, pas d'effrayantes Kères qui emportent l'âme du mort, pas de barque de

Charon. Toutefois, ce « démon » anonyme qui amène l'âme devant le tribunal semble bien un héritier de l'Hermès psychopompe (« conducteur des âmes »), qui amenait chez Homère les âmes des prétendants jusqu'à l'Hadès ; et quand Socrate conjecture que l'itinéraire vers les enfers comporte « des bifurcations et des carrefours en grand nombre », il fait sans doute allusion au voyage compliqué d'Ulysse vers les enfers, ou à celui des orphistes, avec des marais à éviter et des interrogatoires à subir ; de même, la mention de « nos usages religieux » est peut-être une référence aux cérémonies orphiques et éleusiniennes – non exempte d'ironie. L'itinéraire de l'âme chez Socrate est en fait assez simple, même s'il feint de croire le contraire, puisqu'il suffit de suivre le « démon » qui amène l'âme devant ses juges ; mais ce n'est pas un démon nécessairement bienveillant : traînant énergiquement les récalcitrants derrière lui, il ressemble un peu à l'ange furieux de Baudelaire dans son poème *Le Rebelle*[8]. Toutefois, à la différence de ses prédécesseurs, Socrate précise que les morts ne vont pas directement dans l'Hadès : ils n'y entreront qu'après leur jugement, toujours conduits par leur *daimôn*.

Les juges, en effet, ne siègent pas exactement dans l'Hadès, mais dans un lieu intermédiaire, qui est à la fois une sorte de vestibule de l'Hadès et un carrefour ouvert. Dans le *Gorgias*, ce lieu se situe à la convergence de trois chemins : « Ils [les trois juges] rendront leurs sentences dans la prairie, au carrefour d'où partent les deux routes qui mènent l'une aux îles Fortunées, l'autre au Tartare » (le troisième chemin étant celui par lequel les morts sont arrivés). Dans *La République*, le lieu du jugement est plus complexe : c'est aussi une sorte de carrefour, non pas de

8. « Un Ange furieux fond du ciel comme un aigle,
Du mécréant saisit à plein poing les cheveux,
Et dit, le secouant : "Tu connaîtras la règle !" » (Baudelaire, *Les Fleurs du Mal.*)

trois chemins, mais de cinq, où Er le Pamphylien arrive, semble-t-il, sans l'aide d'un *daimôn* :

« Aussitôt, dit-il, que son âme était sortie de son corps, il s'était mis en route avec beaucoup d'autres, et ils étaient arrivés dans un endroit merveilleux, où il y avait dans la terre deux ouvertures attenant l'une à l'autre, et dans le ciel, en haut, deux autres qui leur faisaient face. Entre ces doubles ouvertures siégeaient des juges [...]. Comme il s'approchait à son tour, les juges lui dirent qu'il aurait à porter aux hommes les nouvelles de ce monde souterrain et ils lui ordonnèrent d'écouter et d'observer tout ce qui se passait en cet endroit » (*La République,* 614b-d).

Ce qui semble nouveau, c'est que les âmes ne comparaissent pas devant ce tribunal de façon séparée, mais regroupées toutes ensemble – comme si le tribunal ne siégeait pas de façon permanente, mais assurait des séances de jugement collectif.

Le tribunal des morts

Ce tribunal est donc clairement, et pour la première fois, composé de plusieurs juges. Il est évoqué brièvement dans le *Phédon* et dans *La République* et de façon très détaillée dans le *Gorgias*. Dans ce dialogue, Socrate insère d'abord son récit dans la tradition populaire qui, depuis Homère, partage le monde entre trois dieux (Zeus, Poséidon et Hadès) et le temps divin en une succession de trois divinités successives : deux dieux anciens (Ouranos, non cité ici, et Cronos), dont le règne appartient au passé, et un dieu actuel, Zeus, le fils de Cronos :

> « Ainsi que le rapporte Homère, Zeus, Poséidon et Pluton, ayant reçu l'empire de leur père, le partagèrent entre eux. Or, c'était du temps de Cronos, et c'est encore aujourd'hui parmi les dieux une loi, à l'égard des hommes, que celui qui meurt après une vie tout entière juste et sainte aille après sa mort dans les îles des Bienheureux, où il

séjourne à l'abri de tous maux, dans une félicité parfaite, tandis que l'âme injuste et impie s'en va au lieu de l'expiation et de la peine, qu'on appelle le Tartare » (*Gorgias*, 523a-b).

Ce n'est pas tout à fait exact : chez Homère, le partage ne se faisait pas sur des critères moraux, et ceux qui gagnaient les îles des Bienheureux n'avaient pas vraiment mené une vie juste et sainte ; ils avaient seulement la chance d'avoir des liens avec les dieux immortels, ou de s'être illustrés d'une façon quelconque. Mais Platon, qui cherche à réhabiliter les dieux, veut croire que le partage « moral » remonte au temps de Cronos. Toutefois, selon Socrate, des innovations se produisirent sous le règne de Zeus qui, à la fois, instaura le célèbre trio de juges, Minos, Éaque et Rhadamanthe, et décida que, pour éviter toute erreur d'orientation des âmes, les morts seraient jugés dans leur nudité, sans pouvoir influencer les juges par un étalage de richesse. Là encore, Socrate reprend la tradition avant de la modifier : chez Homère, l'âme du mort gardait bien l'apparence qu'avait le vivant, avec sa beauté, ses armes, ses riches vêtements ; mais Homère n'a jamais dit qu'autrefois le jugement des morts se faisait… de leur vivant. C'est pourtant ce que suggère Socrate, en attribuant à Zeus une modification importante :

« Du temps de Cronos, et au commencement du règne de Zeus, c'étaient des vivants qui jugeaient ainsi d'autres vivants, et ils rendaient leur sentence au jour où ceux-ci devaient mourir. Or les jugements étaient mal rendus. De sorte que et Pluton et les surveillants des îles Fortunées rapportaient à Zeus que des deux côtés ils voyaient se presser des hommes qui ne devaient pas y être : "Je vais faire cesser ce mal, dit Zeus. Si les jugements jusqu'ici sont mal rendus, c'est qu'on juge les hommes encore vêtus, car on les juge de leur vivant. Or beaucoup d'hommes, ayant des âmes mauvaises, sont revêtus de beaux corps, de noblesse et de richesse, et le jour du jugement il leur vient en foule des témoins attestant qu'ils ont vécu selon la justice. Les juges alors sont frappés de stupeur devant cet appareil ; en outre, comme ils siègent eux-mêmes dans un appareil analogue, ayant devant l'âme des yeux, des oreilles, tout un corps qui les enveloppe, tout cela leur fait obstacle, à la

fois chez eux-mêmes et chez ceux qu'ils ont à juger. [...] Il faut qu'on les juge dépouillés de tout cet appareil, et, pour cela, qu'on les juge après leur mort. Le juge aussi sera nu et mort, son âme voyant directement l'âme de chacun aussitôt après la mort, sans assistance de parents, sans toute cette pompe qui aura été laissée sur la terre ; autrement, point de justice exacte. J'avais reconnu ces choses avant vous, et j'ai constitué comme juges mes propres fils, deux de l'Asie, Minos et Rhadamanthe, un d'Europe, Éaque. Lorsqu'ils seront morts, ils rendront leurs sentences dans la prairie au carrefour d'où partent les deux routes qui mènent l'une aux îles Fortunées, l'autre dans le Tartare. Rhadamanthe sera spécialement chargé de juger ceux d'Asie, Éaque ceux d'Europe : à Minos, je donne mission de prononcer en dernier ressort au cas où les deux autres douteraient, afin d'assurer une parfaite justice à la décision qui envoie les hommes d'un côté ou de l'autre."
Voilà, Calliclès, ce qu'on m'a raconté, ce que je tiens pour vrai » (*Gorgias*, 523b-524a).

Et un peu plus loin encore :

« Éaque juge, ainsi que Rhadamanthe, en tenant une baguette à la main. Quant à Minos, qui surveille ces jugements, il siège seul avec un sceptre d'or en main, comme nous l'apprend l'Ulysse d'Homère, qui dit l'avoir vu "un sceptre d'or à la main, rendant la justice aux morts" » (526c-d).

Voilà donc installés les trois juges des enfers connus des légendes ultérieures : Minos, Éaque et Rhadamanthe. Minos et Rhadamanthe sont des fils d'Europe, la gracieuse princesse phénicienne jadis enlevée par Zeus, et sont nés en « Asie », c'est-à-dire de l'autre côté de la Méditerranée (en fait, ils sont nés en Crète, ce qui n'était pas tout à fait l'Asie pour les Grecs) ; Éaque, lui, est un « Européen », né de la nymphe Égine et de Zeus. On remarquera au passage que pour Socrate, comme pour ses contemporains, le monde a beau comporter officiellement trois continents (l'Europe, l'Asie et la Libye, c'est-à-dire l'Afrique), il se résume à deux dans l'esprit populaire : pour dire « dans le monde entier », on dit « en Europe et en Asie ». Les morts du monde entier arrivant aux enfers viennent donc soit d'Asie (et ils seront jugés par Rhadamanthe), soit d'Europe (et ils seront jugés par Éaque), Minos assurant à lui seul le rôle d'une cour d'appel.

On peut penser par ailleurs que l'exposé de Socrate n'est pas exempt d'arrière-pensées politiques : cette nudité qu'il réclame pour les morts, il aimerait sans doute la voir recherchée aussi par la justice des vivants, trop sensible à la qualité sociale des coupables qu'elle juge. Mais restons-en aux enfers ; un peu plus loin (toujours dans le *Gorgias*), Socrate précise sa pensée concernant l'intérêt de voir l'âme dans sa nudité :

> « La mort, à ce qu'il me semble, n'est que la séparation de deux choses distinctes, l'âme et le corps ; et, après qu'elles sont séparées, chacune d'elles reste assez sensiblement dans l'état où elle était pendant la vie. Le corps d'une part garde sa nature propre, avec les marques visibles des traitements et des accidents qu'il a subis : si, par exemple, l'homme, de son vivant, avait un corps de grande taille, soit par nature, soit pour avoir été bien nourri ou par ces deux causes à la fois, son cadavre reste de grande taille ; s'il était gros, il reste gros après la mort, et ainsi de suite. [...] Je crois, Calliclès, qu'il en est de même à l'égard de l'âme, et qu'on y aperçoit, lorsqu'elle est dépouillée de son corps, tous ses traits naturels et toutes les modifications qu'elle a subies, par suite des manières de vivre auxquelles l'homme l'a pliée en chaque circonstance.
> Lorsque les morts arrivent devant le juge et que ceux d'Asie comparaissent devant Rhadamanthe, celui-ci les arrête et considère chaque âme, sans savoir à qui elle appartient ; souvent, mettant la main sur le Grand Roi ou sur quelque autre prince ou dynaste, il constate qu'il n'y a pas une seule partie saine dans son âme, qu'elle est toute lacérée et ulcérée par les parjures et les injustices dont sa conduite a chaque fois laissé l'empreinte, que tout y est déformé par le mensonge et la vanité et que rien n'y est droit parce qu'elle a vécu hors de la vérité, que la licence enfin, la mollesse, l'orgueil, l'intempérance de sa conduite l'ont remplie de désordre et de laideur » (524b-525a).

Cette âme qui se détache laborieusement du corps dont elle était si étroitement solidaire, Platon la décrit aussi de façon saisissante dans un autre mythe où il la compare à une statue restée dans la mer et couverte de sédiments, comme la statue du dieu marin Glaucos :

« L'âme est donc immortelle : l'argument que je viens de donner, sans parler des autres, nous force à le reconnaître. Mais pour savoir ce qu'elle est en son fond véritable, il faut la considérer, non pas comme nous le faisons à présent, dans l'état de dégradation où l'a mise son union avec le corps et d'autres misères. [...] Nous l'avons vue dans un état qui ressemble à celui de Glaucos le marin. En le voyant, on serait bien embarrassé de reconnaître sa nature primitive ; car des anciennes parties de son corps les unes sont cassées, les autres usées et totalement défigurées par les flots, tandis que des nouvelles s'y sont ajoutées, formées de coquillages, d'algues et de cailloux, en sorte qu'il ressemble plutôt à n'importe quelle bête qu'à ce qu'il était naturellement : c'est ainsi que l'âme se montre à nous défigurée par mille maux. Mais il faut regarder [...] ce qu'elle deviendrait si elle sortait de la mer où elle est à présent, secouant les cailloux et les coquillages qu'amasse autour d'elle la vase dont elle se nourrit, croûte épaisse et grossière de terre et de pierre qui vient de ces bienheureux festins, comme on les appelle. C'est alors qu'on verra sa véritable nature » (*La République*, 611b-612a).

Reste cependant que l'âme qui surgit ainsi de la mer, débarrassée de sa carapace de concrétions et de coquillages, et qui apparaît « dans sa vraie nature », peut encore être elle-même couverte de ses propres cicatrices, dues à une vie impure.

La décision des juges

On a vu que les juges sont situés dans une sorte de carrefour ; à partir de là, ils vont orienter les âmes dans deux directions différentes, selon qu'elles ont bien ou mal vécu. Dans le *Gorgias*, comme on l'a vu, le tribunal juge « au carrefour d'où partent les deux routes qui mènent l'une aux îles Fortunées, l'autre au Tartare ». Dans ce dialogue de jeunesse, Platon n'a pas encore complexifié sa vision des enfers ; il envoie les méchants vers le Tartare, et les bons vers les « îles Fortunées » :

« Quand Rhadamanthe reçoit un de ceux-ci, il ne connaît ni son nom ni sa famille ; il ne sait rien de lui, sinon que c'est un méchant : aussitôt qu'il s'en est assuré, il l'envoie au Tartare, avec un signe particulier, indiquant s'il le juge guérissable ou non ; là, le coupable subit la peine qui convient. Quelquefois, voyant une autre âme qu'il reconnaît comme ayant vécu saintement dans le commerce de la vérité, âme d'un simple citoyen ou de tout autre, mais plus souvent, Calliclès, si je ne me trompe, âme d'un philosophe, qui ne s'est occupé que de son office propre et ne s'est pas dispersé dans une agitation stérile durant sa vie : il en admire la beauté et l'envoie aux îles des Bienheureux. Tel est aussi le rôle d'Éaque, qui juge, ainsi que Rhadamanthe, en tenant une baguette à la main » (*Gorgias*, 526b-c).

Le partage des âmes est ici assez simple ; on remarque tout juste que l'âme des méchants n'est pas nécessairement condamnée au Tartare pour l'éternité, puisque Rhadamanthe peut la juger « guérissable », ce qui laisse penser que l'âme pourra revenir devant le tribunal lorsqu'elle aura expié ses crimes sous terre ; en tout cas, le *Gorgias* ne parle pas d'un monde céleste.

Le *Phédon* dit à peu près la même chose, mais de façon plus vague, sans évoquer nettement ni les juges ni le séjour des morts :

« Une fois arrivée dans le lieu où se trouvent déjà les autres, l'âme qui ne s'est pas purifiée et qui est coupable par exemple d'avoir participé à d'injustes homicides ou commis d'autres crimes du même ordre, crimes qui sont frères de ces crimes en même temps qu'ils sont l'œuvre d'âmes sœurs, cette âme-là tout le monde s'en écarte et l'évite, et nul n'accepte de lui servir de compagnon de route ou de guide ; elle erre solitaire et manque absolument de tout, jusqu'à ce que certains délais se soient écoulés ; quand ce terme est atteint, la nécessité la conduit au séjour qui lui sied. Au contraire, l'âme qui a toujours vécu dans la pureté et la mesure a les dieux comme compagnons de route et comme guides, et fixe ensuite son séjour dans la région qui lui convient » (*Phédon,* 108b-c).

Les choses se compliquent avec le dialogue plus tardif de *La République*. Les juges, comme on l'a vu, disposent bien, là encore, de deux acheminements possibles pour les âmes. Mais les données sont plus complexes : les voies destinées aux bons et aux méchants sont devenues doubles, et à sens unique ; c'est maintenant un circuit en U : les âmes partent par une voie et reviennent par l'autre.

« Aussitôt, dit-il, que son âme était sortie de son corps, il s'était mis en route avec beaucoup d'autres, et ils étaient arrivés dans un endroit merveilleux, où il y avait dans la terre deux ouvertures attenant l'une à l'autre, et dans le ciel, en haut, deux autres qui leur faisaient face. Entre ces doubles ouvertures siégeaient des juges ; dès qu'ils avaient prononcé leur sentence, ils ordonnaient aux justes de prendre à droite la route qui montait dans le ciel, après leur avoir attaché par-devant un écriteau relatant leur jugement, et aux méchants de prendre à gauche la route descendante, portant eux aussi, mais par-derrière, un écriteau où étaient marquées toutes leurs actions.

[...] Or il vit là les âmes qui s'en allaient par l'une et l'autre ouverture du ciel et de la terre, après avoir subi leur jugement, pendant que les deux autres ouvertures livraient passage, l'une à des âmes exténuées et poussiéreuses qui montaient du sein de la terre, l'autre à des âmes qui descendaient du ciel toutes pures » (*La République*, 614b-d).

Comme on le voit, les âmes des méchants ne sont pas seules à revenir devant leurs juges : les âmes des bons peuvent aussi avoir à comparaître de nouveau. Et surtout, ce qui constitue une innovation tout à fait remarquable, les âmes des justes empruntent une route *qui monte dans le ciel* : c'est la première fois que le domaine réservé aux âmes pures se situe explicitement dans le ciel.

Mais de quel ciel s'agit-il ? La réponse à cette question entraîne pour Socrate la nécessité d'exposer à ses auditeurs ce qu'il entend par là ; et par ailleurs l'idée que les âmes peuvent se présenter à nouveau devant leurs juges l'oblige à s'interroger sur ce qu'elles deviennent pendant le temps intermédiaire, que ce soit dans le ciel ou dans le Tartare. On va donc trouver pour la première fois une description extrêmement détaillée de la géographie des enfers, qui elle-même va s'insérer dans une vision du monde des vivants radicalement nouvelle.

CHAPITRE II

La géographie des enfers platoniciens

L'espace complexe des enfers platoniciens, dans *La République*, n'est pas toujours très cohérent, du moins aux yeux du lecteur qui cherche à s'y repérer. Platon accorde une place beaucoup plus importante au monde souterrain qu'au monde céleste, et cet univers souterrain lui-même s'organise en fonction des fleuves qui le traversent. Sans doute Platon a-t-il été influencé par la connaissance de la géographie terrestre mieux explorée à son époque, une géographie qui offre des exemples surprenants de disparition et de résurgence de certains cours d'eau, et de lacs souterrains. Plus étonnant encore, cette géographie du monde infernal s'inscrit dans une révision générale de la conception de l'univers.

Une nouvelle conception de l'univers

Cette conception repose entièrement sur l'idée de la perfection du cercle. Mais il faut toutefois bien distinguer entre deux représentations de l'univers présentes dans l'œuvre de Platon, l'une qui se veut scientifique, l'autre de l'ordre du mythe.

L'univers « scientifique »

Conformément aux connaissances scientifiques de son temps, la Terre assurément n'est plus pour Platon un disque plat, comme on le pensait sans doute au temps d'Homère, mais une sphère, qui se tient immobile dans l'univers, comme il le dit dans le *Phédon* :

> « Si la Terre est au milieu du ciel et de forme sphérique, elle n'a besoin, pour ne pas tomber, ni de l'air ni d'une autre pression de cet ordre. Ce qui est capable de la maintenir en place, c'est la similitude entre elles de toutes les parties du ciel et l'état d'équilibre de la Terre elle-même. Car un objet en équilibre au cœur d'un milieu homogène ne pourra subir une inclinaison petite ou grande, dans aucune direction : étant lui aussi identique à soi-même, il ne subira pas d'inclinaison et restera à sa place » (*Phédon,* 108d).

Dans le *Timée*, écrit plus tard, vraisemblablement vers le milieu du siècle (entre 358 et 356), Platon s'étend plus longuement sur sa conception de l'univers, et précise la forme de la sphère céleste qui englobe la Terre. Il répète à plusieurs reprises que le démiurge, en créant l'univers, lui a donné la forme d'une sphère (33b, 63a) ; il a placé le globe de la Terre au centre, et autour de lui, sur sept orbites de plus en plus éloignées, sept « astres » : d'abord la Lune, puis le Soleil, puis dans l'ordre, avec leurs noms romains, Mercure, Vénus, Mars, Jupiter et Saturne. Ces astres sont sphériques et animés d'un mouvement constant.

Platon n'est sans doute pas le premier à imaginer ainsi l'univers. La forme et la place de la Terre dans l'univers, comme jadis le nombre des continents, semblent avoir été l'objet d'ardentes discussions dans les cercles scientifiques, peut-être dès la fin du ve siècle si l'on en croit les paroles que Platon prête à Socrate dans le *Phédon*, où celui-ci signale qu'il a lu avec avidité les écrits du philosophe ionien

Anaxagore, espérant (en vain) trouver chez lui la réponse aux questions qu'il se posait :

« [Je pensais qu']Anaxagore allait me dire tout d'abord si la Terre est plate ou ronde, puis, après me l'avoir exposé, m'en expliquer en détail la cause et la nécessité. [...] Et s'il m'affirmait qu'elle est au centre, il m'expliquerait aussi comment il vaut mieux qu'elle soit au centre » (*Phédon*, 97d-e).

Cette vision d'un univers organisé de façon sphérique, dont le globe terrestre occupe le centre, restera ensuite la norme admise, comme on le voit aussi chez Aristote, dans son traité *Du ciel*.

L'univers mythique

Mais Socrate présente parallèlement une tout autre vision de l'univers dans ce même *Phédon*, qu'il expose à ses amis.

« La Terre elle-même toute pure [c'est-à-dire le séjour des dieux et des justes] se trouve dans la partie pure du ciel où sont les astres, celle que nomment en général « éther » ceux qui traitent habituellement les sujets de cet ordre. Les matières dont je viens de parler sont constituées par un dépôt de l'éther, et elles se déversent ensemble de façon continue dans les creux de la Terre. Nous, nous habitons ces creux sans le savoir, et nous croyons habiter en haut à la surface de la Terre, à la façon d'un homme qui, habitant à mi-distance du fond de la mer, croirait habiter à la surface de celle-ci et, voyant à travers l'eau le soleil et les autres astres, prendrait la mer pour du ciel. Sa nonchalance et sa faiblesse l'auraient toujours empêché jusqu'à présent de parvenir au plus haut niveau de la mer ; il n'aurait pas vu non plus, en élevant la tête hors de cette mer vers la région où nous sommes, à quel point elle est plus pure et plus belle que celle où il vit avec les siens, et il ne l'aurait appris d'aucun autre homme qui l'aurait vu. Nous sommes sans nul doute dans une situation analogue : nous habitons dans un creux de la Terre, et nous croyons habiter sur sa partie la plus élevée. Nous appelons "ciel" l'air, comme s'il était le ciel où se meuvent les astres. En fait, dans notre cas, le défaut est le même, la faiblesse et la nonchalance nous rendent incapables de traverser l'air jusqu'à sa partie supérieure. Car si quelqu'un atteignait cette partie, ou se donnait des ailes et prenait son vol, il en aurait alors une vue en élevant la tête comme ici-bas les poissons élèvent la tête hors de la mer et voient les choses d'ici-bas. Oui, c'est bien ainsi qu'il aurait une vue de ce qui est là-haut, et si sa nature était capable de soutenir cette contemplation, il comprendrait alors que c'est là le ciel véritable, la lumière véritable, et la terre véritablement Terre. Car cette terre-ci, ces rochers, toute cette région où nous sommes, tout cela est corrompu, et rongé, comme ce qui est dans la mer est rongé par la salure. Et dans la mer rien ne pousse qui mérite qu'on en parle ; on n'y trouve rien, pour ainsi dire, dont la forme soit parfaite, seulement des rochers creux, des sables mouvants, quantité de vase et de boue dans les zones où s'y mêle de la terre, rien qui supporte la comparaison avec les beautés de chez nous. Mais, de l'autre côté, la supériorité de ce qui est là-haut, par rapport aux choses de chez nous, serait encore plus manifeste » (*Phédon,* 109b-e).

Cette description ne remet pas explicitement en cause l'image d'un univers céleste organisé en fonction du mouvement des astres ; mais elle occulte complètement le ciel astral, pour présenter une vision de notre globe terrestre divisé lui-même en trois sphères concentriques[1]. La sphère intérieure est celle des enfers, sur laquelle Platon reviendra plus loin. La sphère intermédiaire est celle que nous habitons, et que nous croyons à tort directement placée sous les astres. Enfin, la sphère extérieure est celle du monde vrai, du monde des Idées, auquel l'âme enfin purifiée pourra un jour accéder, bref, un Paradis selon la terminologie chrétienne ; mais ce monde supérieur reste lui-même situé sous les orbites des astres.

Notre espace intermédiaire à nous, les humains, est évoqué d'abord par une comparaison, puis par une série d'épithètes dévalorisantes. Toute la métaphore est placée sous le signe aquatique. Nous habitons, dit Socrate, dans

1. En même temps, la description donne l'impression d'une sphère unique, avec des sommets élevés baignant dans l'éther (la « terre pure ») et creusée de gouffres profonds (les enfers) ; Léon Robin, dans une note au passage cité (éd. de la Pléiade, t. I, p. 1381) écrit : « Si je comprends bien, [...] la terre, sphérique dans son ensemble, comporte en réalité trois sphères : l'une porte des pointes dressées dans l'air et vers l'éther, qui sont les îles des Bienheureux ; l'autre (la terre moyenne), faite de creux ; la troisième, faite d'abîmes qui prolongent les creux. »

des creux de la Terre où l'éther a déversé « l'eau, la vapeur et l'air. » Les hommes sont comparés d'abord à des êtres vivant dans les profondeurs de la mer, qui ne peuvent avoir du monde réel qu'une vision faussée par l'épaisseur de l'eau[2], puis explicitement à des poissons, la différence étant que le poisson peut, lui, sortir la tête de l'eau et apercevoir notre monde. Notre terre elle-même est présentée comme un lieu imparfait ; il est certes supérieur à la mer où « rien ne pousse qui mérite qu'on en parle » ; mais, comparées à celles du monde céleste, les beautés de notre monde deviennent toutes relatives, analogues aux objets immergés longtemps dans la mer : « Cette terre, ces rochers, toute cette région où nous sommes, tout cela est corrompu, et rongé, comme ce qui est dans la mer est rongé par la salure[3]. »

Le monde céleste selon Socrate

Au-dessus des humains se trouve une région appelée indifféremment ciel ou « terre pure » : c'est la première fois que le monde des béatitudes est évoqué expressément comme un monde céleste, un monde qui implique une ascension de l'âme, et non un simple déplacement latéral comme c'était le cas pour les îles Fortunées ; et on a vu que dans *La République*, les âmes des justes *montent* effec-

2. Cette évocation fait bien sûr penser au mythe de la caverne, développé dans le livre VII de *La République*, où Platon explique que nous, les hommes, sommes comme des prisonniers enchaînés dans une caverne, le dos tourné à la lumière de l'entrée, qui ne voient du monde que les ombres projetées sur le mur du fond de la caverne par les personnages et les objets réels passant devant l'entrée, et qui sont persuadés que ces ombres sont la réalité des choses. Il faudrait se retourner (effort douloureux et pénible) pour voir enfin le monde dans sa vérité. Dans le mythe de la caverne, l'espace des deux mondes se déploie sur un plan horizontal, et non vertical comme dans le *Phédon*.

3. On retrouve là l'image déjà évoquée pour l'âme, que Socrate comparait à une statue du dieu marin Glaucos abîmée par son séjour au fond de la mer ; voir plus haut p. 196.

tivement après leur jugement par l'une des ouvertures verticales qui s'ouvrent dans le ciel.

Un lieu indescriptible

Comment décrire ce séjour ? Ce qui compte dans l'évocation du *Phédon*, c'est d'abord la notion de vérité, opposée au monde d'apparences où vivent les hommes : « C'est là le ciel véritable, la lumière véritable, et la terre véritablement Terre. » La région en question semble échapper à toute description, elle ne peut être évoquée que par la sensation de lumière ; cependant, Socrate va essayer d'en donner une idée plus précise à ses auditeurs en recourant au mythe, c'est-à-dire en faisant appel à leur imagination.

> « Cette Terre[4], si on la voit d'en haut [...] est faite de couleurs plus brillantes et plus pures que celles-ci. Tantôt, en effet, elle est pourpre et d'une étonnante beauté, tantôt elle ressemble à de l'or, ailleurs elle a tout l'éclat de la blancheur, elle est plus blanche que la craie ou que la neige, et toutes les couleurs qui la constituent également sont encore plus nombreuses et plus belles que toutes celles qu'il nous fut donné de voir. [...] Tout y pousse à proportion, arbres, fleurs et fruits. De même, de leur côté, ses montagnes : les pierres y sont, dans la même proportion, plus belles dans leur poli, leur transparence, leurs teintes ; les pierreries d'ici-bas, les pierres précieuses, en sont des parcelles – les sardoines, les jaspes, les émeraudes, et tout ce qui est du même genre. Mais dans cette région-là il n'est rien qui soit de ce genre, et qui ne soit encore plus beau que nos pierreries. [...] La Terre véritable, elle, se pare de toutes ces gemmes, et aussi d'or, d'argent, et d'autres corps de même sorte. Cette parure éclatante qu'elle doit à la nature est si abondante, si grandiose, si largement répandue sur toute la Terre, qu'elle offre un spectacle digne des Bienheureux » (*Phédon*, 109b-111a).

On le voit : c'est un monde qui ressemble au nôtre, sauf que tout y est porté à un degré maximal de pureté, de couleur et de luminosité. C'est aussi une terre fertile, riche en « arbres, fleurs et fruits », où les saisons, dira Socrate

4. C'est-à-dire la terre céleste, placée sous le ciel astral.

un peu plus loin, sont parfaitement tempérées. Ce monde ressemble beaucoup aux îles des Bienheureux décrites par les poètes depuis Homère, et correspond certainement à l'idée que pouvaient s'en faire les auditeurs de Socrate. Mais il s'agit là, comme le laisse entendre Socrate en parlant de mythe, d'une description qui vise seulement à faire sentir à ses amis ces notions de lumière, d'éclat, de pureté, sans prétendre à l'exactitude.

Dans *La République*, probablement un peu plus tardive que le *Phédon*, on ne trouve aucune description du monde céleste ; Er, qui n'a pas accédé lui-même à cet autre monde, a entendu les âmes qui en revenaient parler de « plaisirs délicieux et de spectacles d'une beauté infinie » ; mais même si ces visions ne sont pas détaillées, il semble que ce monde ne puisse être évoqué que par l'appel aux sensations.

Les habitants du monde céleste

Quels habitants peuplent ce monde idéal ? Là encore, rien de précis. Dans l'*Apologie de Socrate*, où l'évocation des enfers est beaucoup moins élaborée que dans les dialogues qui suivront, Socrate, s'adressant aux juges qui l'ont condamné à mort, se réjouit à l'idée de rencontrer chez Hadès tout d'abord de véritables juges, mais aussi quelques personnages célèbres, Orphée, Musée, Hésiode et Homère, ou encore Palamède et Ajax, et tous les justes victimes comme lui d'un traitement immérité. Il ajoute même qu'il aurait plaisir à soumettre des héros bien connus à son examen (ce même examen qui lui a valu des ennuis) :

> « J'aimerais surtout à examiner ceux de là-bas tout à loisir, à les interroger, comme je faisais ici, tout comme ceux d'ici, pour découvrir qui d'entre eux est savant, et qui croit l'être, tout en ne l'étant pas. Que ne donnerait-on pas, juges, pour examiner ainsi l'homme qui a conduit contre Troie cette grande armée, ou encore Ulysse, Sisyphe[5] ? »

5. *Apologie de Socrate*, 41b-c, trad. Maurice Croiset, Les Belles Lettres.

Cette évocation des habitants des enfers correspond évidemment à l'image populaire héritée d'Homère. Image probablement ironique, mais peut-être pas entièrement ; quoi qu'il en soit, il s'agit là d'une version encore non élaborée du monde céleste platonicien. Un peu plus tard, dans le fameux mythe du chant du cygne, dans le *Phédon*, les cygnes chantent au moment de leur mort, dit Socrate, parce que, oiseaux d'Apollon, ils se réjouissent à l'idée qu'ils vont retrouver leur dieu. Mais les humains eux-mêmes rencontrent-ils les dieux dans le monde céleste de Platon ? Ce n'est jamais explicitement déclaré. Le *Phédon* toutefois, dans la description évoquée plus haut, insère une brève allusion aux habitants de la terre céleste qui laisse penser que les humains peuvent « communiquer » avec les dieux ; mais on est toujours dans ce domaine incertain du mythe, qui relève plus de l'imagination que de la certitude affirmée :

> « Les créatures vivantes, sur cette Terre-là, sont nombreuses, en particulier les hommes. [...] Ils ont pour les dieux des bois sacrés, des sanctuaires, où habitent réellement des divinités ; ils ont des voix prophétiques, des signes par lesquels se manifestent les dieux, et divers moyens de cet ordre par lesquels ils entrent en contact avec eux. Enfin le Soleil, la Lune, les astres, sont vus par ces hommes tels qu'ils sont en réalité[6]. Et toutes les autres formes du bonheur viennent s'ajouter à ces privilèges. »

Dans *La République* en tout cas, qui marque en quelque sorte le point culminant de la réflexion platonicienne sur le sujet, Er, qui a vu les bienheureux revenir dans la prairie du jugement, ne les a apparemment pas entendus témoigner de rencontres autres que celles d'élus cheminant comme eux sur les routes du ciel ou dans ce monde impossible à décrire.

---

6. Cette phrase peut paraître ambiguë à juste titre : que signifie ce « tels qu'ils sont en réalité » ? Les philosophes ioniens comme Anaxagore enseignaient que le Soleil et la Lune étaient des pierres et non des dieux. Les habitants de la terre céleste les voient-ils ainsi ou leur rendent-ils leur statut de dieux ?

On a donc relativement peu de détails sur la géographie du monde céleste et sur ses habitants. En revanche, Platon est beaucoup plus disert sur le monde souterrain des enfers.

Le monde souterrain des enfers

Ici encore on est dans le domaine du mythe, et les explications de Platon, d'un dialogue à l'autre, manquent parfois de cohérence. Néanmoins sa vision des enfers, qui mêle explications géologiques vraisemblables et imaginations vertigineuses, a fortement impressionné les générations suivantes.

Les enfers dans le Phédon

C'est le *Phédon*, encore une fois, qui donne le tableau le plus détaillé de ce monde souterrain. On trouve tout autour de notre terre, dit Socrate, des « cavités » (111e). Si la Terre a bien une forme sphérique, il faut sans doute entendre par là que ces cavités sont autant d'entrées des enfers. Mais surtout, poursuit Socrate, ces cavités communiquent entre elles « par de nombreux conduits, tantôt plus étroits, tantôt plus larges, présentant des issues par où l'eau s'écoule en abondance des uns dans les autres ainsi qu'en des bassins, formant sous la Terre des fleuves intarissables, immenses, d'eau chaude ou d'eau froide. Là s'écoule aussi du feu en abondance, et se forment de vastes fleuves de feu » ; et il parvient à intégrer à ce tableau la vision homérique du Tartare : « L'un de ces gouffres de la Terre est particulièrement vaste, et traverse la Terre de part en part. Homère en parle quand il dit : "*C'est là, très loin sous terre, que s'ouvre un abîme béant.*" Lui-même, d'ailleurs, en d'autres passages, et beaucoup d'autres poètes, l'appellent le Tartare. Ce gouffre est le lieu où convergent tous ces fleuves ; c'est également celui dont ils partent, et chacun prend ensuite son caractère particulier suivant la nature du terrain qu'il traverse. »

Les fleuves des enfers

Socrate se lance alors dans la description du cours accidenté de ces fleuves : « Un flot s'écoule par les conduits qui traversent le sol : chacun parvient aux lieux vers lesquels il se fraye un passage, formant ainsi des mers, des lacs, des fleuves, des sources. Puis, de là, ce fleuve s'enfonce à nouveau sous terre et, après avoir parcouru des circuits tantôt plus longs et plus nombreux, tantôt moins nombreux et plus courts, il se jette à nouveau dans le Tartare » ; et finalement il en vient à nommer les principaux de ces fleuves, rejoignant là encore la tradition homérique avec quelques variantes :

> « Dans ce grand nombre [de courants] il y a lieu d'en distinguer quatre. Le plus grand, celui dont le cours décrit le cercle le plus vaste vers l'extérieur, s'appelle Océan. En face de lui, et coulant en sens inverse, est l'Achéron, qui traverse des lieux déserts, mais coule surtout sous la terre, et arrive au lac Achérousias [...]. Un troisième fleuve jaillit entre les deux premiers et, près de sa source, il tombe dans un grand espace brûlé d'un feu violent ; il s'y forme un lac plus étendu que notre mer, où l'eau bouillonne avec la boue ; au sortir de là, son flot troublé et boueux suit un trajet circulaire, puis, décrivant sous la Terre une spirale, il atteint des régions différentes, en particulier l'extrémité du lac Achérousias, sans mêler ses eaux aux siennes ; enfin, au bout de nombreuses spirales, il va se jeter dans une partie plus basse du Tartare ; c'est un fleuve qu'on nomme Pyriphlégéthon ; ses laves lancent en bouillonnant des éclats de matière en divers points de la surface de la Terre. Vis-à-vis de celui-ci, le quatrième fleuve se précipite d'abord dans un pays qui est dit-on effrayant et sauvage ; sa couleur est partout bleuâtre, c'est le pays qu'on nomme Stygien, et le fleuve en y pénétrant va former le lac du Styx ; puis, ses eaux ayant acquis de redoutables propriétés en tombant dans ce lac, le fleuve s'enfonce sous la Terre, décrit des spirales, coule en sens inverse du Pyriphlégéthon, et vient à sa rencontre, dans la région du lac Achérousias, du côté opposé. Son eau, du reste, elle non plus, ne se mêle à aucune autre ; mais lui aussi, décrivant un trajet circulaire, se jette dans le Tartare à l'opposé du Pyriphlégéthon : il s'appelle, à ce que disent les poètes, le Cocyte » (*Phédon*, 112e-113c).

On l'aura sans doute remarqué : Socrate, comme Homère, fixe à quatre le nombre des fleuves des enfers, mais il ne s'accorde pas avec le poète sur le nom de ces fleuves[7]. Le premier, dit-il, est l'Océan ; et c'est là qu'on peut sans doute relever une forme d'incohérence. L'Océan, pour Homère, était un fleuve circulaire enserrant le *disque* de la Terre ; ici, on voit mal comment un fleuve peut encercler le *globe* de la Terre ; faut-il penser qu'il descend en spirale autour des enfers jusqu'au Tartare[8] ? ou que Socrate, tout en affirmant la forme sphérique de la Terre, reste imprégné de l'image du disque homérique ? Chez Homère en tout cas, l'Océan était un fleuve frontière entre le monde des humains et le monde des morts ; ici, il semble bien être devenu un fleuve du monde infernal, même si l'on a du mal à imaginer son cours. Le deuxième fleuve est l'Achéron, qui se complète par un lac[9] important, on va le voir, « plus grand que notre mer » (c'est-à-dire la Méditerranée) et inconnu d'Homère, que Socrate baptise « Achérousias ». Le troisième est le Pyriphlégéthon, le « fleuve de feu », sur lequel Socrate reste assez discret. Le quatrième est en fait le Cocyte qui coule dans le pays dit « Stygien », tandis que le Styx n'est plus lui-même qu'un lac formé par ce fleuve.

---

7. Chez Homère (voir plus haut p. 52 *sq.*), ces quatre fleuves sont l'Achéron, le Pyriphlégéton, le Cocyte et le Styx.

8. Cf. 112d : « Il arrive aussi que les circuits fassent un tour complet, s'enroulent en spirale une ou plusieurs fois autour de la Terre, comme des serpents, et descendent aussi bas que possible pour retrouver leur embouchure. » Léon Robin, dans son édition des œuvres de Platon de La Pléiade, note ici (note 2, p. 1381) : « La doctrine hydrographique du *Phédon* exige qu'Océan soit à la fois un fleuve souterrain et, ce qu'il est seulement dans la géographie d'Homère, un fleuve superficiel. » Quoi qu'il en soit, il semble que, pour Platon comme pour Homère, un fleuve infernal ne puisse être alimenté que par lui-même, d'où ce retour à son point de départ.

9. Ou « marais », selon les traducteurs ; le mot grec *limnè* suggère en effet une eau stagnante. Mais l'Achérousias est si vaste qu'on parle généralement d'un lac.

Ce qui ressort de cette description, c'est que ces fleuves, groupés par deux, voient leurs flots couler circulairement en sens contraire l'un de l'autre (l'Achéron en sens contraire de l'Océan, et le Cocyte en sens contraire du Pyriphlégéthon). Tous (y compris peut-être l'Océan) suivent une spirale descendante qui les amène à se terminer dans le Tartare, où ils trouvent à la fois leur source et leur embouchure, en un mouvement perpétuel et violent. Deux lacs importants figurent sur le parcours de deux d'entre eux, l'Achérousias et le Styx ; le Cocyte et le Pyriphlégéthon viennent longer le lac Achérousias, sans y mêler leur eau (on verra plus loin l'importance de ce détail). Le monde qu'ils parcourent est violemment coloré à la fois de rouge vif et de bleu sombre ; et de toute façon, c'est un monde hostile et inquiétant : « des lieux déserts », « un grand espace brûlé d'un feu violent », « où l'eau bouillonne avec la boue », « un lieu qui est dit-on effrayant et sauvage ».

Comme on le voit, cette description s'éloigne sensiblement de celle d'Homère ou d'Hésiode. L'Érèbe, cet enfer intermédiaire entre la terre et le Tartare, a complètement disparu. Le Tartare occupe toujours le fond des enfers ; c'est bien, comme chez les poètes, l'endroit où se trouvent les sources et les racines du monde, mais ici seulement du monde souterrain, et c'est un lieu en éruption perpétuelle, pourrait-on dire, d'où partent en circuit des courants liquides ou ignés avant d'y revenir de la même manière. On a l'impression que Platon a dû voir des cours d'eau former de ces tourbillons en forme d'entonnoirs, dont la surface, entraînée dans un violent mouvement circulaire, se creuse en son centre en attirant les objets dans les profondeurs, avant que ceux-ci ne reparaissent plus loin ; à partir de là, il a imaginé un monde vertigineux parcouru de courants circulant de la même façon, mais en sens contraire et obéissant à des lois physiques qui ne sont pas celles de notre monde, tout en y ressemblant. L'univers infernal d'Homère était sombre et humide, une sorte de marécage semé parfois d'une maigre végétation, et en tout cas immobile. Platon, lui, ajoute l'omniprésence du feu à l'eau et au mouvement frénétique qui agite ses enfers.

Les enfers dans La République

Le récit d'Er, dans *La République*, est beaucoup moins explicite sur la géographie des enfers ; et même, à la limite, le peu qu'il en dit n'est guère compatible avec le mythe du *Phédon* ; il est vrai que, là encore, Er, n'étant pas descendu lui-même dans ces enfers, ne peut décrire que ce qu'il a entendu raconter. Il n'a donc pas vu de nombreuses cavités s'ouvrant dans la terre mais seulement, comme on l'a dit, deux ouvertures, face aux deux ouvertures du ciel, avec des âmes qui descendaient par l'une et remontaient par l'autre. Il a entendu l'une de ces âmes mentionner, à propos du tyran Ardiée (un criminel particulièrement odieux), l'existence d'une sorte de système d'alarme contrôlant les sorties ; voici le récit de cette âme elle-même revenue des enfers souterrains :

> « "Comme nous étions près de l'ouverture et sur le point de remonter, après avoir subi toutes les autres épreuves, soudain nous avons aperçu cet Ardiée avec d'autres, qui, pour la plupart, étaient des tyrans ; il y avait aussi un certain nombre de particuliers qui avaient été de grands scélérats. Au moment où ils pensaient remonter, l'ouverture leur refusa le passage : elle mugissait chaque fois qu'un de ces méchants incurables ou qui n'avaient pas suffisamment expié essayait de sortir. Alors, disait-il, des hommes sauvages et tout de feu, qui se tenaient près de l'entrée, entendant le mugissement, saisissaient les uns par le milieu du corps et les emmenaient ; mais pour Ardiée et d'autres, ils leur enchaînèrent les mains, les pieds et la tête, les jetèrent à terre, les écorchèrent, les tirèrent de côté le long du chemin, et, les cardant sur des genêts épineux, ils déclaraient à tous les passants pour quels crimes ils les traitaient ainsi, et qu'ils les emmenaient pour les précipiter dans le Tartare." Là, disait Er, ils avaient ressenti bien des terreurs de toute sorte, mais aucune n'égalait la peur que chacun avait d'entendre le mugissement au

moment de remonter, et ç'avait été pour chacun d'eux une vive satisfaction de pouvoir remonter sans l'entendre[10]. »

Ce récit, si peu explicite qu'il soit sur la géographie des enfers, a tout de même l'avantage de présenter enfin quelques habitants des enfers. On peut être surpris en effet que ni dans le *Phédon* ni dans *La République* ne figure aucune des divinités traditionnelles, Hadès et Perséphone, et aucun des damnés célèbres enfermés dans le Tartare ou simplement dans l'Érèbe. Pas non plus de Charon pour convoyer les morts, pas de Cerbère pour les effrayer. En revanche, on voit apparaître ici quelques personnages particulièrement redoutables, « des hommes sauvages et tout de feu », dans lesquels on n'a pas de mal à voir la préfiguration des démons qui tourmenteront les damnés de l'Enfer chrétien. Ces personnages semblent préposés au rôle de gardiens, non pas de l'entrée des enfers comme chez les orphistes, mais de la sortie. Lorsqu'ils entendent le mugissement (on est tenté de dire la sirène) signalant une tentative de sortie non autorisée, ils se livrent à des raffinements de cruauté à l'égard du contrevenant, le ligotant, l'écorchant, le traînant sur des épines. Sévissent-ils aussi à l'intérieur des enfers ? On n'en saura rien, sinon qu'il existe bien d'autres « terreurs » dans le domaine infernal, mais que celle-ci est la pire de toutes.

Le monde infernal de Platon semble donc, comparé à l'image traditionnelle qu'en avaient les Grecs, vide de ses divinités ou damnés habituels, occupé seulement par les âmes qui en suivent les chemins escarpés. Peut-être suit-on ici l'évolution de ce qui était sans doute la pensée proprement socratique jusqu'à une élaboration plus strictement platonicienne. Dans l'*Apologie de Socrate* en effet, qui fut écrite peu de temps après la mort de Socrate, on

10. *La République,* 615b-616a. On a fait remarquer, à juste titre, que les supplices infligés à ces damnés supposaient qu'ils aient un corps…

a vu que celui-ci imaginait les enfers de manière assez classique, pensant y rencontrer Minos et Rhadamanthe, et bon nombre de morts illustres ; dans le *Gorgias* (dialogue de jeunesse), Socrate fait encore arriver les coupables au Tartare, pour y subir les châtiments qu'ils ont mérités, sans préciser d'ailleurs ce que seront ces châtiments. Dans le *Phédon* et *La République*, écrits nettement plus tard, il est probable que Platon attribue à son maître une réflexion qui est plus spécifiquement la sienne ; et cette réflexion a sans doute influencé l'image que ses successeurs se sont faite des enfers.

Le monde infernal de Platon, modèle des enfers à venir ?

L'influence des enfers platoniciens sur les descriptions ultérieures est toutefois difficile à cerner exactement, et sans doute moins grande qu'on ne l'a dit parfois – sauf sur l'Enfer des chrétiens, dont on ne parlera pas ici. Le monde infernal de Platon, on l'a vu, est finalement à peine esquissé, mais sa géographie effrayante évoquée dans le *Phédon*, avec ses fleuves, ses tourbillons de feu, sa boue et ses déserts, de même que ses démons sauvages et embrasés dans *La République*, ont sans doute frappé les imaginations non seulement des contemporains de Platon, mais aussi des penseurs et des peintres qui ont suivi.

*Un dialogue pseudo-platonicien : l'*Axiochos

Il faut sans doute s'attarder un instant sur un court écrit qu'on range dans le corpus platonicien parce qu'il se présente sous la forme d'un dialogue entre Socrate et Axiochos, un vieillard troublé par l'approche de la mort, que Socrate vient réconforter. Ce dialogue, daté parfois du IIIe siècle avant J.-C., est plus habituellement situé au Ier siècle avant notre ère. On y voit Socrate exposer un curieux mélange d'idées homériques, platoniciennes, éleusiniennes et épicuriennes, sans souci des contradictions – tout en les attribuant à un mage perse Gobryas... qui les tient de son grand-père ; ajoutons que ce dernier les aurait lui-même découvertes à Délos, au temps de Xerxès, sur des tablettes apportées par les Hyperboréens ! Ce dialogue disparate présente encore la Terre comme un disque plat pris entre deux hémisphères, mais il expose aussi avec un luxe de détails qu'on ne rencontrait pas ailleurs ce que sera la vie bienheureuse des justes :

> « Ceux qui ont écouté durant leur vie les inspirations d'un bon démon vont résider au séjour des hommes pieux, là où des climats féconds font germer des fruits en abondance, où coulent des sources d'eau pure, où mille prairies émaillées de fleurs variées revêtent l'aspect du printemps, où il y a des conversations pour les philosophes, des théâtres pour les poètes, des chœurs de danse et des concerts, des banquets bien ordonnés, des festins offerts spontanément comme des contributions de chorèges, l'absence totale de peines et une vie pleine de charmes. Pas d'hiver ou d'été excessifs, mais un air pur que tempèrent les doux rayons de soleil. Les initiés y ont une place d'honneur, et, là aussi, ils accomplissent les rites sacrés[11]. »

Ce séjour, qui regroupe les plaisirs urbains et champêtres, représente assurément l'idéal de vie d'un Grec fortuné à l'époque hellénistique ! Le séjour des criminels, lui, est décrit plus brièvement, avec l'inventaire traditionnel des supplices subis par les grands coupables.

*Virgile et l'*Énéide

Quand on parle de tableau des enfers, on songe bien sûr à Virgile, au chant VI de l'*Énéide*. Mais Virgile doit sans doute plus à Homère qu'à Platon. Il fait descendre aux enfers son héros Énée, comme l'Ulysse homérique ; il dessine un paysage sans doute inspiré de Platon, mais celui-ci est peuplé, à la différence de celui du philosophe,

---

11. *Axiochos*, 371c-d, trad. J. Souilhé, Les Belles Lettres.

de personnages empruntés à la mythologie traditionnelle. L'entrée des enfers est environnée de monstres :

> « Des Centaures ont pris quartier devant la porte, des Scylla à la double nature, le centuple Briarée, la bête de Lerne sifflant affreusement, la Chimère armée de flammes, des Gorgones, des Harpyes et l'apparence d'une ombre à trois corps » (v. 286-289) [12].

Puis le héros rencontre le fleuve du Styx et son nocher Charon :

> « Un passeur effrayant monte la garde près de ces flots mouvants, Charon, sale, hérissé, terrible ; des poils blancs foisonnent incultes sur son menton, ses yeux fixes sont de flammes ; un manteau sordide est noué sur ses épaules et pend. Il pousse lui-même la barque avec une perche, sert les voiles, et dans sa gabarre noircie transporte les corps » (v. 298-303).

Sur cette rive se pressent des ombres, mais la Sibylle explique à Énée que « pendant cent ans elles errent, voletant autour de ces rivages », avant d'être admises à « ces étangs si fort désirés » ; temps de latence qui permet à Énée de rencontrer ses compagnons récemment décédés. Une fois sur l'autre rive, c'est Cerbère qu'il lui faut endormir à l'aide d'une boulette magique : « L'énorme Cerbère, de l'aboi de ses trois gueules, fait retentir au loin ces royaumes, allongé, gigantesque, dans une caverne en face » (v. 416-417).

Dans les enfers eux-mêmes, Énée découvre Minos jugeant les morts, puis le « champ des pleurs » où errent les amants trahis, suivi des « cantons de la guerre que hantent, à l'écart, les héros de la guerre » ; et enfin un lieu effrayant :

> « Soudain, à gauche, au pied d'un rocher, il voit un vaste palais gardé d'un triple mur ; à l'entour, le fleuve du Tartare, fleuve dévorant, torrent de flammes, le Phlégéthon, roulant des rocs retentissants. En face, une porte énorme, des piliers d'acier massif [...]. De là on entend des gémissements, les fouets cruels qui frappent, puis le grincement du fer et les chaînes traînées » (v. 548-558).

12. Les traductions sont celles de Jacques Perret, Les Belles Lettres.

On reconnaît là le Tartare où sont enfermés les grands criminels rencontrés par Ulysse lors de sa descente aux enfers, et qui, comme celui d'Homère, est environné de murailles et fermé d'une porte d'airain ; mais c'est simplement un quartier des enfers, et le (Pyri)phlégéthon est explicitement devenu la barrière qui l'entoure.

Dante et Fénelon

L'Enfer de Dante, au XIVe siècle[13], est encore plus célèbre peut-être que celui de Virgile, et encore plus hétéroclite ; on trouve dans ce poème un mélange de traits empruntés à Homère, à Virgile, à la société italienne contemporaine, à la religion chrétienne. On y découvre aussi quelques traces de la géographie platonicienne, puisque Dante et son guide Virgile rencontrent le fleuve Achéron, puis un fleuve de sang, un fleuve de feu (le Phlégéthon) et un fleuve de glace (le Cocyte) ; et le paysage, à la fois brûlé et désertique, rappelle bien celui décrit dans le *Phédon.* Mais il est impossible de pousser plus loin les ressemblances, car, en parcourant les neuf cercles de l'Enfer où sont répartis les criminels en fonction de leurs fautes, Dante rencontre non seulement divers monstres ou personnages mythologiques venus tout droit d'Homère, mais aussi une quantité de personnages anciens ou modernes.

Plus tard, Fénelon, dans son *Voyage de Télémaque* (1699), fait descendre aux enfers le jeune Télémaque à la recherche de son père Ulysse (livre XIV) ; celui-ci est accompagné de Mentor et découvre un univers plus proche de celui de Virgile et de Dante que de Platon. Il franchit le Styx dans la barque de Charon, traverse le Tartare où il voit

---

13. Dans sa *Divine Comédie* en trois parties, Dante se met lui-même en scène descendant aux enfers pendant les fêtes de Pâques de l'an 1300, du vendredi saint au dimanche. La première partie est consacrée à l'Enfer, la deuxième au Purgatoire et la troisième au Paradis.

les tourments subis par les coupables, puis les Champs Élysées, où il apprend que son père est encore en vie. Il arrive enfin devant Hadès (Pluton) :

> « Aux pieds du trône était la Mort, pâle et dévorante, avec sa faux tranchante, qu'elle aiguisait sans cesse. Autour d'elle volaient les noirs Soucis, les cruelles Défiances, les Vengeances, toutes dégouttantes de sang et couvertes de plaies, les Haines injustes, l'Avarice, qui se ronge elle-même, le Désespoir, qui se déchire de ses propres mains, l'Ambition forcenée, qui renverse tout, la Trahison, qui veut se repaître de sang, et qui ne peut jouir des maux qu'elle a faits, l'Envie, qui verse son venin mortel autour d'elle et qui se tourne en rage, dans l'impuissance où elle est de nuire, l'Impiété, qui se creuse elle-même un abîme sans fond, où elle se précipite sans espérance, les spectres hideux, les fantômes, qui représentent les morts pour épouvanter les vivants, les songes affreux, les insomnies, aussi cruelles que les tristes songes. Toutes ces images funestes environnaient le fier Pluton et remplissaient le palais où il habite. »

Comme on le disait plus haut, c'est sans doute la religion chrétienne qui a été le plus directement influencée par le tableau des enfers dessiné par Platon, et peut-être plus encore par l'itinéraire des âmes après la mort du corps. C'est cet itinéraire qu'il faut maintenant aborder ; mais, comme on va le voir, il fait intervenir une conception du temps aussi vertigineuse que celle de l'espace infernal.

CHAPITRE III

Le temps dans les enfers platoniciens : l'itinéraire des âmes

C'est sans doute le point sur lequel Platon se distingue le plus nettement d'Homère, mais aussi des religions à mystères qui l'ont précédé : pour lui en effet, l'affectation des âmes défuntes n'est pas définitive, comme elle pouvait l'être dans le monde homérique ou pour les détenteurs de mots de passe satisfaisants, c'est-à-dire les orphistes ou les initiés aux mystères éleusiniens. Toutes les âmes en effet, bonnes ou mauvaises, à de rares exceptions près, sont amenées à se présenter à nouveau devant leurs juges ; et là, soit elles voient leur jugement modifié, soit elles sont amenées à se réincarner, mais d'une manière assez différente de celle que proposaient les théories pythagoriciennes.

Ici encore, on pourra relever des contradictions et des incohérences dans les exposés de Platon ; comme dans l'élaboration de l'espace infernal, on voit que Platon a sans doute évolué et approfondi sa réflexion au cours des années, allant vers une complexité croissante. On pourra même trouver qu'il y a parfois une minutie tatillonne dans l'évaluation de la durée des « stages » de l'âme et des cycles qu'elle doit parcourir : le calcul pointilleux de leur longueur fait parfois oublier que l'on parle d'âmes en quête de rédemption. Mais on ne pourra sans doute, devant cette conception d'un temps échappant à notre temps terrestre, qu'éprouver le même vertige que devant l'espace des enfers platoniciens.

Le parcours des âmes : le châtiment des méchants

Dans le Gorgias

Dans tous ces dialogues, Platon consacre plus de temps à décrire le parcours de l'âme des méchants qu'à suivre celui des justes. Dans le *Gorgias*, œuvre de jeunesse, il se borne, comme on l'a dit, à envoyer les coupables dans le Tartare ; mais déjà, il précise qu'ils appartiennent à deux groupes différents : ou bien ils sont réputés incurables, et ne sortiront plus du Tartare, ou bien ils sont susceptibles d'amendement, et dans ce cas n'y sont qu'en transit, pour un séjour dont la durée n'est pas précisée : « Rhadamanthe [...] l'envoie au Tartare, avec un signe particulier indiquant s'il le juge guérissable ou non ; là, le coupable subit la peine qui convient » (*Gorgias* 526b). Quelles sont ces peines ? Elles ne sont pas non plus précisées, mais envisagées seulement du point de vue de l'utilité de la sanction. Le criminel incurable subit des tortures épouvantables qui ont surtout pour but d'édifier les demi-coupables : « Ce sont ceux-là qui servent d'exemple, [...] suspendus véritablement comme des épouvantails dans la prison de l'Hadès, où le spectacle qu'ils donnent est un avertissement pour chaque nouveau coupable qui pénètre dans ces lieux. » Pour les criminels incurables eux-mêmes, en effet, « ils ne tirent eux-mêmes aucun profit de leur souffrance puisqu'ils sont incurables, ils en font profiter les autres, ceux qui les voient soumis, en raison de leurs crimes, à des supplices terribles, sans mesure et sans fin » (525a-c). On peut supposer toutefois que la punition des coupables jugés curables ne s'arrête pas là, c'est-à-dire au spectacle d'un supplice impressionnant ; la pénitence serait relativement douce ! Sans doute doivent-ils subir eux-mêmes quelques souffrances de moindre importance ; mais Socrate ne les détaille pas, pas plus que le temps durant lequel ils devront séjourner dans le Tartare.

Dans le Phédon

Ce partage entre deux catégories de coupables selon qu'ils sont curables ou incurables se retrouve dans le *Phédon* : « Ceux qui auront semblé incurables à cause de l'énormité de leurs fautes [...], ceux-là reçoivent le lot qui leur convient, et sont jetés dans le Tartare, d'où jamais ils ne reviennent. Ceux dont les fautes auront semblé n'être pas sans remède malgré leur gravité [...], ceux-là doivent nécessairement être précipités au Tartare... », mais ils en ressortent après un certain temps (on n'avait encore jamais vu personne sortir du Tartare). Laissons de côté la relative incompatibilité entre la description du Tartare que Platon vient de faire comme d'un lieu toujours en mouvement, plein de courants violents d'eau et de feu, et l'installation en son sein d'habitants sédentaires : Platon n'est pas troublé par cette difficulté. Il est plus intéressant de voir qu'il précise en même temps ce qu'il entend par coupables « incurables » et coupables de « fautes qui ne sont pas sans remède ». Les premiers ont commis « des vols sacrilèges et graves, défié la justice et les lois par des meurtres, et accumulé les forfaits de cette espèce », donc des fautes répétées à l'égard des dieux et de nombreux meurtres. Les coupables de fautes expiables sont « ceux, par exemple, qui par colère ont usé de violence envers leur père ou leur mère, et s'en sont repentis toute leur vie, ou qui sont devenus homicides dans des circonstances du même ordre » (*Phédon*, 113e-114a), l'accent étant mis, donc, sur l'existence d'un repentir après des fautes graves, mais non préméditées et sans doute non répétées.

Plus intéressant encore, Platon donne aussi des indications précises de localisation et de durée, même au prix, là encore, d'une certaine inconséquence, dans la mesure où il semble créer une troisième catégorie de coupables. Il parle en effet d'abord de « ceux dont l'existence aura semblé moyenne ». Ils se dirigent, dit Socrate, « vers l'Achéron, montés dans des barques faites pour eux, et sur lesquelles ils arrivent au lac. Ils séjournent là, s'y purifient, se déchargent des fautes qu'ils ont pu commettre par les peines qu'ils subissent ». On voit ici la place stratégique de cet Achérousias : il sert indiscutablement de camp de transit. Mais qui sont ces habitants provisoires de ce lac ? Il semble bien qu'il s'agisse d'une nouvelle catégorie de coupables, ceux qui n'ont commis que des fautes légères, et qui n'ont pas été condamnés au Tartare. Platon se borne à dire d'eux qu'ils « se déchargent des fautes qu'ils ont pu commettre par les peines qu'ils subissent, et obtiennent pour leurs bonnes actions des récompenses en rapport avec leur mérite individuel ». La formulation est vague : on n'en saura pas plus sur la nature de cette peine ou de cette récompense, ni sur la durée du séjour de ces coupables légers dans la région du lac ; mais on pourrait dire que ce lac Achérousias reprend un peu les fonctions de l'Érèbe homérique, c'est-à-dire d'un lieu intermédiaire correspondant à ce que sera le Purgatoire pour les chrétiens.

Platon est plus explicite à propos des deux catégories de criminels envoyés, eux, dans le Tartare. Les grands coupables, on l'a vu, n'en sortiront jamais ; mais les coupables susceptibles de guérison, c'est-à-dire ceux qui ont frappé leurs parents ou commis un homicide non prémédité, subissent un traitement bien planifié :

> « Une fois qu'ils y sont tombés [dans le Tartare] et qu'ils y ont séjourné un an[1], le flot les rejette : les homicides suivent le cours du Cocyte, les meurtriers de leur père ou de leur mère celui du Pyriphlégéthon ; quand ils arrivent ainsi à la hauteur du fleuve Achérousias, ils se mettent à crier, ils appellent, les uns ceux qu'ils ont tués, les autres ceux qu'ils ont violentés ; ils les appellent, ils les supplient et leur demandent de les laisser passer sur le lac et de les accueillir. S'ils les fléchissent, ils passent, et leurs maux prennent fin. Dans le cas contraire, le fleuve les ramène au Tartare, et de là aux fleuves. Cela ne cesse pas avant qu'ils aient fléchi leurs victimes : telle est la punition que les Juges leur ont infligée » (*Phédon*, 114a-b).

Apparemment, ces coupables sont soumis à des cycles d'un an (*eniauton*), réitérables jusqu'à ce qu'ils aient obtenu l'amnistie. Ils sont donc soumis à un réexamen de leurs fautes opéré non par des juges, mais par leurs victimes, et leur retour dans le circuit des âmes ordinaires dépend du pardon de ces dernières ; innovation intéressante : Platon pense probablement à l'opportunité d'une loi de ce genre dans la juridiction humaine. On notera au passage qu'apparemment leurs victimes elles-mêmes sont restées dans ce camp de transit qu'est le lac Achérousias, sans considération de leurs propres mérites ou fautes.

L'itinéraire des justes dans le *Phédon*

Que deviennent les « bons » ? Socrate est beaucoup plus bref sur le sujet :

> « Ceux enfin dont la vie aura semblé éminemment sainte sont libérés et affranchis, comme d'une prison, de ces régions intérieures de la Terre ; ils atteignent en s'élevant le lieu qui est pur, et établissent leur demeure sur le dessus de la Terre. Et ceux d'entre eux qui, grâce à la philosophie, se sont purifiés autant qu'il faut, vivent

1. La plupart des traducteurs traduisent de la même façon le mot grec *eniauton* par « un an ». Paul Vicaire, lui, traduit seulement par « un temps indéterminé ».

désormais sans corps, et parviennent à des demeures encore plus belles, qu'on ne peut décrire facilement, sans parler du temps qui me manque à présent pour le faire » (114b-c).

Socrate, donc, invoque le peu de temps dont il dispose et la difficulté du sujet pour expliquer qu'il reste si discret sur ce sujet ; mais on a déjà vu plus haut que le sort des élus l'inspire beaucoup moins que celui des méchants ! Quoi qu'il en soit, on voit bien que, pour lui, les justes ne font pas partie du contingent envoyé vers le lac Achérousias. Ils montent dans le ciel, dans cette « terre supérieure » qu'il a décrite précédemment. Mais on découvre également, même si le texte est bref, qu'il introduit une distinction parmi les justes ; il en existe, ici aussi, deux catégories : d'un côté « ceux qui, grâce à la philosophie, se sont purifiés autant qu'il faut » et qui « vivent désormais sans corps, et parviennent à des demeures encore plus belles », et les justes moins parfaits. Si l'on comprend bien, ces derniers seront soumis au retour devant les juges et à la réincarnation, tandis que les premiers sont définitivement admis dans le séjour des Bienheureux.

Le temps de l'errance des âmes

Les cycles du temps dans La République

Sur le temps de l'après-vie, donc, le *Phédon* n'est pas très explicite. La seule indication claire est celle de ces séjours d'un an renouvelable dans le Tartare imposés aux demi-coupables. Le mythe de *La République* est beaucoup plus détaillé sur ce point – et pas toujours en accord avec le *Phédon*. On pourrait dire que, dans le *Phédon*, Platon s'est plu à imaginer l'espace infernal, et les cycles du temps dans *La République*. Là, pas de lac Achérousias : toutes les âmes se retrouvent dans la prairie même où siège le tribunal, les unes pour y subir leur premier jugement, les autres pour attendre une nouvelle affectation après être descendues du ciel ou remontées des enfers. C'est surtout cette dernière catégorie d'âmes qui intéresse Platon. Celles-là, dit-il, racontaient leurs aventures « en gémissant et en pleurant, au souvenir des maux de toute sorte qu'elles avaient soufferts ou vu souffrir dans leur voyage souterrain, voyage qui dure mille ans ». Voilà une première indication de temps ; toutefois, cette durée est décomposée dans les lignes qui suivent :

> « Quel que fût le nombre des crimes qu'elles avaient commis, et celui des personnes qu'elles avaient lésées, elles expiaient leurs méfaits l'un après l'autre, et dix fois chacun d'eux, et chaque fois la punition durait cent ans, ce qui est la durée de la vie humaine, afin que le châtiment fût décuple pour chaque crime. Par exemple ceux qui avaient causé la mort de beaucoup d'hommes, qui avaient trahi des États ou des armées et les avaient jetés dans l'esclavage, qui avaient contribué à quelque autre catastrophe, avaient à subir des douleurs au décuple pour chaque crime » (*La République*, 615a-b).

En fait, peu d'âmes doivent accomplir seulement mille ans de voyage, si l'on comprend bien. Car, cette fois, il n'est pas question pour ces âmes d'obtenir le pardon de leur victime, et le châtiment est bien codifié : chaque faute vaut au coupable mille ans de pénitence, soit dix fois cent ans, longueur estimée (de façon optimiste) comme étant celle d'une vie humaine. Il faut donc en conclure que ceux qui se sont rendus coupables de plusieurs fautes sur la même personne, ou de crimes sur plusieurs personnes, subissent des peines d'autant de fois mille ans qu'il y a eu de fautes et de victimes. Les âmes qui remontent dans la prairie du jugement ont donc séjourné dans les enfers au mieux mille ans, au pire des dizaines de fois mille ans. Ces durées sont évidemment impossibles à concevoir dans le cadre du temps humain ordinaire. Faut-il vraiment imaginer qu'Er voit paraître devant lui les âmes d'hommes ayant vécu des milliers d'années avant lui ? On comprend bien que ces chiffres ont une valeur mythique, destinée à frapper les auditeurs et à leur faire imaginer plutôt que comprendre le temps vertigineux de l'au-delà.

Le temps des dieux dans le **Phèdre**

Platon est revenu à ces spéculations sur le déroulement de ce qu'il appelle aussi le temps des dieux dans un dialogue légèrement postérieur à *La République*, intitulé *Phèdre*. Dans ce dialogue, Socrate discute de l'amour avec Phèdre, et lui explique la nécessité de bien savoir ce qu'est l'âme. Il la compare d'abord à un attelage de deux chevaux différents, et en même temps à un être ailé qui cherche à gagner le ciel des Idées :

> « Or, lorsqu'elle [l'âme] est parfaite et ailée, elle chemine dans les hauteurs et administre le monde entier ; quand, au contraire, elle a perdu ses ailes, elle est entraînée jusqu'à ce qu'elle se soit saisie de quelque chose de solide ; elle y établit sa résidence, elle prend un corps de terre et qui paraît être l'auteur de son propre mouvement à cause de la force qui appartient à l'âme : ce qu'on a appelé un vivant, c'est cet ensemble d'une âme et d'un corps solidement ajusté, et il a reçu la dénomination de *mortel* » (246c)[2].

Voilà donc l'âme obligée de s'incarner dans un corps et de mener une vie parfaite pour tenter de retrouver ses ailes après la mort de ce corps ; mais la double nature de son attelage lui rend cet exercice difficile :

> « Cette autre [âme] tantôt lève, tantôt enfonce sa tête [...]. Quant au reste des âmes, comme elles aspirent toutes à monter, elles prennent bien la suite ; mais c'est peine perdue : elles sombrent dans le remous qui les entraîne, se piétinant et se bousculant entre elles, chacune s'efforçant de se placer en avant d'une autre. C'est donc le tumulte, la lutte et les sueurs, tout cela à son comble, et, comme de juste, l'occasion pour beaucoup d'âmes, du fait de l'impéritie des cochers, d'être estropiées ; pour beaucoup d'entre elles, d'avoir beaucoup de leur plumage froissé ! Toutes, accablées de fatigue, s'éloignent sans avoir été initiées à la contemplation de la réalité » (248a-b).

---

2. Les traductions du *Phèdre* sont de Léon Robin, Les Belles Lettres.

Cependant, pour les âmes véritablement désireuses de retrouver le ciel dont elles ont été chassées, tout espoir n'est pas perdu : elles pourront y parvenir après plusieurs réincarnations.

> « Le point d'où chaque âme est venue n'est pour elle que celui du retour après dix mille ans ; ce n'est pas avant tout ce temps que l'âme en effet reçoit des ailes [...]. De fait, ces âmes-là, à la troisième révolution millénaire et dans les cas où, trois fois de suite, elles ont choisi ce genre de vie, s'étant de la sorte donné des ailes, à la trois millième année elles s'éloignent [de la terre] » (249a).

Pour en rester ici à la chronologie des voyages de l'âme, on voit que Platon continue à jongler avec ces données temporelles inimaginables – qui ne sont pas exactement les mêmes que celles données dans *La République* ; dans le *Phèdre*, l'âme, après la mort, s'engage dans un cycle de trois fois trois réincarnations d'une durée globale de mille ans chacune, qu'elle passera au ciel ou aux enfers après la mort du corps, avant de se présenter devant ses juges pour un nouveau jugement, ou pour gagner enfin le ciel.

Comme on le voit, ces calculs de la durée des cycles de l'âme sont indissociables de la notion de réincarnation ; c'est ce dernier point des théories platoniciennes qu'il faut maintenant aborder.

CHAPITRE IV

La réincarnation

L'idée d'une possible réincarnation des âmes était sans doute dans l'air du temps. L'opinion, on l'a dit, voyait en Pythagore l'initiateur de cette théorie ; il est difficile de dire si elle était acceptée par le grand public, mais elle avait sans doute séduit plus d'un penseur. On a déjà vu qu'une *Olympique* de Pindare pouvait laisser penser à un cycle de trois réincarnations[1]. Dans le *Ménon*, Socrate cite un autre fragment du même poète :

> « Ils disent donc que l'âme de l'homme est immortelle, et que tantôt elle sort de la vie, ce qu'on appelle mourir, tantôt elle y rentre de nouveau, mais qu'elle n'est jamais détruite ; et que, pour cette raison, il faut dans cette vie tenir jusqu'au bout une conduite aussi sainte que possible ;
>
> *Car ceux qui ont à Perséphone, pour leurs anciennes fautes,*
> *Payé la rançon, de ceux-là vers le soleil d'en haut, à la neuvième année,*

1. Voir plus haut p. 176 : « Tous ceux qui ont eu l'énergie, en un triple séjour dans l'un et l'autre monde, de garder leur âme absolument pure de mal… » Pindare, deuxième *Olympique*, épodes 3 et 4.

Elle renvoie de nouveau les âmes[2]. »

La citation faite par Socrate est considérée comme un fragment d'une œuvre perdue de Pindare[3]. Selon ce passage, Perséphone ferait renaître les âmes des coupables après une expiation de neuf années ; le commentaire que Socrate introduit auparavant laisse entendre que seuls ceux qui ont payé le prix de leurs fautes et cherché à vivre le plus saintement possible sont rappelés à la vie au bout de neuf ans, les autres restant définitivement dans les enfers. Le *Ménon* ne va pas plus loin sur cette piste ; mais on a vu que la métempsycose reparaît plusieurs fois dans l'œuvre de Platon, obéissant à des cycles non pas de neuf ans comme chez Pindare, mais d'une durée infiniment plus longue et plus variée.

Le moment de la réincarnation : le récit d'Er le Pamphylien

Le traité de Platon qui traite de façon approfondie de la réincarnation est *La République* (616b sq.), dans le célèbre mythe d'Er (il en est question également dans le *Phèdre*, comme on le verra). Mais le récit est un peu déconcertant, dans la mesure où il mêle des affirmations traduisant les convictions profondes de Platon, des visions encore une fois apocalyptiques, et une mise en forme qui relève parfois du conte populaire.

Un nouveau test pour les âmes

Er explique d'abord qu'une fois revenues dans la prairie où siégeaient les juges, les âmes (toutes ensemble)

---

2. *Ménon*, 81b, trad. Alfred Croiset et Louis Bodin (Les Belles Lettres) ; les italiques correspondent à la citation de Pindare.

3. Fragment 21 dans l'édition de Pindare des Belles Lettres, vol. 4, *Isthmiques et fragments*.

y campent sept jours. Mais cette fois, pas de jugement. Le huitième jour, elles se mettent en route, et, après un jour de marche, arrivent dans un lieu... bien difficile à décrire. C'est un endroit violemment éclairé, où elles voient une lumière « droite comme une colonne »[4], et, au milieu de cette colonne, « tendues de ce point du ciel, les extrémités de ses chaînes ; car cette lumière était un lien qui enchaînait le ciel » ; au bout de ces chaînes est suspendu « le fuseau de la Nécessité » terminé par un peson (comme on en voit sur les métiers à tisser) bien extraordinaire : il est évidé et rempli de sept autres pesons tous emboîtés (un peu comme nos poupées russes)[5]. Le fuseau tourne sur les genoux de la Nécessité[6] ; près d'elle sont les trois Parques, Clotho, Atropos et Lachésis. Alors, un « hiérophante » ou plutôt porte-parole (*prophètès*) des dieux range les âmes en ordre, puis, après s'être muni de « sorts » et de « modèles de vie », informe les auditeurs qu'il va d'abord lancer les sorts au hasard ; chacun devra ramasser celui qui est tombé près de lui, qui lui indiquera son numéro d'appel. Puis les âmes, dans l'ordre indiqué par leur numéro, pourront venir choisir, parmi les vies qu'on leur propose (en nombre plus important que les âmes elles-mêmes) celle qu'elles souhaitent adopter pour leur réincarnation.

> « Il y en avait de toutes sortes : toutes les vies possibles d'animaux et toutes les vies humaines ; on y trouvait des tyrannies, les unes durables jusqu'à la mort, les autres interrompues au milieu et finissant dans la pauvreté, l'exil et la mendicité ; il y avait aussi des vies

---

4. Certains commentateurs anciens ont identifié cette colonne de lumière avec la Voie lactée.

5. Pour la description détaillée de ces huit pesons, assez obscure, on pourra se reporter au texte donné ici en annexe p. 301 *sq.* Selon les commentateurs, les bords circulaires des huit pesons symbolisent d'abord le cercle des étoiles fixes, puis les orbites des sept planètes : Saturne, Jupiter, Mars, Mercure, Vénus, Soleil et Lune.

6. C'est le terme utilisé par les traducteurs pour rendre le mot grec *Anankè*, qui a en fait un sens plus précis ; il désigne la destinée inévitable, à laquelle aucun être humain ne peut échapper.

> d'hommes renommés soit pour la beauté de leur corps et de leur visage ou pour leur vigueur et leur force à la lutte, soit pour leur noblesse et les grandes qualités de leurs ancêtres. Il y avait aussi des vies d'hommes obscurs sous tous ces rapports, et des vies de femmes de la même variété. Mais il n'y avait rien de réglé pour le rang des âmes, parce que chacune devait nécessairement changer selon le choix qu'elle faisait. [...] Au moment même où l'hiérophante jetait les sorts, il avait, selon le rapport du messager des enfers, ajouté ces paroles : "Même le dernier venu, s'il choisit judicieusement et s'efforce de bien vivre, peut ramasser une condition convenable et bonne. Que le premier choisisse avec attention, et que le dernier ne perde pas courage." » (618a-c et 619b).

Comme on le voit, Platon rejoint Pythagore dans la mesure où l'âme peut se réincarner dans un animal aussi bien que dans un homme ; il s'en écarte toutefois nettement, puisque cette réincarnation est choisie par l'âme elle-même, et non imposée par les dieux ou le hasard.

La difficulté du choix

On pourrait penser que le choix est simple ; les âmes justes vont sans doute choisir une vie de sagesse, et les âmes des méchants, peut-être mal guéries de leurs turpitudes, une vie de puissance et de richesse ; et, en effet, « la plupart n'étaient guidées dans leur choix que par les habitudes de leur vie antérieure ». Mais en fait nul n'est à l'abri de la tentation, malgré les avertissements donnés par l'interprète des dieux ; Er voit ainsi un sage faire un choix malencontreux... et il n'est pas le seul :

> « Celui à qui était échu le premier sort, s'avançant aussitôt, choisit la plus grande tyrannie et, emporté par l'imprudence et par une avidité gloutonne, il la prit sans avoir examiné suffisamment toutes les conséquences de son choix. Il ne vit pas que son lot le destinait à manger ses propres enfants et à d'autres horreurs ; mais quand il l'eut examiné à loisir, il se frappa la poitrine et se lamenta d'avoir ainsi choisi [...]. Or c'était un de ceux qui venaient du ciel, et il avait vécu précédemment dans un État bien gouverné ; mais, s'il avait eu de la vertu, c'était à l'habitude, non à la philosophie, qu'il le devait, et l'on peut affirmer que, parmi les âmes qui se laissaient ainsi surprendre, celles qui venaient du ciel n'étaient pas les moins

> nombreuses ; et la raison, c'est qu'elles n'avaient pas été éprouvées par les souffrances ; au contraire, la plupart de celles qui venaient de la terre, ayant souffert elles-mêmes et vu souffrir les autres, ne faisaient pas leur choix avec précipitation. Il résultait de là, comme aussi des chances du tirage au sort, que la plupart des âmes échangeaient des maux pour des biens et vice versa » (*La République,* 619b-d).

On conclut sans peine de ce passage que le sage aurait pu éviter ce désastre s'il avait pris le temps de lire les indications qui figuraient explicitement sur la « vie » qu'il avait choisie. Les dieux bienveillants offrent donc à chacun la liberté de choisir sa réincarnation tout en le prévenant des implications de son choix. Mais en même temps se dessine une nouvelle contradiction : le sage pris comme exemple se voit victime d'une sorte de prédestination (il devra répéter la vie du tyran qu'il a choisie). Dans ce cas, les dieux semblent lui refuser la possibilité de pratiquer par choix personnel la sagesse et la philosophie. Comment résoudre cette contradiction ? Socrate ne le dit pas clairement, même s'il laisse entendre que la condition du « bien-vivre » est d'abord de résider dans une cité « bien policée », où l'on peut accéder à la vertu, sinon par la philosophie, du moins par l'environnement et « par l'habitude » ; le mieux sera donc de choisir une vie se déroulant dans une cité de ce genre, qui laissera justement à ses citoyens la possibilité de pratiquer en plus la philosophie.

Dans la suite du récit, on voit nettement Platon « s'amuser », si l'on ose dire, à imaginer les réincarnations de personnages mythologiques :

> « Il avait vu, disait-il, l'âme qui avait été celle d'Orphée choisir la vie d'un cygne, parce qu'il ne voulait pas, en haine des femmes qui l'avaient mis à mort, naître du sein d'une femme ; il avait vu l'âme de Thamyras choisir la vie d'un rossignol ; il avait vu aussi un cygne changer son existence pour celle de l'homme, et d'autres animaux chanteurs faire de même. L'âme que le sort avait appelée la vingtième à choisir prit la vie d'un lion : c'était celle d'Ajax, fils de Télamon, qui ne voulait plus de l'état d'homme, en ressouvenir du jugement des armes. Puis ce fut l'âme d'Agamemnon ; elle aussi,

ayant pris en aversion la race humaine à cause de ses malheurs passés, échangea sa condition pour celle d'un aigle. Placée par le sort au milieu des autres, l'âme d'Atalante, ayant considéré les grands honneurs rendus aux athlètes, n'eut pas la force de passer outre, et les choisit. Après elle, il avait vu l'âme d'Épéos, fils de Panopée, passer à la condition d'une femme industrieuse. Loin, dans les derniers rangs, il avait vu l'âme du bouffon Thersite revêtir la forme d'un singe. Enfin l'âme d'Ulysse, à qui le hasard avait assigné le dernier rang, s'avança pour choisir ; mais, soulagée de l'ambition par le souvenir de ses épreuves passées, elle alla cherchant longtemps la vie d'un particulier étranger aux affaires ; elle eut quelque peine à en trouver une, qui gisait dans un coin, dédaignée par les autres. En l'apercevant, elle dit qu'elle aurait fait le même choix si le sort l'eût désignée la première, et elle s'empressa de la prendre. Les animaux faisaient de même : ils passaient à la condition d'hommes ou à celle d'autres animaux, les animaux injustes dans les espèces féroces, les justes dans les espèces paisibles, et il se faisait des mélanges de toutes sortes[7]. »

Il est peu vraisemblable que, lors de son passage aux enfers, Er ait pu justement assister aux choix de tant de célébrités ! En fait, on est là dans le domaine du conte, plus encore que dans celui du mythe. Néanmoins, tout au long du récit, on voit sans mal s'en dessiner la « morale » : il ne faut pas se laisser séduire par le faux attrait d'une vie puissante et riche, ni s'engager dans une voie avant d'avoir réfléchi. Il est difficile de faire un choix de vie aussi modeste, mais aussi sensé que celui d'Ulysse : c'est pourtant cet exemple qu'il faut suivre. Peut-être trouvera-t-on difficile aussi, pour les âmes qui choisissent de se réincarner sous une forme animale, de pratiquer la philosophie au sens

7. *La République,* 620a-d. Les personnages évoqués successivement sont Orphée, qui fut massacré par les Bacchantes ; Thamyras (ou plutôt Thamyris) était un aède venu de Thrace ; Ajax, le meilleur des Grecs après Achille, se suicida parce que, après la mort de ce dernier, on avait préféré donner ses armes merveilleuses à Ulysse plutôt qu'à lui ; Agamemnon fut assassiné par sa femme Clytemnestre et Égisthe, l'amant de celle-ci ; Atalante avait choisi d'épouser celui qui parviendrait à la battre à la course ; Épéos fut le constructeur du fameux cheval de Troie ; quant à Thersite, c'est un guerrier laid et mal embouché qui interpelle grossièrement Agamemnon au chant II de l'*Iliade.*

où les humains l'entendent. Mais sans doute un animal peut-il mener lui aussi une vie qui respecte la morale et lui permettra d'échapper au Tartare lors de son prochain passage devant les juges.

La fin de la cérémonie

« Quand toutes les âmes eurent choisi leur condition, elles se dirigèrent vers Lachésis dans l'ordre où elles avaient tiré leur lot. Celle-ci donna à chacune le Génie qu'elle avait préféré, afin qu'il lui servît de gardien dans la vie et lui fît remplir la destinée qu'elle avait choisie. Tout d'abord le Génie la menait vers Clotho et la mettant sous la main de cette Parque et sous le fuseau qu'elle faisait tourner, il ratifiait ainsi la destinée que l'âme avait choisie après le tirage au sort. Après avoir touché le fuseau, il la menait ensuite à la trame d'Atropos, pour rendre irrévocable ce qui avait été filé par Clotho, puis, sans qu'elle pût retourner en arrière, l'âme venait au pied du trône de la Nécessité ; enfin, elle passait de l'autre côté de ce trône. Lorsque toutes y eurent passé, elles se rendirent ensemble dans la plaine du Léthé par une chaleur étouffante et terrible ; car il n'y avait dans la plaine ni arbre ni plante. Le soir venu, elles campèrent au bord du fleuve Amélès, dont aucun vase ne peut garder l'eau ; chaque âme est obligée de boire de cette eau une certaine quantité ; celles qui ne sont pas retenues par la prudence en boivent outre mesure. Dès qu'on en a bu, on oublie tout. On s'endormit ensuite ; mais, au milieu de la nuit, il survint un éclat de tonnerre, avec un tremblement de terre, et soudain les âmes s'élancèrent de leur place l'une d'un côté, l'autre de l'autre vers le monde supérieur où elles devaient renaître, et filèrent comme des étoiles » (*La République,* 620d-621b).

Plus que le cérémonial qui accompagne la fin de la cérémonie (passage devant les trois Parques et sous le trône de la Nécessité), c'est le parcours final des âmes qui est intéressant ici. On voit d'abord que chacune va être accompagnée d'un *daimôn* personnel correspondant à la vie qu'elle a choisie ; mais surtout retiennent l'attention les lieux par où passe l'âme avant le coup de tonnerre final. Elles campent d'abord dans la plaine du Léthé. L'histoire du Léthé n'est pas très claire ; est-ce un lieu ou un fleuve ? Le mot grec, qui signifie « l'oubli », désigne un fleuve selon la tradition. Chez Hésiode, c'est en fait une divinité secondaire née de la Discorde (*Théogonie*, v. 226) ; Homère n'en parle pas. Le mot semble apparaître pour la première fois en 405 dans *Les Grenouilles* d'Aristophane, qui y voit aussi une plaine[8], comme Socrate ici ; toutefois, à la fin du mythe, Socrate en parlera bien comme d'un fleuve : « Alors nous franchirons heureusement le fleuve Léthé. » Mais ici, c'est au fleuve Amélès qu'est dévolu le rôle d'effacer les souvenirs de l'âme. La plaine du Léthé est seulement caractérisée par sa chaleur insupportable, sans qu'on sache très bien quelle est la fonction de cette chaleur.

Ce fleuve Amélès mérite qu'on s'y arrête[9]. C'est la seule fois qu'est mentionné un tel fleuve dans la littérature grecque qui nous est parvenue, et on peut penser que Platon a imaginé son existence et son nom. Le mot signifie exactement : « qui est exempt de souci, d'inquiétude »[10], ce qui laisse déjà entendre la fonction de ce fleuve. Il est impossible de faire provision de son eau, puisque aucun récipient ne peut la conserver ; seules la boivent les âmes en transit, avant la réincarnation. Elles sont obligées d'en boire, sans doute pour oublier le détail de tout ce qu'elles ont vu et subi dans leurs vies antérieures et dans le cycle de leurs réincarnations (Er est dispensé d'en boire, puisque son rôle est justement de témoigner de ce qu'il a vu). Mais, comme pour le choix de leur vie future, il leur faut faire preuve de modération et ne pas boire trop de cette eau. On peut sans doute en tirer deux conclusions. D'abord, que les âmes imprudentes qui

---

8. Dans *Les Grenouilles*, v. 186, Charon demande aux candidats à l'embarquement : « Qui [veut aller] vers la plaine du Léthé ? »

9. Jean-Pierre Vernant, dans *Mythe et pensée chez les Grecs*, a consacré à ce fleuve tout un article intitulé « Le fleuve *Amélès* et la *mélétè thanatou* » ; il y étudie le lien sémantique et philosophique entre les deux termes où l'on retrouve le même radical : *a-melès* et *mele-tè* ; la *meletè thanatou* (la « préparation à la mort », le « souci de la mort ») est un thème fréquent chez Platon.

10. Dans la littérature grecque, l'adjectif *amelès* a un sens nettement péjoratif et signifie « négligent, insouciant ».

n'ont pas su limiter leur consommation seront incapables de se souvenir des leçons de leurs réincarnations précédentes, de leurs expiations et des avertissements de l'interprète des dieux ; elles vont devoir recommencer un cycle d'apprentissage de la philosophie et de la sagesse. Ensuite, que les âmes prudentes, elles, vont garder un souvenir imprécis, mais réel, de ce qu'elles ont vécu. Il y a là probablement une allusion à la théorie platonicienne de l'anamnèse ou réminiscence, selon laquelle l'apprentissage – et en particulier l'apprentissage de la sagesse – n'est pas une découverte, mais la réappropriation d'une science que nous possédions déjà sans le savoir, souvenir confus des notions entrevues lors de nos vies précédentes et de notre passage dans le monde céleste[11] ; mais Socrate ne s'étend pas davantage ici sur cette théorie.

Cette idée d'un fleuve de l'oubli n'est certainement pas propre à Platon. On peut sans doute voir déjà dans l'*Odyssée* la source de ce thème, lorsque les compagnons d'Ulysse, dans l'île des aimables Lotophages (« mangeurs de lotus »), acceptent de manger les fleurs au goût de miel qu'on leur offre et perdent aussitôt toute envie de repartir, oubliant leur patrie. Mais, plus évidemment, il s'agit là d'un thème déjà présent chez les orphistes ; on a vu que, pour certains commentateurs, la source mentionnée dans les lamelles d'or, que l'initié devait éviter, était celle du fleuve de l'Oubli (opposé au lac de Mémoire)[12]. Certes, il y a des différences : l'initié orphiste arrivant aux enfers doit

11. Voir *Ménon*, 81c-d : « Ainsi l'âme, immortelle et plusieurs fois renaissante, ayant contemplé toutes choses, et sur la terre et dans l'Hadès, ne peut manquer d'avoir tout appris. Il n'est donc pas surprenant qu'elle ait, sur la vertu et sur le reste, des souvenirs de ce qu'elle en a su précédemment. La nature entière étant homogène et l'âme ayant tout appris, rien n'empêche qu'un seul ressouvenir (c'est ce que les hommes appellent savoir) lui fasse retrouver tous les autres, si l'on est courageux et tenace dans la recherche ; car la recherche et le savoir ne sont au total que réminiscence » (trad. A. Croiset et L. Bodin, Les Belles Lettres).

12. Voir plus haut p. 145.

éviter cette source non nommée à laquelle seuls boivent les non-initiés (qui dans ce cas devront peut-être se réincarner) ; lui au contraire doit boire au lac de Mémoire, ce qui lui permettra d'être accueilli par Perséphone dans les enfers des bienheureux, et, sans doute, d'éviter de revenir dans un corps. Chez Platon, au contraire, toutes les âmes doivent se réincarner.

La réincarnation dans le *Phèdre*

Platon est revenu dans le *Phèdre* sur le principe de la réincarnation. Cette fois, tout est soigneusement réglementé par les dieux, et l'âme humaine a peu de liberté de choix. La première implantation de l'âme dans un corps ne se fait déjà pas au hasard. Quand, dit Platon, l'âme s'est alourdie, a perdu son plumage et gît sur la terre, elle va devoir s'incarner, mais toujours dans une forme humaine lors de sa première implantation – avec de subtiles différences toutefois :

> « C'est alors une loi qu'elle n'aille s'implanter en aucune sorte de bête dès la première génération, mais que celle qui aura eu la plus copieuse vision [du ciel] aille s'implanter dans la semence d'un homme appelé à devenir ami du savoir ou ami de la beauté, ou bien d'un homme qui a de la culture et qui est instruit en matière d'amour ; que, pour celle du second rang, ce soit dans la semence d'un roi qui obéit à la loi, ou bien guerrier et habile à commander ; que celle du troisième rang vienne animer un politique, à moins que ce ne soit un bon intendant ou un financier ; celle du quatrième, un homme qui aime la fatigue des exercices physiques, ou bien encore qui s'emploiera à guérir le corps ; la cinquième aura droit à une existence de devin ou consacrée à quelque forme d'initiation ; à la sixième correspondra le faiseur de poésies ou tout autre parmi ceux qui s'occupent d'imiter ; à la septième, l'artisan ou le cultivateur ; à la huitième, le professionnel de la sophistique ou de l'art de flatter le peuple ; à la neuvième, l'homme tyrannique » (*Phèdre*, 248c-e).

On pourra ironiser, bien sûr, sur le classement des âmes : les devins et les initiés, qui devraient avoir une bonne connaissance des choses célestes, n'arrivent qu'en cinquième position ; et les sophistes, en avant-dernière position ! Mais revenons à l'exposé de Platon : à la fin de cette première vie, l'âme passe en jugement ; les âmes mauvaises vont sous terre et y paient leur peine, les autres montent « jusqu'à tel ou tel endroit du ciel ». Au bout de mille ans, les unes comme les autres doivent tirer au sort leur deuxième existence, et « c'est à ce moment qu'en une existence de bête vient passer une âme d'homme, tout comme, d'une existence de bête, revient à la condition humaine celui qui fut une fois homme. »[13] Ainsi, presque obligatoirement, les âmes passeront par des cycles de réincarnation animale ou humaine. On aimerait en savoir davantage ; mais Platon ne donne pas plus de détails. La seule conclusion sûre qu'on peut dégager de cet exposé, c'est que Platon croit plus que jamais en la réincarnation des âmes, ou du moins de la plupart d'entre elles.

La fin du cycle des réincarnations

La réincarnation des âmes est-elle destinée à s'achever un jour, ou s'agit-il d'un cycle sans fin ? À la vérité, il est difficile de savoir clairement comment se terminera ce cycle. Il semble bien en tout cas que, pour Platon, ce cycle ne soit pas indéfini, et que l'âme qui se sera entièrement « purifiée par la philosophie », comme il le dit dans le *Phédon* (114c), finira par échapper à la pesanteur de la matière. Elle vivra alors « absolument sans corps » et ira dans une demeure encore plus belle que celle que Socrate a essayé

13. Cf. aussi *Phédon*, 113a : « Elles demeurent dans le lac Achérousias le temps qui leur est fixé, et cette durée est plus ou moins longue suivant les cas, puis elles sont renvoyées vers de nouvelles naissances sous la forme animale (*eis tas tôn zôôn geneseis*) ». Les critiques cependant ne pensent pas tous que le terme *ta zôa* désigne explicitement des animaux par opposition aux hommes.

de décrire (voir plus haut p. 204). Qu'est-ce qui fait la « beauté » de ce lieu ? C'est que l'âme connaîtra enfin le monde des Idées, stable et immuable, qui échappe à la corruption du monde sensible toujours en devenir. Voici la vie des dieux et de l'âme enfin libérée du réel, telle que Platon la décrit dans le *Phèdre* : « Lorsque avec le temps l'âme a fini par apercevoir la réalité, elle en éprouve du bien-être, et la contemplation des réalités véritables est pour elle une nourriture bienfaisante, jusqu'au moment où la révolution circulaire la ramène au même point. Or, tandis qu'elle accomplit ce tour, elle a sous les yeux la Justice en elle-même, sous les yeux la Sagesse ; elle a sous les yeux un savoir qui n'est pas celui auquel est lié le devenir, [...] mais le Savoir de ce qui est réellement une réalité » (247d-e). On voit ainsi Platon modifier progressivement sa conception du monde idéal réservé aux élus : celui-ci, défini au début comme un lieu de *jouissance* essentiellement matérielle (comme le suggère la vie dans les îles des Bienheureux), devient un lieu de béatitude par la *connaissance*, ce qui est une forme de bonheur infiniment supérieure[14].

Conclusion : l'héritage spirituel de Platon

Platon, comme on l'a dit, a fondé une école de philosophie, l'Académie, dont l'enseignement s'est poursuivi bien après lui : elle a perduré jusqu'en 88 avant J.-C. Plusieurs philosophes célèbres y ont été les disciples de Platon, comme Aristote, puis ont dirigé l'Académie après la mort de son fondateur. Plusieurs écoles dites « néoplatoniciennes » sont nées au cours des siècles suivants non seulement à Athènes, mais aussi à Rome, en Syrie, à Pergame,

14. Pour en savoir davantage sur les théories de Platon dans ses derniers dialogues concernant les Idées et, plus généralement, sur la nature dualiste du monde, il faut se reporter au *Parménide* et au *Timée*.

à Alexandrie, sans parler du néoplatonisme chrétien ou islamique, et enfin du néoplatonisme de la Renaissance. Cela ne veut pas dire que les idées de Platon y étaient adoptées sans changements : déjà, à l'Académie même, certains de ses disciples ou de ses successeurs furent considérés dès l'Antiquité comme des pythagoriciens, voire comme des sceptiques. Le principe de la réincarnation, définitivement adopté par Platon et encore repris chez Plutarque au IIe siècle de notre ère (comme on le verra plus loin), a été abandonné ensuite par les néoplatoniciens. Le *daimôn* souvent évoqué par Platon (et cher à Socrate), qui accompagne fidèlement non seulement chaque âme dans son périple, mais aussi chaque vivant au cours de son existence, semble avoir été abandonné par les disciples de Platon, mais est clairement à l'origine de l'« ange gardien » longtemps assigné aux humains dans la tradition chrétienne. Ce qui demeure certain, c'est que Platon est resté dans la philosophie antique, puis dans la philosophie médiévale et celle de la Renaissance, un point de référence par rapport auquel on marquait soit son opposition, soit son adhésion, une adhésion qui n'allait pas sans modifications et sans innovations. Et, comme on l'a dit, le platonisme a indubitablement marqué la pensée des penseurs chrétiens et des pères de l'Église.

De nouvelles écoles philosophiques sont nées en Grèce aussitôt après la mort de Platon. La question des enfers, évidemment, n'a pas été nécessairement au cœur des préoccupations philosophiques de ces écoles successives. On se bornera ici à voir ce qu'elle est devenue chez les successeurs immédiats de Platon, c'est-à-dire Aristote, et, après lui, les stoïciens et les épicuriens.

QUATRIÈME PARTIE

LES ENFERS APRÈS PLATON : LA FIN DES VOYAGES DE L'ÂME ?

Comme cela se produit ordinairement, après un courant de pensée dominant vient une réaction. Ce phénomène n'a pas manqué de se produire après la disparition de Platon, et même de son vivant.

Ainsi, Aristote (384-322), qui vint suivre très tôt les cours de l'Académie et fut pendant vingt ans le disciple de Platon, marqua très vite sa résistance à la théorie des Idées chère à son maître. Diogène Laërce écrit, dans la courte biographie qu'il lui a consacrée : « Il quitta Platon du vivant de celui-ci, ce qui fit dire à Platon qu'Aristote l'avait frappé du talon comme un poulain qui donne une ruade à sa mère[1]. » Aristote lui-même reconnaît : « Ce sont des amis qui ont introduit la doctrine des Idées. [...] Vérité et amitié nous sont chères l'une et l'autre, mais c'est

1. Diogène Laërce, *Vies, doctrines et sentences des philosophes illustres*, éd. GF-Flammarion, t. I, p. 229, trad. Robert Genaille.

pour nous un devoir sacré d'accorder la préférence à la vérité[2]. » Cette vérité, il l'a sans doute cherchée du côté des sciences, car il fut un génie universel : il a laissé des œuvres qui embrassent l'ensemble des sciences connues de son temps, comme aussi la littérature, et, bien sûr, la métaphysique. Après la mort de Platon, il voyagea, fut pendant plusieurs années le précepteur du jeune Alexandre en Macédoine, puis revint à Athènes où, ayant échoué à prendre la direction de l'Académie, il fonda sa propre école, le Lycée (qui reçut son nom du sanctuaire d'Apollon Lycien tout proche) ; ses adeptes furent aussi appelés les péripatéticiens (du verbe grec *peripateîn*, « se promener »), parce qu'Aristote dispensait ses cours tout en se promenant dans le jardin.

Avec Aristote, les deux principaux courants de pensée post-platoniciens sont indiscutablement le stoïcisme et l'épicurisme[3]. Les fondateurs de ces deux mouvements sont nés presque en même temps, juste après la mort de Platon en 347, l'un, Zénon de Kition, en 334 à Chypre, l'autre, Épicure, à Samos ou peut-être à Athènes en 341. Tous deux vinrent s'installer à Athènes presque au même moment (Zénon vers 310, Épicure vers 306), et y créèrent chacun une école philosophique, celle du Portique pour Zénon, et du Jardin pour Épicure ; la première prit ce nom parce que Zénon y enseignait sous le Portique des peintures (la Stoa Poikilè, qui donna à cette école son appellation plus courante de « stoïcienne »), l'autre parce qu'Épicure avait acquis un jardin où il donnait ses leçons.

La vie de ces deux philosophes nous est moins bien connue que celle de leurs illustres prédécesseurs ; il en est de même pour leurs œuvres : alors que la majeure partie

2. *Éthique à Nicomaque*, I, 4, trad. J. Tricot.

3. On peut ajouter l'école cynique, contemporaine elle aussi des dernières années de Platon, mais dont l'influence fut sans doute moindre.

de celles de Platon et d'Aristote ont traversé les siècles, il ne reste presque rien de Zénon[4], et peu de choses d'Épicure[5]. Leurs doctrines nous sont surtout connues par leurs disciples tardifs, pour le stoïcisme par Épictète, Cicéron, Sénèque, Marc-Aurèle (et aussi par Plutarque qui a écrit contre les stoïciens), et pour l'épicurisme par le poète latin Lucrèce. On a coutume d'opposer ces deux « sectes » philosophiques, parce que, dit-on, l'une est une école de l'austérité, l'autre une école du plaisir. En fait, dans la perspective qui nous occupe, elles se ressemblent beaucoup, dans la mesure où toutes deux, comme l'aristotélisme, se définissent en partie contre les idées platoniciennes.

---

4. Diogène Laërce, *op. cit.*, t. II, p. 63 : « Voici les livres qu'on lui attribue : *De la royauté*, *La Constitution laconienne*, *Du mariage*, *De l'impiété*, *Thyeste*, *Des amants*, *Protreptique*, *Diatribes*, quatre livres de *Sentences*, *Mémoires*, sept livres *Sur les lois de Platon.* » Il n'en reste que quelques fragments, ou des résumés.

5. Selon Diogène Laërce, *op. cit.*, t. II, p. 223 : « Épicure a beaucoup écrit et dépassé tous les autres philosophes par le nombre de ses ouvrages. Ses œuvres atteignent le nombre de trois cents environ. » Il reste de lui trois *Lettres* (*à Ménécée sur le bonheur*, *à Hérodote*, *à Pythoclès*) et des *Maximes*.

CHAPITRE I

La disparition de l'au-delà

Pour Aristote, Zénon et Épicure, l'au-delà n'est plus l'objectif vers lequel doit être tournée l'attention du sage ; sa vie ne doit plus être gouvernée par le souci de ce qui attend son âme là-bas. Ils s'accordent tous trois sur la nécessité de pratiquer la vertu pour accéder au bonheur, mais ils ne donnent pas à ces deux mots, vertu et bonheur, le sens et le contexte que leur donnait Socrate ; et leur conception des dieux s'affranchit nettement de la conception traditionnelle. Ce qui importe désormais, surtout pour les stoïciens et les épicuriens, c'est le bonheur en cette vie, et les moyens de l'atteindre.

L'âme existe-t-elle indépendamment du corps ?

Le dualisme était une idée fondamentale chez Platon : la vie provient de l'incarnation de l'âme dans un corps ; la mort marque la séparation de ces deux éléments, avec la disparition de l'un, le corps, et la survie de l'autre, l'âme.

Pour les successeurs de Platon, c'est une idée que rien ne justifie. Certes, il existe bien un corps et une âme distincts, mais ils disparaissent ensemble au moment de la mort.

Aristote : la solidarité de l'âme et du corps

Aristote a justement écrit un traité *De l'âme*. Il y déclare en ouverture : « Le but de notre recherche est donc de considérer et de découvrir d'abord la nature et la substance de l'âme, puis toutes les propriétés qui s'y rattachent[1]. » Il examine les théories de tous ses prédécesseurs sur l'âme, et ce qui apparaît clairement, c'est que les présocratiques, et Aristote avec eux, entendent par ce mot toutes les fonctions cognitives et sensorielles de l'homme, et voient dans l'âme le moteur du corps : « Les facultés de l'âme, écrit Aristote, [...] sont les facultés nutritives, désirantes, sensitives, locomotrices et noétiques[2]. » En conséquence, « l'étude de l'âme relève du physicien » (et non du métaphysicien)[3]. Mais, pour lui, l'âme est à la fois une substance et une fonction. Substance d'abord : « Il s'ensuit nécessairement que l'âme est substance au sens de forme d'un corps naturel possédant la vie en puissance[4] » ; mais aussi fonction de cet organe (le corps). Or, quand l'organe disparaît, la fonction disparaît aussi ; et réciproquement, quand la fonction disparaît, il en est de même pour l'organe. Ainsi, dit-il, la vue est la fonction de l'œil, qui est l'organe : « Quant à l'œil, il est la matière de

---

1. *De l'âme*, I, 402a. Les traductions de ce traité sont de E. Barbotin, Les Belles Lettres.

2. *De l'âme*, II, 3, 414a 27.

3. Là s'arrêtent les points de convergence entre Aristote et ses prédécesseurs à propos de la « composition » de l'âme : certains d'entre eux rattachent la composition de l'âme à leurs théories sur les quatre éléments, l'âme étant alors composée de l'un d'entre eux (eau, feu, terre ou air), ou d'un mélange des quatre ; d'autres soutiennent que l'âme est une « harmonie » ou encore un « nombre ».

4. *De l'âme*, II, 1. Aristote définit alors l'âme comme une « entéléchie », c'est-à-dire une énergie agissante et efficace (par opposition à la matière inerte).

la vue et, celle-ci disparaissant, il n'est plus un œil. » La solidarité de l'âme et du corps est donc absolue : « Aussi n'y a-t-il pas lieu de se demander si le corps et l'âme ne font qu'un, pas plus que pour la cire et l'image figurée [par la cire], ni en général pour telle matière singulière et ce dont elle est la matière[5]. » Par conséquent, l'âme ne saurait exister indépendamment du corps (« L'âme n'est pas séparable du corps »).

Aristote imagine-t-il, dans ces conditions, une sorte de survie de l'âme ? On a l'impression qu'il évite soigneusement de le dire clairement, peut-être pour ne pas heurter trop directement son maître Platon, mais la conclusion est évidente. Si l'âme n'est pas séparable du corps, la mort n'est pas leur séparation, mais leur disparition simultanée. Pas de survie de l'âme, pas de voyage dans le ciel des Idées[6]. Aristote écarte résolument la thèse selon laquelle l'essence des choses existe au-delà des choses réelles.

Les stoïciens : l'éternel retour ?

Comme on l'a dit plus haut, il ne reste pas grand-chose des écrits de Zénon ; cependant, ses disciples ont souvent cherché à rendre compte des opinions du maître, en les distinguant de celles de son disciple Chrysippe, qui a donné au stoïcisme sa forme la plus connue. Un point semble avoir figuré dans la doctrine de Zénon, celui d'un temps cyclique, sans qu'on puisse dire exactement ce qu'il entendait par là : simple retour du monde astral à la même configuration ? ou retour également des cycles

---

5. *De l'âme,* II, 1, 7, 412a.

6. On pourra toutefois noter au passage qu'Aristote essaie de ne pas froisser les platoniciens lorsqu'il écrit : « Aussi a-t-on bien raison de dire que l'âme est le lieu des formes (idées), à la réserve que ce n'est pas l'âme entière mais l'âme intellectuelle, et qu'il ne s'agit pas de formes en entéléchie mais seulement en puissance. » (*De l'âme,* III, 4). Les Idées ne sont plus le lieu idéal de l'âme, c'est l'âme qui est devenue le lieu des Idées.

humains, c'est-à-dire des événements historiques[7] ? Un évêque chrétien du IVe siècle de notre ère résume ainsi la position supposée des premiers stoïciens :

« Les stoïciens disent que, une fois les planètes revenues au même signe céleste, en longueur et en largeur, où chacune était au commencement, dès que le monde avait été formé, il se produit à une période déclarée de temps une conflagration et une destruction des êtres, et que, de nouveau depuis le début, le monde revient dans le même état, puis, comme les astres qui suivent de nouveau le même cours, chacun des événements de la période précédente s'accomplit sans différence[8]. »

Plus saisissant : non seulement les astres reprennent le même cours, mais les mêmes individus reviennent à l'être, selon le commentaire d'Origène (théologien chrétien du IIIe siècle) :

« Socrate sera de nouveau fils de Sophronisque et athénien, et Phénarété épousera de nouveau Sophronisque et l'enfantera de nouveau. [...] Socrate ressuscitera, issu du sperme de Sophronisque ; il sera formé dans l'utérus de Phénarété, il sera éduqué à Athènes et deviendra philosophe et sa philosophie antérieure ressuscitera et pareillement ne sera pas différente de sa philosophie antérieure. Et Anytos et Mélétos ressusciteront aussi, de nouveau accusateurs de Socrate, et le conseil de l'Aréopage condamnera Socrate. [...] Socrate portera des vêtements qui ne seront pas différents de ceux de la période précédente, dans une pauvreté qui ne différera pas, dans une cité d'Athènes qui ne différera pas de celle de la période précédente[9]. »

À vrai dire, cette théorie de l'« éternel retour » (selon l'expression de Nietzsche – qui ne l'appliquait pas aux stoïciens) a été dès l'Antiquité, et dans l'école même,

---

7. Jean-Baptiste Gourinat a étudié ce qui remonte probablement à Zénon dans son article intitulé « Éternel retour et temps périodique dans la philosophie stoïcienne », *Revue philosophique de la France et de l'étranger* 2/2002 (t. 127), p. 213-227. Selon lui, les grandes lignes les plus anciennes de la doctrine sont : après une longue période de temps, conflagration et embrasement de l'univers (tout disparaît, sauf le feu divin lui-même), puis renaissance d'un univers identique au précédent, tout cela de façon cyclique.

8. Nemesius, *De natura hominis,* 38 = *SVF,* II, 625.

9. Origène, *Adv. Cels.,* V, 20.

l'objet d'âpres discussions et contestations. Le pseudo-Aristote dans les *Problèmes* (XVII, 3)[10] formule bien les conséquences de ce postulat : si le temps et l'histoire humaine sont cycliques, alors qui est venu en premier, des habitants de Troie, ou de nous ? Nous qui vivons actuellement, avons-nous déjà vécu avant la guerre de Troie ? Et les Troyens seront-ils de nouveau assiégés par les Grecs après nous ?

Il faudrait être sûr que Zénon a effectivement professé une telle théorie ; mais il est impossible de le savoir vraiment. Impossible aussi de dire avec certitude si le philosophe avait indiqué ce que devenaient les âmes des intéressés pendant la période intermédiaire, ou même s'il croyait en la survie des âmes, pas plus que ce qu'était l'âme selon lui. Diogène Laërce, dans sa *Vie de Zénon*, écrit toutefois : « Zénon de Kition, Antipatros (*De l'âme*) et Posidonius disent que l'âme est un souffle chaud qui nous permet de respirer et de nous mouvoir. » Les successeurs du maître – toujours d'après Diogène Laërce – ont été plus explicites que lui sur le chapitre de la survie éventuelle de l'âme, sans pour autant tomber d'accord : « Cléanthe dit que toutes les âmes durent jusqu'à la conflagration du monde, et Chrysippe dit que seules durent les âmes des sages. » Épictète (IIe siècle de notre ère) se distingue de ses prédécesseurs en expliquant qu'après sa mort l'homme retourne d'où il provient ; selon lui, l'homme est composé des quatre éléments primordiaux : l'eau, la terre, l'air et le feu ; au moment de la mort, ils se séparent et retournent à leur état naturel, aussi bien pour l'âme que pour le corps[11].

10. Les *Problèmes* sont une suite de questions-réponses dont l'attribution à Aristote est discutée. Le texte de cette œuvre a été modifié ou complété, semble-t-il, entre le IIIe siècle av. J.-C. et le VIe siècle de notre ère.

11. On se borne ici à évoquer ce qui, dans les théories de Zénon, entre dans notre sujet ; pour avoir une idée de tous les domaines scientifiques ou logiques

Les épicuriens : la vie et rien d'autre

Avec Épicure, les choses deviennent tout à fait claires. Les hommes, dit-il, redoutent la mort à la fois comme une souffrance et comme l'entrée dans un monde où les attendent des dieux vengeurs et des épreuves pénibles. Il faut chasser cette double crainte ; d'abord, comme il l'écrit dans la *Lettre à Ménécée* : « Prends l'habitude de penser que la mort n'est rien pour nous. [...] Tant que nous existons nous-mêmes, la mort n'est pas, et quand la mort existe, nous ne sommes plus. Donc la mort n'existe ni pour les vivants ni pour les morts[12]. » Pas de souffrance, donc, puisque la mort est absence de sensation. Soit ; mais que devient l'âme après la mort ? Elle ne se retrouve pas dans un au-delà bourbeux ou lumineux, où l'attendraient récompenses et châtiments[13] : elle disparaît tout simplement avec le corps, car elle est comme lui composée d'éléments matériels, comme l'explique Épicure dans sa *Lettre à Hérodote* : « L'âme est un corps composé de particules subtiles, disséminé dans tout l'agrégat constituant notre corps ; elle ressemble beaucoup à un souffle mêlé d'une certaine quantité de chaleur. [...] Quand l'agrégat tout entier a achevé de se dissoudre, l'âme se dissipe. » Et le ton se fait plus polémique :

> « Il faut aussi se représenter ce qu'est l'incorporéité attribuable à l'âme, car on pourrait en venir à croire que le mot désigne quelque chose de proprement incorporel. On ne peut rien concevoir de

---

abordés par les stoïciens, on pourra lire la *Vie de Zénon* de Diogène Laërce, ou l'un des nombreux livres modernes de vulgarisation concernant cette philosophie.

12. Les traductions d'Épicure sont celles d'Octave Hamelin et Jean Salem, dans *Épicure. Lettres et maximes*, éd. Librio, 2013.

13. Lucrèce écrira dans le *De natura rerum* : « N'allons donc pas croire que des âmes puissent s'échapper de l'Achéron, ou des spectres voltiger parmi les vivants ; ne croyons pas davantage que rien de nous puisse subsister après la mort, puisque le corps et l'âme, simultanément anéantis, se sont dissociés l'un et l'autre en leurs éléments respectifs » (IV, 33-45, trad. Alfred Ernout, Les Belles Lettres).

proprement incorporel que le vide. Mais le vide ne peut ni agir ni pâtir : il ne fait que permettre aux corps de se mouvoir à travers lui. Par conséquent, ceux qui disent que l'âme est un être incorporel parlent pour ne rien dire. Si elle était incorporelle, en effet, elle ne pourrait ni agir ni pâtir ; or nous voyons que ces deux accidents sont réellement éprouvés par l'âme. Telles sont nos doctrines sur la nature de l'âme. »

L'âme en effet, comme le corps, est composée d'atomes. Ou, plus exactement, l'univers entier est composé d'atomes (non identiques toutefois), qui tombent parallèlement dans le vide, mais qui, pour certains, grâce à une déviation oblique imperceptible de leur cours (la « déclinaison » des atomes) en viennent à se heurter, à s'agréger les uns aux autres (ce sont les « atomes crochus »). Mais tout agrégat d'atomes en vient tôt ou tard à se défaire, pour se reformer par la rencontre d'autres atomes. Donc, pour Épicure, rien ne se crée, rien ne se perd, tout se transforme. Bien qu'il ne le dise pas explicitement, la seule « survie » qu'on puisse imaginer pour l'âme, c'est une survie de chacun de ses atomes, qui, en se combinant avec d'autres atomes, créeront une nouvelle âme, de même que les atomes du corps, après être retournés dans le flux universel, en viendront à créer de nouveaux corps.

Cette théorie des atomes, Épicure n'en est pas tout à fait l'inventeur. On en attribue l'élaboration à un philosophe contemporain de Socrate, Démocrite d'Abdère, dont il ne reste que des fragments. Sa pensée semble avoir été très proche de ce qu'explique Épicure, et certains ont accusé ce dernier de l'avoir tout simplement copiée[14]. Pour lui déjà, semble-t-il, la matière est constituée d'atomes éternels ; les corps sont formés d'atomes qui se dispersent après la mort, tandis que l'âme est composée d'atomes plus subtils,

---

14. Diogène Laërce, *Vie d'Épicure* : « Il s'attribua l'ouvrage de Démocrite sur les atomes. » On tend aujourd'hui à rendre à Démocrite une place prépondérante. Certains voient en lui le père de la science moderne.

légers et chauds. Mais sans doute la théorie de Démocrite n'a-t-elle été connue que de rares intellectuels, tandis que la philosophie d'Épicure a connu un grand succès. Il est vrai que ce succès, elle l'a sans doute dû surtout, de même que le stoïcisme, à la conception de la vie qui en était le corollaire.

Le bonheur en cette vie, selon les stoïciens et les épicuriens[15]

S'il n'y a pas d'autre vie que celle-ci, et si aucune récompense n'attend l'âme dans l'au-delà, il s'agit de vivre notre vie terrestre le mieux possible, et de rechercher le bonheur. Il ne faudrait pas entendre par là qu'il faut rechercher le plaisir à tout prix. Et même si la définition du bonheur n'est pas exactement la même dans les deux philosophies, les moyens d'y parvenir se ressemblent beaucoup. Pour toutes deux, en effet, la première condition du bonheur est la liberté intérieure, qui s'acquiert par la pratique de la philosophie. Or la philosophie enseigne que la liberté, et donc le vrai bonheur, réside dans la maîtrise des passions (la « vertu »), qui permet d'atteindre la sérénité, l'« a-taraxie » (c'est-à-dire littéralement l'absence d'agitation).

L'ataraxie des stoïciens

La liberté selon les stoïciens est connue surtout par ce qu'en ont dit les disciples de Zénon ; pour eux, on la trouve en faisant la distinction entre les choses qui dépendent de nous et celles qui ne dépendent pas de nous (et qu'on

---

15. Aristote aussi parle du bonheur ; c'est même précisément le sujet de son *Éthique à Nicomaque*, dont le sous-titre est *Sur le bien et le bonheur* ; mais c'est un bonheur extrêmement abstrait (voir plus loin p. 257), à la différence de celui des stoïciens et des épicuriens. Il affirme toutefois, comme eux, que « le bien propre à l'homme est l'activité de l'âme en conformité avec la vertu » (I, 8).

ne doit pas désirer). Épictète l'exposera très clairement : l'homme doit, s'il veut être heureux, poursuivre le bien moral, c'est-à-dire la vertu, qui est l'accomplissement parfait de sa nature propre. Il sera donc indifférent à l'égard de tout ce qui n'est pas directement associé à cette recherche d'une vie morale et vertueuse. Certaines choses sont à rechercher parce qu'elles sont conformes à la nature, comme la santé, et d'autres sont à éviter, parce qu'elles sont contraires à la nature, comme la maladie ou la mort[16]. L'important, c'est de faire ce qui dépend de soi avec autant d'ardeur qu'on le peut, en restant indifférent à ce qu'on ne peut contrôler. Le sage arrive ainsi à une sérénité qui n'a rien à voir avec l'indifférence au monde ; au contraire le sage stoïcien pratique l'entraide et l'indulgence envers son prochain. On trouvera même un véritable cosmopolitisme chez les stoïciens tardifs. Dans sa *Vie de Zénon*, Diogène Laërce écrit : « Le sage ne doit pas vivre dans le désert, car il est sociable et fait pour l'action. »

Les désirs et les plaisirs modérés des épicuriens

Les épicuriens, eux, trouvent la liberté de l'âme en reconnaissant qu'il existe trois sortes de désirs. D'abord les désirs nécessaires à la vie, comme boire, manger, dormir ; désirs qu'on doit satisfaire, mais de la façon la plus simple possible. Ensuite, les désirs naturels mais non nécessaires, dont on peut se passer, comme manger un bon repas, écouter ses appétits sexuels ; ceux-là, on peut éventuellement s'offrir le plaisir de les satisfaire de temps à autre, mais pas plus. Enfin, les désirs non naturels et non nécessaires, comme l'ambition, le désir du pouvoir, de la richesse, la passion amoureuse – à proscrire ! C'est ainsi

16. Ce sont les stoïciens romains qui feront l'éloge de la mort volontaire comme l'expression ultime de la liberté intérieure, mais seulement si les circonstances la font apparaître comme nécessaire.

que le vrai sage épicurien mène une vie plutôt ascétique, en recherchant une sérénité qui ressemble beaucoup à l'ataraxie du sage stoïcien. Lui non plus ne vit pas refermé sur lui-même : il recherche la société, l'amitié, et pratique la justice, nécessaire pour vivre en paix dans la société. Il faut s'entraîner à philosopher très tôt, pour parvenir à cette vie idéale : « Que personne, parce qu'il est jeune, ne tarde à philosopher, ni, parce qu'il est vieux, ne se lasse de philosopher ; car personne n'entreprend ni trop tôt ni trop tard de garantir la santé de l'âme. Et celui qui dit que le temps de philosopher n'est pas encore venu, ou que ce temps est passé, est pareil à celui qui dit, en parlant du bonheur, que le temps n'est pas venu ou qu'il n'est plus là » (*Lettre à Ménécée*).

On pourra à juste titre se demander quelle place occupent les dieux chez Aristote et dans les deux philosophies stoïcienne et épicurienne centrées sur l'homme et son accomplissement individuel. Les ont-ils chassés de leurs croyances, en même temps qu'ils refusaient l'idée d'une survie de l'âme après la mort ?

Des dieux désincarnés et indifférents

En fait, ni Aristote, ni Zénon, ni Épicure n'ont exclu l'idée d'une ou plusieurs entités divines. Ils incluent bien les dieux dans leur système philosophique, mais sous une forme assez nouvelle, et certainement plutôt étrangère à la mentalité populaire, tant ils sont éloignés de la forme anthropomorphique que leur prêtent d'ordinaire les hommes.

Pour Aristote : un dieu unique, moteur du monde

Aristote, dans les œuvres qui ne sont pas consacrées à la métaphysique, parle souvent des « dieux » (au pluriel), suivant là le langage commun de la foule. Par exemple, dans l'*Éthique à Nicomaque*, il parle du « bonheur des dieux ».

Le bonheur suprême, dit-il, réside dans la contemplation ; « l'activité de la divinité (*theos*), éminemment bienheureuse, ne peut donc être que contemplative. [...] La vie des dieux est tout entière bienheureuse ; la vie des hommes ne peut l'être que dans cette pratique [de la contemplation] qu'ils partagent avec eux[17] ». Aristote accepte même qu'on voie les astres comme des dieux, ou du moins comme des phénomènes « divins » :

> « Une tradition venue de l'Antiquité la plus reculée, et transmise à la postérité sous le voile de la fable, nous apprend que les astres sont des dieux, et que la divinité embrasse toute la nature ; tout le reste n'est qu'un récit fabuleux imaginé pour persuader le vulgaire et pour servir les lois et les intérêts communs. Ainsi, on donne aux dieux la forme humaine, on les représente sous la figure de certains animaux ; et mille inventions du même genre qui se rattachent à ces fables. Si l'on sépare du récit le principe lui-même, et qu'on ne considère que cette idée que toutes les essences premières sont des dieux, alors on verra que c'est là une tradition vraiment divine[18]. »

Mais quand le philosophe en vient à cerner de plus près la notion de « dieu », au livre X de sa *Métaphysique*, il est clair qu'il n'y a pour lui qu'un dieu, qu'il ne désigne pas sous le nom de *theos*, mais dont il parle comme d'une « substance unique », ou d'une « intelligence ». Il pose la nécessité de l'existence d'un moteur du monde. Le monde en effet (c'est-à-dire le monde astral) est en perpétuel mouvement. Il faut à ce mouvement une cause première, c'est-à-dire un premier moteur éternel, qui sera comme le monde lui-même une substance, mais une substance immobile, séparée des substances sensibles (donc transcendante). Ce dieu n'est pas un dieu créateur : le monde est éternel ; il n'a pas commencé, il ne finira pas. Mais la divinité en est le moteur « qui meut sans être mû lui-même ». Voilà un dieu bien abstrait !

---

17. *Éthique à Nicomaque*, X, 8, trad. D. Jouanna.
18. *Métaphysique*, XII, 8, trad. Pierron et Zévort.

Pour les stoïciens : l'âme de l'univers

On sait peu de choses de ce que pensait Zénon sur les dieux ; on est amené, là encore, à s'appuyer sur ce qu'en disent ses biographes, ses successeurs (en particulier son disciple Chrysippe) ou ses adversaires. Il en ressort que la divinité est, pour les stoïciens aussi, une entité très abstraite. On a vu que, selon Épictète, l'homme et l'univers sont composés des quatre éléments, eau, feu, air et terre. Et c'est l'un de ces éléments, le feu, qui semble être la divinité primordiale des stoïciens, toujours selon Diogène Laërce : « Les stoïciens pensent encore que le feu est une certaine essence créant toutes choses avec une science et un art parfaits et procédant méthodiquement à la génération » ; il est en somme « l'âme de l'univers », impérissable. Selon Plutarque, Zénon et surtout Chrysippe donnaient à cette âme de l'univers le nom de Zeus, seule divinité éternelle, alors que tous les autres « dieux » étaient mortels : « Il [Chrysippe] dit que [...] le Soleil, la Lune et les autres dieux de même nature ont été engendrés ; Zeus seul est éternel[19]. » Mais cette croyance en un dieu abstrait n'empêche pas les stoïciens, semble-t-il, de pratiquer tous les rites de la piété – ce qui, aux yeux du lecteur moderne, paraît un peu contradictoire. Diogène Laërce écrit en effet, dans sa *Vie de Zénon* : « Les sages sont pieux [...]. Ils font des sacrifices et restent toujours purs. [...] Ils ont réfléchi sur les sacrifices, la construction des temples, la purification et d'une manière générale sur toutes les cérémonies qui concernent les dieux. » C'est bien ce que leur reprochera aussi Plutarque dans *Des contradictions des stoïciens* :

> « C'est encore un précepte de Zénon de "ne pas bâtir des temples aux dieux, parce qu'un temple n'a ni valeur ni caractère sacré ; l'ouvrage d'artisans grossiers n'a aucune valeur". Cependant ces gens, qui louent ces préceptes comme bien fondés, se font initier

---

19. Plutarque, *Des contradictions des stoïciens*, 1052a.

aux mystères, montent à l'Acropole, adorent les images des dieux, et décorent les temples – qui sont l'ouvrage d'artisans grossiers. Et ensuite ils jugent bon de critiquer les épicuriens qui offrent des sacrifices aux dieux, alors qu'ils sont bien plus critiquables eux-mêmes quand ils sacrifient sur des autels et dans des temples qui ne méritent, selon eux, ni d'exister ni d'être construits[20]. »

Pour Épicure : des dieux indifférents aux hommes

Pour Épicure, il existe bien plusieurs dieux, et non un seul ; mais ils sont totalement indifférents aux humains. Comme eux, ils sont composés d'atomes, mais d'atomes incorruptibles ; ils ne connaissent donc pas la mort, et vivent dans un état d'ataraxie totale, parfaitement heureux, dans l'espace interstellaire. Ils n'ont joué aucun rôle dans la création du monde, et n'en jouent aucun dans son fonctionnement : le tonnerre, la foudre, les tremblements de terre sont le fruit du hasard et du jeu des atomes. Les dieux ne sont ni bienveillants ni malveillants à l'égard des hommes : ils les ignorent. Il est donc inutile de les craindre, de les prier ou de leur faire des sacrifices[21]. Cependant Épicure, comme les stoïciens, recommande à ses disciples de se plier aux pratiques religieuses de leurs contemporains, tout simplement parce que ce respect « des usages et formes reçus », comme dira Montaigne, garantit leur liberté individuelle. Et, comme on vient de le voir, Plutarque fait remarquer que « les épicuriens contredisent leurs dogmes quand ils offrent des sacrifices aux dieux » – exactement comme les stoïciens, qui sont donc mal venus de le leur reprocher.

Faut-il donc conclure qu'après Platon la croyance aux dieux et aux enfers traditionnels a disparu, que personne n'attend plus de survie des âmes ? Sans doute la tentation

---

20. Plutarque, *ibid.*, 1034b-c, trad. D. Jouanna.

21. Le poète latin Lucrèce poussera plus loin encore ce rejet de la religion dans son *De natura rerum*.

du scepticisme, voire de l'athéisme, a-t-elle gagné bien des esprits ; sans doute aussi certains, découragés par ce pessimisme qui invite à ne plus rien attendre après la mort, se sont-ils tournés, à l'époque romaine surtout, vers de nouvelles formes de mysticisme, comme en témoigne le succès des cultes à mystères venus du Moyen-Orient, comme ceux d'Isis ou de Mithra. Et l'on sait que les empereurs romains ont institué le « culte impérial » comme une nouvelle religion chargée de rétablir la cohésion dans un empire immense qui n'était plus nécessairement uni par la même foi dans les dieux traditionnels. Mais cette foi populaire n'a certainement pas disparu pour autant. Et le meilleur témoignage en est l'œuvre de Plutarque, qui, à la fin du Ier siècle et au début du IIe siècle de notre ère, se fait le témoin de ce retour des âmes dans des enfers très inspirés de ceux de Platon.

CHAPITRE II

Plutarque : le retour des âmes aux enfers

Comme l'écrit Mauro Bonazzi, « à l'époque impériale, une époque marquée par des problèmes d'identité et par le besoin de redéfinir sa propre position philosophique dans un panorama en pleine évolution, la doctrine de l'âme en est venue à acquérir un rôle de plus en plus fondamental », et, ajoute-t-il, en particulier la doctrine de Platon[1]. Plutarque (46-125 après J.-C.) est revenu à plusieurs reprises, dans ses écrits, sur ce problème de l'immortalité de l'âme. Son œuvre est absolument immense ; on connaît bien ses *Vies parallèles*, où il fait les biographies comparées de Grecs et de Romains, et peut-être un peu moins ses *Œuvres morales*, qui traitent de sujets divers sous une forme proche des dialogues platoniciens. Ce sont pourtant celles-là qui sont

1. Mauro Bonazzi, « Plutarque et l'immortalité de l'âme » (traduit de l'italien par Xavier Brouillette), dans *Les Dialogues platoniciens chez Plutarque. Stratégies et méthodes exégétiques*, éd. Xavier Brouillette et Angelo Giavatto, Centre atlantique de philosophie, Nantes, 2010.

les plus intéressantes pour approcher les théories philosophiques de Plutarque.

Un nouveau voyageur des enfers

Sans rejeter totalement les apports du stoïcisme et de l'épicurisme qu'il a pourtant combattus[2], le pieux Plutarque, qui fut lui-même prêtre d'Apollon à Delphes de 85 jusqu'à sa mort, affirme sa croyance en l'immortalité de l'âme. L'un de ces dialogues est particulièrement intéressant, car il y développe un très long mythe, clairement imité de celui d'Er, racontant le voyage aux enfers d'un certain Thespésios. Il s'agit du texte intitulé *Sur les délais de la justice divine.* Reprenant un argumentaire qu'on a déjà rencontré[3], Plutarque entreprend de défendre la divinité contre les accusations d'inaction ou d'indifférence devant les crimes des hommes. Si les coupables ne sont pas frappés de leur vivant, ils le seront à coup sûr après leur mort ; et Plutarque raconte alors le voyage dans l'au-delà d'un certain Thespésios, qui, injuste et criminel dans sa jeunesse, et tenu pour mort pendant trois jours, devint extrêmement vertueux après sa « résurrection ». Ce récit visiblement ne s'inspire pas seulement de Platon, il intègre également les images de l'enfer homérique, et probablement aussi des thèmes des religions à mystères venus de différents horizons ; et l'on y trouve sans doute également des souvenirs du voyage d'Énée aux enfers de l'*Énéide* de Virgile. Mais la conception des enfers de Plutarque ne manque pas d'originalité.

---

2. Outre le *Des contradictions des stoïciens* déjà signalé, Plutarque a écrit *Que les stoïciens tiennent des propos plus paradoxaux que les poètes, Sur les notions communes contre les stoïciens* et *Qu'il est impossible de vivre heureux en suivant les préceptes d'Épicure.*

3. Voir plus haut p. 174.

Des enfers interstellaires...

À son réveil, Thespésios raconte ce qu'il a vu au cours de ces trois jours de mort apparente. D'abord,

> « Il eut l'impression que tout son être reprenait souffle, et qu'il voyait de tous les côtés à la fois, son âme s'étant ouverte à la façon d'un œil unique. Il ne voyait rien cependant des objets de naguère, sauf les astres, immenses et séparés par des espaces infinis, qui émettaient une clarté merveilleusement colorée et dotée d'une énergie qui permettait à son âme, doucement transportée sur cette lumière comme sur une mer tranquille, de se déplacer avec aisance et rapidité. Laissant de côté la plupart des spectacles, il disait que les âmes des morts, venues d'en bas, s'élevaient dans l'air, qui s'ouvrait devant elles, formant une bulle étincelante ; puis la bulle crevait doucement et elles en sortaient avec une forme humaine et une masse légère, mais leurs mouvements n'étaient pas semblables[4]. »

Plutarque se distingue ici d'Homère et de Platon. Chez le premier, à peu près tous les morts allaient sous terre ; chez Platon, les âmes allaient soit sous terre, soit au ciel, un ciel assez peu décrit et parfois évoqué simplement comme une terre supérieure baignant dans l'éther. Pour Plutarque, toutes les âmes vont dans l'espace interstellaire, d'abord sous forme de bulles ; et celle de Thespésios s'y déplace comme un navire dans un océan lumineux : premier vaisseau intergalactique ! Faisons bien sûr la part du fantasme, du rêve ancien ancré dans l'homme d'échapper à la pesanteur terrestre, déjà illustré par le mythe d'Icare. Mais en outre on reconnaît probablement ici un écho de la théorie des épicuriens, selon laquelle les dieux habitent loin des hommes et de la Terre, au milieu des astres. Cependant Thespésios n'y rencontrera pas les dieux : on lui explique que « la partie terrestre de l'âme n'est jamais assez dégagée de ses liens pour s'élever aux régions célestes ; toujours dépendante des sens, elle penche vers la terre ». L'auteur

---

4. Les traductions données ici sont celles de Françoise Frazier, Les Belles Lettres, 2010.

de cette explication est l'une des ombres, un ancien parent à lui, qui va s'instituer son guide dans le monde infernal (on peut voir là un souvenir de Virgile).

... ou souterrains ?

Ces enfers interstellaires sont pourtant, curieusement, conçus comme un espace terrestre, puisqu'il s'y ouvre des abîmes : Thespésios après avoir traversé « aisément et sans obstacle un espace qui paraissait immense, porté par les rayons lumineux comme par des ailes », parvient tout à coup à « une vaste béance qui se creusait vers le bas ». Ce premier abîme est en fait un séjour plutôt bienheureux : « L'intérieur ressemblait aux antres bachiques, tapissé de branchages, de verdure et de fleurs de toutes les couleurs. Il s'en exhalait un souffle délicat et doux qui apportait de merveilleux effluves de volupté, et créait une griserie semblable à celle que procure le vin chez ceux qui s'enivrent. Les âmes, gorgées de ces parfums délicieux, se dilataient et se témoignaient mutuellement de l'affection. Il n'y avait alentour que transports bachiques, rires et tous les agréments des Muses offerts à qui s'adonne aux plaisirs et aux jeux. »

Thespésios aimerait y séjourner ; mais son guide l'avertit que ce serait un piège : c'est « le lieu de l'Oubli (*Léthé*). [...] La partie pensante de l'âme se liquéfie et se charge d'humidité sous l'effet du plaisir, tandis que la partie irrationnelle et corporelle, irriguée et reprenant chair, éveille le souvenir du corps, et, à partir de ce souvenir, un désir ardent et nostalgique qui tire l'âme vers la génération (*genesin*), ainsi appelée parce qu'elle est une "inclination vers la terre" (*gèn neusin*) ».

Laissons de côté l'étymologie fantaisiste proposée par Plutarque. On reconnaît dans sa description à la fois l'île des Lotophages de l'*Odyssée*, où les compagnons d'Ulysse perdent l'envie du retour, la plaine du Léthé du mythe d'Er, et une réalité nouvelle, celle de l'humidité qui alourdit l'âme. Il y a sans doute là une référence à l'un des quatre éléments (air, eau, terre et feu), ou plutôt à l'une des quatre humeurs jugées présentes dans le corps depuis Hippocrate, aux Ve-IVe siècles. La fonction de cet endroit n'est pas très claire ; ce n'est pas le lieu des élus, mais plutôt une oasis temporaire avant une réincarnation ; alourdis par ces plaisirs, ces habitants se réincarneront, mais en ayant tout oublié de leur passage. On aura tout de même noté que l'oubli (de l'âme) n'empêche pas le souvenir (du corps), bien au contraire, dans cet endroit enchanteur.

Thespésios aura pourtant un aperçu du séjour véritablement bienheureux un peu plus loin :

> « Après avoir parcouru une autre route aussi longue, il crut voir un vaste cratère où se jetaient des courants, l'un plus blanc que l'écume de la mer ou que la neige, l'autre aussi éclatant que la pourpre de l'arc-en-ciel, d'autres colorés de diverses teintes dont chacune, de loin, avait son éclat propre. Mais, lorsqu'il s'approcha, ce cratère se dissipa dans l'air environnant, les couleurs s'effacèrent, leurs reflets éclatants s'éteignirent, ne laissant que la blancheur. »

Ce lieu idéal et éclatant qui n'est visible que de loin est en fait… le lieu où siège l'oracle d'Apollon (dont les réponses parviennent jusqu'à la Pythie de Delphes où Plutarque, faut-il le rappeler, est prêtre d'Apollon) ; son guide alors essaie de faire approcher Thespésios de cette lumière, mais celui-ci n'y parvient pas, « ébloui qu'il était par sa splendeur ». Voilà alors Thespésios rejeté dans l'espace, où il peut visiter un autre gouffre, celui des criminels ; l'on y retrouve les célèbres fleuves des enfers, sous une forme encore différente, puisqu'ils sont devenus des étangs d'or en fusion, de plomb et de fer. L'on peut sans doute reconnaître le Pyriphlégéthon dans le premier ; le Cocyte, à qui Platon attribuait une couleur bleu sombre, dans l'étang de plomb ; le lac de fer peut être, au choix, le Styx ou l'Achéron…

Des âmes colorées

Ces enfers sont peuplés d'innombrables âmes. Le guide de Thespésios l'a invité à remarquer leurs différences d'aspect : « Les unes, semblables au plus pur clair de lune, répandaient régulièrement un éclat uniforme, lisse et continu ; d'autres étaient marquées de taches et de meurtrissures, d'autres encore entièrement bigarrées et d'aspect étrange comme les vipères mouchetées de noir ; quelques-unes enfin portaient des marques pâlies de meurtrissures. » On comprend aisément que les premières sont les âmes des justes, les autres celles des méchants. Ces dernières, nous dit Plutarque, sont marquées de taches et de meurtrissures, voire « bigarrées » ; mais il va aller plus loin dans la caractérisation des âmes mauvaises. On se souvient que Platon attachait aux âmes un écriteau sur lequel étaient inscrits leurs crimes ou leurs bienfaits. Plutarque, lui, les imagine plus vite identifiables encore grâce à leur couleur, qui indiquera, non pas exactement leur crime, mais plutôt le défaut qui les a menées à la faute.

> « Vois, dit-il, ces couleurs diaprées et variées des âmes. Cette teinte sombre et sale est l'enduit de la bassesse et de la cupidité ; le rouge sanglant et flamboyant, celui de la cruauté et de l'aigreur ; là où règne le vert pâle, c'est une intempérance dans le plaisir qu'on a à grand-peine extirpée ; la malveillance mêlée de jalousie sécrète ce violet malsain, comme les seiches leur encre. [...] Ici, la peine purificatrice a pour terme, avec leur effacement total, de rendre à l'âme son éclat lumineux. »

Ces couleurs ne sont pas sans rappeler celles des lacs infernaux, et peut-être aussi certaines des humeurs primordiales, sang, phlegme, bile jaune ou bile noire, qui colorent différemment les visages humains. Il semble bien, en tout cas, que les couleurs soient pour Plutarque la marque de l'impureté. La pureté absolue, elle, se caractérise par la blancheur et l'éclat insoutenable. On vient de le voir :

les âmes des justes répandaient « un éclat uniforme, lisse et continu ». Et, presque chaque fois, Plutarque compare la blancheur éclatante des lieux bienheureux ou des âmes pures à celle de la lune – ce qui peut être une référence au culte d'Isis, que Plutarque honora aussi tout particulièrement.

Le sort des âmes coupables

Ces âmes, cependant, ne se promènent pas librement : elles sont intégrées dans un cycle de châtiments ; et, comme ses prédécesseurs, Plutarque s'intéresse plus au cas des méchants qu'à celui des justes. On retrouve ici, avec des variantes, le classement de Platon des âmes coupables selon qu'elles ont commis des fautes légères, d'autres plus graves, mais non irrémissibles, ou enfin des crimes sans pardon, comme l'explique son guide à Thespésios.

> « Adrastée, fille d'Anankè et de Zeus[5], occupe le rang le plus élevé, comme justicière de toutes les fautes, et il n'est point de coupable ni petit ni grand qui puisse lui échapper en restant caché ou en employant la force. Et elles sont trois à qui échoit, pour chaque forme de châtiment, la tâche de geôlières et d'exécutrices. Les coupables punis [de leur vivant] sur-le-champ et dans leur corps passent entre les mains de la rapide Poinè (*la Peine*), qui les traite avec une certaine douceur, et laisse passer maint forfait qui mériterait expiation. Ceux dont la guérison du vice est une plus grande affaire, c'est à Dikè (*la Justice*) que leur *daimôn* les livre après la mort. Enfin, les incurables définitifs, une fois refoulés par Dikè, c'est la troisième et la plus féroce des trois acolytes d'Adrastée, Erinys, qui les traque partout malgré leur fuite en quête d'un refuge : après des traitements variés mais toujours lamentables et cruels, elle les fait tous disparaître et les plonge dans l'abîme indicible et invisible (*arrèton kai aoraton*). »

5. Dans la mythologie grecque, Adrastée est une nymphe à qui Rhéa confia Zeus enfant après l'avoir dérobé à Cronos qui voulait le dévorer comme ses autres enfants. Mais elle a été très tôt confondue avec Anankè (la Nécessité), que Plutarque présente ici comme sa mère.

Comme on le voit, le châtiment fait la distinction entre ceux qui ont déjà subi un châtiment de leur vivant, et ceux qui arrivent impunis aux enfers ; les premiers ne subissent presque aucun châtiment, en tout cas des peines légères que Plutarque compare plus loin à certaines peines infligées chez les Perses, où l'on se contente de fouetter... les manteaux et les tiares des coupables. Pour les autres âmes, Plutarque donne assez peu de détails sur les punitions subies par les criminels réputés curables. Ce qui est toutefois original dans sa présentation des châtiments, c'est que le principe de la confrontation y tient une place importante, confrontation destinée à inspirer une grande honte au coupable. On avait vu chez Platon les coupables revenir devant leurs victimes pour obtenir leur pardon ; Plutarque imagine des situations plus complexes. On peut ainsi montrer le criminel « à ses parents et ses ancêtres vertueux, s'il en a, comme un objet de honte et de dégoût » ; on peut aussi – idée archaïque qu'on croyait tombée dans l'oubli – lui présenter l'un de ses descendants sur qui est retombée sa faute et qui continue à l'expier : celui-ci « se jetait sur lui, plein de colère, l'accablait de ses cris et montrait les marques de ses souffrances, le poursuivant et l'injuriant. [...] Il y avait même certaines âmes autour desquelles s'agglutinaient en grand nombre les âmes de leurs descendants, tout à fait comme un essaim d'abeilles ou une bande de chauves-souris[6] ». Thespésios lui-même rencontre son propre père, couvert de stigmates et de cicatrices pour des crimes dont Thespésios ignorait tout, qui tend vainement ses mains vers lui et est entraîné par les démons pour subir le reste de ses peines.

6. Ce qui est encore plus étonnant, c'est que l'idée d'un châtiment transmissible aux descendants ne choque pas Plutarque. Puisque, dit-il, les descendants de héros honorés par la cité sont honorés comme eux, il est normal que les descendants de criminels soient châtiés comme eux.

Les criminels incurables subissent des supplices infiniment violents et douloureux – et Plutarque prend soin de préciser que leur corps « réel » (c'est-à-dire celui qu'ils ont après leur mort) est encore plus sensible que leur corps « apparent », c'est-à-dire celui qu'ils avaient de leur vivant ; évidemment, on reconnaît là la distinction de Platon entre la réalité (du monde des Idées) et l'apparence (du monde que nous croyons réel).

> « Tous ceux qui, s'abritant derrière le paravent et la réputation de vertu, avaient passé toute leur vie dans le vice sans être soupçonnés, étaient contraints par d'autres, dressés autour d'eux, à retourner péniblement le dedans de leur âme vers l'extérieur, au prix de contorsions contre nature et de torsions, comme celles des scolopendres de mer, lorsqu'elles se retournent elles-mêmes, après avoir avalé l'hameçon ; il y en avait quelques-uns qu'on écorchait, puis déployait pour les exposer tout purulents et bigarrés qu'ils étaient [...]. Il vit encore d'autres âmes qui, entrelacées par groupes de deux, trois ou davantage, comme un nœud de vipères, se dévoraient entre elles. »

Voilà une idée originale et effrayante, d'imaginer l'âme, ou plutôt le corps, retourné comme un gant de façon à exhiber les vices qu'il cachait sous sa belle apparence. Mais d'autres âmes subissent des supplices encore plus extraordinaires dans les étangs de ce monde infernal :

> « Il y avait des étangs placés côte à côte, l'un d'or en fusion, un autre de plomb, tout glacé, le troisième de fer rugueux ; des démons s'y tenaient, qui, comme des forgerons, en tiraient avec des tenailles puis y plongeaient tour à tour les âmes de ceux que la cupidité et la convoitise avaient rendus criminels. Quand elles étaient devenues, dans l'or, incandescentes et transparentes sous l'action du feu, ils les jetaient dans l'étang de plomb ; une fois qu'elles s'y étaient gelées et durcies comme des grêlons, elles passaient encore dans l'étang de fer ; et elles y devenaient affreusement noires et si rigides qu'elles éclataient, se brisaient, changeaient de forme. Alors, de nouveau, on les ramenait dans l'or, et elles souffraient mille douleurs, disait-il, au cours de ces métamorphoses. »

Existe-t-il une réincarnation pour Plutarque ?

Il semble bien que oui, même si Plutarque ne s'étend guère d'abord sur le sujet : « Quelques âmes, à force d'être châtiées, finissent par recouvrer l'état et les dispositions convenables, tandis que les autres sont renvoyées par la brutalité de leur ignorance et l'empreinte de la luxure vers des corps d'animaux. » Il précise toutefois cette idée vers la fin du mythe :

> « En dernier lieu, il vit les âmes qui s'apprêtaient à connaître une nouvelle naissance : les ouvriers chargés de ce soin les pliaient de force à toutes sortes de formes animales, et modifiaient leur aspect à grands coups de leurs instruments, soudant et forgeant ensemble certaines parties, en tordant d'autres, en polissant et supprimant certaines pour les adapter à des mœurs et à des vies nouvelles. Parmi ces âmes apparut celle de Néron, bien mal en point déjà, et surtout transpercée de clous enflammés. Les ouvriers l'avaient déjà façonnée en forme de vipère indienne, car c'est dans ce corps qu'elle devait revivre et dévorer la mère qui la portait dans son sein. »

Voilà encore une idée étrange : ces âmes n'ont rien d'immatériel ! Elles avaient déjà un corps bien humain qui subit des souffrances comme seul peut en subir un organisme vivant ; les voilà maintenant assimilées à un matériau brut que des disciples d'Héphaïstos vont façonner en « soudant et forgeant ». Comme on le voit en tout cas, dans sa conception des enfers (décidément très peuplés de démons bourreaux et d'ouvriers forgerons), Plutarque n'exclut nullement, au contraire, l'idée d'une réincarnation sous forme animale. On a même l'impression que c'est la seule forme qu'il imagine pour le retour à la vie des humains appelés à revivre (ils ne le sont pas tous, semble-t-il) ; et, à la différence de Platon, il imagine la réincarnation animale comme une sanction des crimes commis. On peut se demander cependant s'il ne s'agit pas ici simplement d'imaginer pour Néron (qui mourut alors que Plutarque avait vingt-deux ans) une punition à la hauteur de ses crimes : après avoir subi d'effrayants tourments aux enfers, il va ressusciter sous la forme d'une vipère ; et cette vipère, apparemment, répétera les crimes du vivant, puisqu'elle dévorera la mère qui l'a portée, de même que Néron a assassiné sa mère Agrippine[7].

On pourra trouver, évidemment, que ce récit de la descente aux enfers de Thespésios est plutôt une sorte de patchwork philosophique qu'une méditation hautement inspirée. Ce qui est certain en tout cas, c'est que Plutarque croit en la survie de l'âme, sans doute sous forme humaine pour les âmes vertueuses, et animale pour le plus grand nombre. Il évoque l'éventualité d'une réincarnation humaine dans une autre de ses *Moralia*, la *Consolation à sa femme* qu'il adresse à son épouse après la mort de leur petite fille : il l'invite à ne pas croire au néant après la mort, mais à voir l'âme comme un oiseau en cage, qui, habitué à cette cage, souhaitera y revenir à nouveau :

> « Tu entends, par ailleurs, les affirmations de cette autre espèce de gens qui veulent faire croire à un grand nombre que, pour l'être qui a subi la dissolution, il n'y a absolument plus ni mal ni affliction ; mais c'est une doctrine à laquelle t'empêchent de croire les doctrines de nos pères [...]. Songe donc que l'âme, qui est immortelle, se trouve dans la situation des oiseaux captifs. Si elle a vécu longtemps dans le corps et si une foule d'activités et une longue familiarité l'ont attachée à cette vie, elle aborde de nouveau ici-bas, rentre dans un corps et ne s'arrête ni ne cesse d'être liée aux passions et aux vicissitudes de ce monde à travers des naissances successives[8]. »

D'une façon générale, on reconnaît nettement dans l'ensemble de l'œuvre de Plutarque la marque des convictions pythagoriciennes[9] et platoniciennes, ainsi que la

7. Il y a sans doute là aussi une allusion discrète à la tragédie d'Eschyle *Les Choéphores*, où Clytemnestre rêve qu'elle berce un serpent qui lui mord ensuite le sein : prémonition de son meurtre imminent par son fils Oreste.

8. Plutarque, *Consolation à sa femme*, 611d-f, trad. Jean Hani, Les Belles Lettres.

9. R. Turcan, dans son article « L'âme oiseau et l'eschatologie orphique », *Revue d'histoire des religions*, 1959, vol. 155-1, p. 33-40, voit dans la « catabase »

trace des morales épicurienne et stoïcienne, mais il n'est pas considéré comme ayant eu lui-même une doctrine et une influence philosophique déterminantes. Plutarque est avant tout un moraliste et un historien, et n'a pas laissé le souvenir d'un grand métaphysicien.

On s'est étendu un peu longuement ici sur les théories de ce penseur tardif, en dépassant le cadre fixé à cette étude (d'Homère à Épicure) ; mais il était intéressant de voir, à travers Plutarque, la présence obstinée et continue des idées traditionnelles, c'est-à-dire la volonté certainement très répandue dans le grand public de continuer à croire en un « ailleurs » et un « après » où l'âme trouvera récompense et réconfort, survie et peut-être réincarnation.

---

de Thespésios une inspiration visiblement orphique (note 4 p. 38).

Conclusion

Au terme de ce long voyage à travers les siècles et les croyances se dégagent plusieurs thèmes essentiels.

La croyance en la survie et l'immortalité de l'âme est une idée profondément enracinée dans l'esprit grec. On voit apparaître dès le VIe siècle, il est vrai, la tentation du scepticisme ; les interlocuteurs de Socrate, au Ve siècle, la connaissent déjà ; et le doute évoluera, avec les stoïciens et surtout les épicuriens à la fin du IVe et au début du IIIe siècle avant notre ère, vers la conviction que l'âme est matière comme le corps et disparaît comme lui après la mort, sans que les dieux, lointains et indifférents, lui accordent le moindre intérêt. Mais, obstinée et sans cesse résurgente, la croyance en la survie de l'âme résiste à la tentation du doute.

La cité encourage cette foi en l'au-delà, qui est en même temps foi en l'existence de dieux observateurs et juges de la conduite des hommes, providence qu'ils peuvent implorer. Cette foi soude entre eux les citoyens et assure la cohésion et la morale de la cité ; elle fonde les rituels individuels ou collectifs, que ce soient les rites funéraires (libations sur les tombes ou sacrifices divers) ou les grandes manifestations civiques : cultes rendus à de grands morts héroïsés, cérémonies populaires d'initiation au monde de l'au-delà comme la célébration des mystères d'Éleusis.

L'âme existe, donc, et survit à la dissolution du corps. Mais où va-t-elle alors, et sous quelle forme ?

Les voyages de l'âme, lorsqu'elle se sépare du corps qui l'enfermait, deviennent de plus en plus complexes au cours des siècles. Au temps d'Homère, elle s'envole immédiatement après la mort dans la demeure d'Hadès, un monde souterrain gris et humide, sans lumière, plutôt terrifiant avec ses fleuves violents et ses « portes odieuses » ; voltigeant avec ses compagnes d'infortune, elle y mènera une existence larvaire, troublée parfois par l'arrivée inattendue d'un vivant apportant quelques nouvelles du monde extérieur ; soulagée toutefois de ne pas aller jusqu'au fond du Tartare, réservé aux grands coupables. Seules certaines âmes privilégiées, très rares, pourront accéder à des îles bienheureuses probablement situées au bord du disque terrestre.

Après Homère, l'âme se voit offrir des perspectives plus riantes avec les religions à mystères. Cette fois, de nombreuses âmes vont pouvoir accéder à un lieu de délices si elles ont suivi l'initiation et mémorisé les bonnes formules. Elles doivent suivre un certain itinéraire, traverser un paysage parsemé de points d'eau dont certains sont à éviter, répondre correctement aux questions qu'on leur posera ; elles peuvent alors entrer, après avoir salué Perséphone l'épouse d'Hadès, dans un lieu qui ressemble beaucoup aux îles bienheureuses des anciens privilégiés. Qu'y font-elles exactement ? Elles mènent sans doute une vie proche de celle des dieux : chants, danses, repas choisis, dans un bocage fleuri et verdoyant. Curieusement, c'est cette fois la « vie » des autres âmes qui reste peu claire ; ce sont en fait non pas des méchants, mais des non-initiés qui ne connaissent pas les bonnes formules et n'auront pas bu la bonne eau. Où vont ces réprouvés ? Que deviennent-ils, et sous quelle forme ? Les rares textes qui nous renseignent sur les religions à mystères ne parlent que du bonheur des élus. On peut imaginer que les autres rejoindront un lieu sans charme très proche de l'Hadès homérique, réduits à une vie fantomatique analogue à celle des ombres rencontrées par Ulysse.

C'est avec Platon que l'âme entreprend vraiment de longs voyages dans l'au-delà, au cours de cycles que le philosophe présente comme millénaires. L'âme marche d'abord pour arriver dans la prairie où l'attendent ses juges, qui l'orientent selon ses mérites ou ses fautes vers le haut ou vers le bas. Mais, dans les deux cas, il s'agit rarement d'une orientation définitive ; seuls quelques grands criminels vont pour toujours dans les profondeurs du Tartare, et peut-être quelques sages dans les hauteurs du ciel des Idées. En fait, dans la plupart des cas, le moment du jugement marque seulement le départ d'un très long cycle qui ramènera l'âme devant ses juges, soit pour un nouveau et interminable voyage dans le temps et l'espace, vers le haut ou vers le bas, soit peut-être vers la béatitude éternelle, soit le plus souvent vers la réincarnation.

Le voyage des âmes justes dans les espaces célestes reste très mystérieux pour nous. Comme tous ceux qui l'ont précédé (et beaucoup de ceux qui le suivront), Platon donne très peu de détails sur le « ciel » des bienheureux. Certes, c'est la première fois qu'on voit les âmes *monter* au-dessus de l'espace des humains ; mais ce ciel est-il l'éther ? ou alors des sommets inaccessibles de notre terre (un peu comme les Anciens voyaient l'Olympe où ils logeaient leurs dieux) ? ou encore des espaces interstellaires ? Nous ne le saurons jamais clairement. Admettons que ce lieu idéal soit inconcevable pour la faible raison humaine. Nous n'apprendrons pas davantage quelles rencontres font les âmes, au cours de ce voyage céleste, quelles épreuves elles doivent éventuellement subir, avant de revenir finalement devant les juges.

Inversement, le monde souterrain où vont les âmes des méchants a toujours beaucoup inspiré l'imagination des Grecs. Homère le partageait en deux zones, l'Érèbe, où allaient les âmes ordinaires, et le Tartare, tout au fond des enfers, prison de haute sécurité pour les grands criminels. Avec Platon, ce monde se précise et se diversifie. Il se mue en un espace coloré et violent. Ses fleuves et ses lacs deviennent les lieux de transport et de séjour des âmes, qui subissent épreuves et tortures à ses différents niveaux, avant de remonter dans la prairie du jugement. En même temps, cet endroit semble s'être vidé des divinités antiques et menaçantes qui l'habitaient jadis. On n'y voit plus Hadès ni son épouse Perséphone, seulement quelques « démons » malfaisants qui contrôlent la sortie des candidats à la libération et s'acharnent cruellement sur les resquilleurs.

Il est d'ailleurs intéressant de voir l'évolution des figures divines des enfers d'Homère jusqu'à Platon, et même jusqu'à Plutarque. Au temps d'Homère, aucune divinité infernale féminine n'est valorisée. On trouve des mentions stéréotypées de la « terrible Perséphone », sans jamais l'apercevoir ; en revanche, on voit plusieurs divinités tourmenter les morts et même les vivants : ce sont toujours des figures féminines, Kères, Parques, Gorgones, Érinyes, laides, effrayantes, vampires ou chiennes d'Hadès (à côté d'elles, Hermès ou Charon semblent presque bienveillants). Elles disparaissent apparemment des religions à mystères, laissant le champ libre à une Perséphone auguste qui semble devenue la reine respectée des enfers ; en même temps apparaissent quelques figures masculines « neutres », sous la forme de gardiens préposés à l'entrée de l'Hadès. Ensuite, de Platon jusqu'à Plutarque, on ne trouve plus aucune mention de divinités féminines malveillantes dans les enfers : le mort est accompagné de « démons » certainement masculins, et tourmenté par des bourreaux de plus en plus experts dans l'art des supplices qu'on inflige aux âmes coupables, spectacle affreux pour les âmes qui passent.

Sous quelle forme les philosophes imaginent-ils ces âmes en voyage ? La composition de l'âme a beaucoup intéressé les philosophes postérieurs à Platon. Est-ce un souffle chaud ? Un agrégat d'atomes ? En fait, la croyance en une composition matérielle de l'âme se retrouve uniquement chez ceux qui ne croient pas en sa survie. Pour les autres, explicitement ou implicitement, l'âme garde toujours la forme du corps où elle a vécu. Les contemporains d'Homère la conçoivent comme une ombre qui a conservé les apparences du vivant, mais non sa consistance ; on la reconnaît quand on la voit, mais on ne peut l'étreindre, comme aimerait le faire Ulysse quand il rencontre sa mère. On ne peut pas dire que cette image ait fondamentalement évolué avec les siècles. Après Homère, les Grecs s'imaginent toujours rejoindre leurs amis et leurs proches et les reconnaître sans mal, comme Antigone au seuil de la mort. Même Platon, qui a longuement médité sur le devenir de l'âme, ne l'imagine pas vraiment différente de la forme qu'avait le vivant dans les mythes qu'il lui consacre. Lorsque les philosophes parlent du sort des méchants, ils les représentent toujours comme des vivants, et c'est sous une forme bien humaine que ceux-ci subissent des tortures aux enfers. On aimerait savoir à quoi ressemblent au contraire les âmes des justes qui rejoignent finalement le monde des Idées, dont on nous dit parfois qu'elles sont « sans corps », mais on en est réduit aux suppositions. Bien sûr, tous les philosophes, des pythagoriciens et Platon jusqu'à Plutarque, recourent à des métaphores, comme celle de l'âme attelage ou de l'âme oiseau, mais on en revient toujours à imaginer cette âme sous une forme humaine.

Garde-t-elle toujours cette forme humaine ? Là encore, on aimerait trouver une réponse claire à cette question. Car, à l'exception des initiés des religions à mystères, la plupart des philosophes, orphistes peut-être, pythagoriciens et platoniciens sûrement, acceptent l'idée de la réincarnation ; mais ce qui est troublant, c'est qu'ils voient l'âme renaître aussi bien dans le corps d'un animal que dans celui d'un homme. Lorsque l'âme platonicienne revient dans la prairie du jugement, elle doit choisir elle-même entre une forme humaine ou animale pour sa réincarnation. Soit ; mais sous quelle forme alors l'âme d'un animal va-t-elle ensuite aux enfers ? L'idée d'y envoyer une âme-animal n'est jamais formulée explicitement par aucun philosophe ; aucun mythe ne fait état d'une telle rencontre dans l'espace souterrain, dans une île bienheureuse ou ailleurs : les voyageurs des enfers n'en ont jamais rencontré. Il faudra attendre l'ironie d'un Lucien, au IIe siècle de notre ère, pour qu'un humain discute avec un coq qui fut jadis Pythagore.

Les chercheurs en mythologie comparée pourraient certainement suggérer, à propos de la réincarnation, des influences, voire des emprunts des philosophies grecques à des croyances venues d'ailleurs, d'Égypte, d'Asie Mineure ou même d'Inde. Ici, on s'est volontairement limité au monde grec, c'est-à-dire à ce que pouvait connaître et penser la population ordinaire qui y vivait.

Quoi qu'il en soit, l'idée de la réincarnation des âmes semble admise par la plupart des philosophes après Platon. On la retrouvera chez Plutarque ou chez les néopythagoriciens, et même à Rome chez des poètes comme Virgile. Pourquoi cette idée a-t-elle connu une telle popularité ? Est-ce parce que l'au-delà, même bienheureux, ne séduit pas l'imagination, et que l'envie de vivre encore est plus forte que celle de connaître la béatitude ? On est pourtant tenté de dire que la réincarnation, si elle existe, entraîne pour l'âme la condamnation au voyage à perpétuité, à retrouver sans cesse une autre forme, animale ou humaine, sans jamais se reposer dans un enfer ou un lieu bienheureux. On conçoit que d'autres religions aient préféré concevoir la survie de l'âme sous une forme plus paisible et proposent au contraire une fin heureuse au voyage des âmes[1].

1. Une enquête récente fait apparaître que beaucoup des sondés européens et américains croient en la réincarnation. « [La croyance en la possibilité d'une survie individuelle] s'exprime massivement dans une croyance (très revisitée) à la réincarnation à laquelle adhèrent, selon les enquêtes, 20 à 25 % des Européens et des Américains du Nord. Contrairement à la dimension d'épreuve douloureuse que revêt la réincarnation dans la tradition bouddhiste ou hindouiste, celle-ci passe, aux yeux d'une grande majorité d'entre eux, pour une "croyance optimiste" qui permet de projeter, au-delà de la mort, la perspective d'un plein accomplissement personnel et psychologique demeuré inabouti en ce monde. Personne, dans cette perspective, ne redoute de se réincarner dans la forme d'un reptile ou d'un insecte ! » Danièle Hervieu-Léger, « Un nouvel univers de croyances », dans *Le Purgatoire. Fortune historique et historiographique d'un dogme*, éd. Guillaume Cuchet, éditions EHESS, 2012.

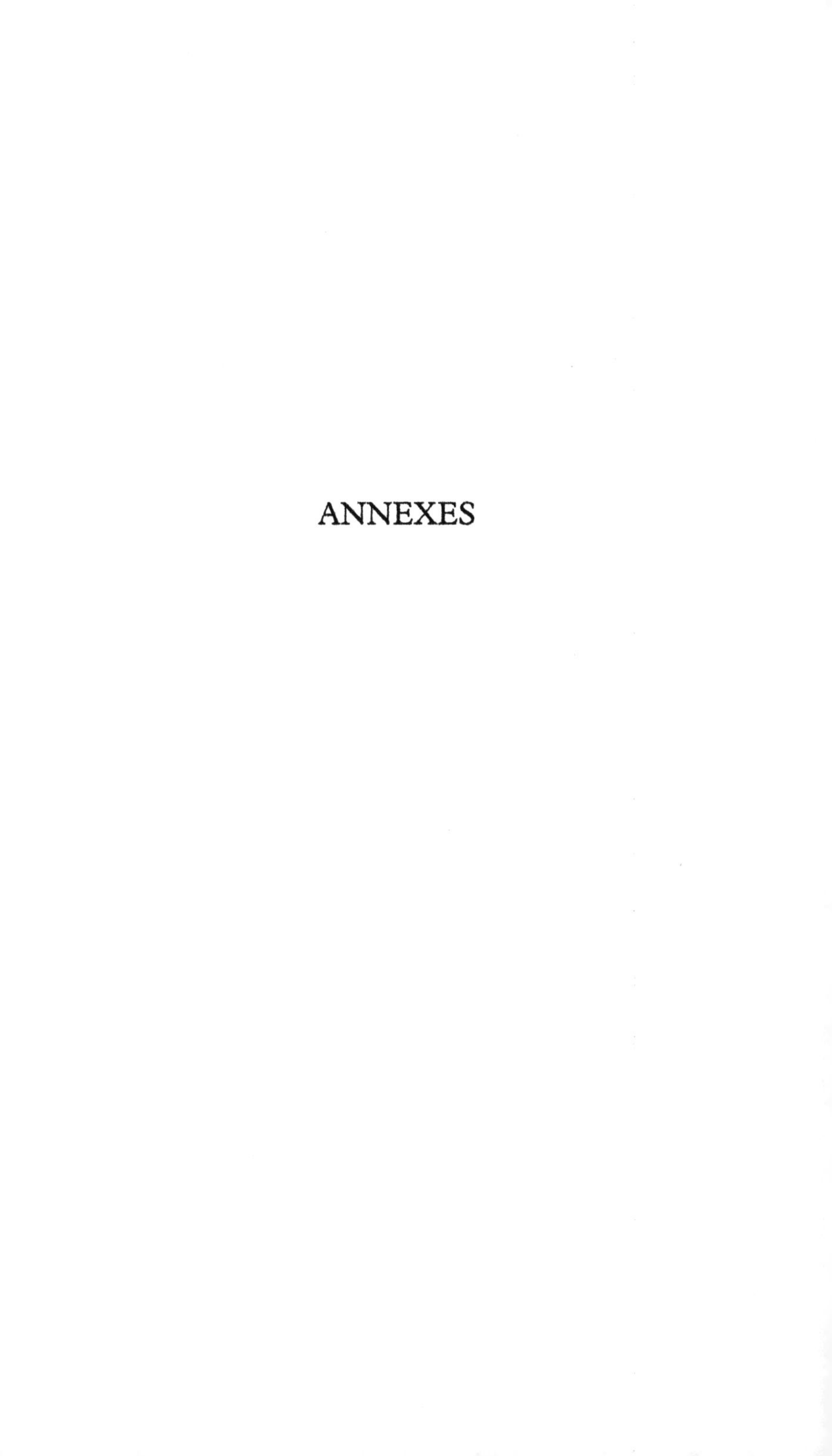

ANNEXES

I

Pausanias, *Description de la Grèce.* Témoignage sur un site « à mystères » : l'antre de Trophonios

Trophonios est un architecte légendaire qui possède un oracle à Lébadée. Cet oracle fait partie de ceux qu'interroge Crésus quand il veut savoir s'il doit s'attaquer à l'Empire perse (Hérodote, I, 46), et les Thébains le consultent avant la bataille de Leuctres, en 371 avant J.-C. (Pausanias, IV, 32, 5-6.). Au II*e siècle de notre ère, Pausanias consulte l'oracle à son tour : voici son récit de cette expérience.*

Lorsque quelqu'un a résolu de descendre dans l'antre de Trophonios, il passe d'abord un nombre de jours déterminés dans un édifice qui est consacré à Agathos Daimôn [le bon génie] et à la bonne Tychè [la Fortune] ; tant qu'il y demeure, il s'abstient de différentes choses pour rester pur, entre autres de bains chauds, et il se lave dans la rivière Hercyna ; mais il a en abondance de la viande des victimes, car celui qui veut consulter l'oracle est obligé de sacrifier à Trophonios et à ses enfants ; en outre à Apollon, à Cronos, à Zeus roi, à Héra Hénioché et à Déméter surnommée Europé, qui était, à ce qu'ils disent, la nourrice de Trophonios. Un devin, présent à chacun de ces sacrifices, examine les entrailles des victimes et prédit, d'après leur inspection, à celui qui doit descendre si Trophonios le recevra favorablement et avec indulgence. Cependant les entrailles de toutes ces victimes ne font pas connaître d'une manière certaine les dispositions de Trophonios ; mais dans la nuit même où l'on doit descendre, on sacrifie un bélier sur la fosse dont j'ai parlé, en invoquant Agamèdes, et l'on ne tient aucun compte des entrailles des victimes précédentes, si celles de ce bélier ne promettent pas la même chose ; aussi, lorsqu'elles sont d'accord avec les autres, on descend rempli d'espérance, et cela se fait de la manière suivante. On vous conduit d'abord pendant la nuit à la rivière Hercyna ; arrivé là, deux enfants nés de citoyens, âgés d'environ treize ans, qu'on nomme les Hermès, vous lavent, vous oignent d'huile, et font tout ce qui est de leur ministère. Les prêtres vous prennent ensuite, et vous conduisent non à l'oracle, mais à des fontaines qui sont très près l'une de l'autre ; il faut que vous buviez premièrement de l'eau appelée eau de Léthé [de l'oubli], pour vous faire oublier tout ce dont vous vous êtes occupé jusqu'alors ; vous buvez après de l'eau de Mnémosyne, pour bien vous rappeler ce que vous verrez en descendant. Vous regardez ensuite une statue qui est, à ce qu'on dit, l'ouvrage de Dédale (les prêtres ne la montrent qu'à ceux qui doivent pénétrer dans l'antre de Trophonios). Après avoir vu cette statue, lui avoir adressé vos hommages et vos vœux, vous allez à l'oracle revêtu d'une tunique de lin, ceint de bandelettes par-dessus, et chaussé d'une manière particulière au pays. L'oracle est sur la montagne qui domine le bois sacré ; c'est une plate-forme ronde de marbre blanc qui est à peu près de la grandeur d'une petite aire : elle a deux coudées[1] de haut ; sur les bords de la plate-forme sont des barreaux de bronze réunis par une ceinture du même métal ; c'est entre ces barreaux que sont pratiquées les portes. Il y a dans l'intérieur de l'enceinte une ouverture qui n'est pas l'ouvrage de la nature, mais qui a été construite avec beaucoup d'art et

1. Une coudée représente environ 45 cm.

de régularité, et qui ressemble à un four ; son entrée a, autant qu'on peut le conjecturer, quatre coudées de diamètre, et elle ne paraît pas avoir plus de huit coudées de profondeur : il n'y a point d'escalier pour arriver au fond. Lorsque quelqu'un veut entrer dans l'antre de Trophonios, on lui apporte une échelle étroite et légère ; en descendant vous trouvez, entre le sol et l'édifice, un trou qui a deux spithames[2] de large, et, à ce qu'il paraît, un spithame de haut ; celui qui est descendu se couche sur le carreau et, tenant à chaque main un gâteau pétri avec du miel, il met ses pieds dans cette ouverture, et cherche à y entrer jusqu'aux genoux ; aussitôt qu'ils y sont, le corps est entraîné avec autant de violence et de rapidité que l'est un homme par un de ces tourbillons que forment les fleuves les plus grands et les plus rapides. Ceux qui, de là, sont parvenus au fond de l'antre secret n'apprennent pas tous l'avenir de la même manière ; il y en a, en effet, qui voient ce qui doit leur arriver, et d'autres qui l'apprennent par ce qu'ils entendent ; on remonte par l'ouverture qui a servi pour descendre, et on en ressort les pieds les premiers. On dit qu'aucun de ceux qui y sont descendus n'y est mort, excepté un certain garde du corps de Démétrios, qui n'avait observé, à ce qu'on prétend, aucune des cérémonies en usage autour du temple, et dont l'intention n'était pas de consulter le dieu, mais qui espérait emporter beaucoup d'or et d'argent de l'antre secret ; on assure aussi que son cadavre fut trouvé dans un autre endroit, et qu'il ne fut pas rejeté par l'ouverture sacrée. On raconte beaucoup d'autres choses au sujet de cet homme ; je ne rapporte que ce qu'il y a de plus remarquable. Les prêtres s'emparent de nouveau de celui qui est sorti de l'antre de Trophonios, et, après l'avoir placé sur ce qu'on appelle le trône de Mnémosyne, qui est à peu de distance de l'antre secret, ils l'interrogent sur ce qu'il a vu et entendu, et, lorsqu'ils l'ont appris, ils le remettent entre les mains de ses amis qui l'emportent encore tout épouvanté et méconnaissable, tant à lui-même qu'à ses proches, dans le

2. Le spithame (ou empan, ou paume) représente la moitié d'une coudée, soit l'espace entre le pouce et le petit doigt étendus.

temple d'Agathos Daimôn et de la bonne Tychè, où il avait demeuré précédemment. On recouvre cependant plus tard sa raison, ainsi que la faculté de rire. Je raconte tout cela non d'après des ouï-dire, mais pour avoir vu des gens qui avaient consulté l'oracle de Trophonios, et pour l'avoir consulté moi-même. Ceux qui sont entrés dans l'antre de Trophonios sont obligés d'y consacrer un tableau sur lequel est écrit ce qu'ils ont vu ou entendu.

Pausanias, *Description de la Grèce* IX, 39, 5-14,
traduction de M. Clavier (légèrement modifiée), Paris, 1821

II

Platon, *Gorgias*

Date difficile à préciser ; probablement entre 395 et 390.

SOCRATE. Écoute donc, comme on dit, une belle histoire, que tu prendras peut-être pour un conte, mais que je tiens pour une histoire vraie ; et c'est comme véritables que je te donne les choses dont je vais te parler. Ainsi que le rapporte Homère, Zeus, Poséidon et Pluton, ayant reçu l'empire de leur père, le partagèrent entre eux. Or, c'était du temps de Cronos, et c'est encore aujourd'hui parmi les dieux une loi, à l'égard des hommes, que celui qui meurt après une vie tout entière juste et sainte aille après sa mort dans les îles des Bienheureux, où il séjourne à l'abri de tous maux, dans une félicité parfaite, tandis que l'âme injuste et impie s'en va au lieu de l'expiation et de la peine, qu'on appelle le Tartare.

Du temps de Cronos, et au commencement du règne de Zeus, c'étaient des vivants qui jugeaient ainsi d'autres vivants, et ils rendaient leur sentence au jour où ceux-ci devaient mourir. Or les jugements étaient mal rendus. De sorte que et Pluton et les surveillants des îles Fortunées rapportaient à Zeus que des deux côtés ils voyaient se presser des hommes qui ne devaient pas y être : « Je vais faire cesser ce mal, dit Zeus. Si les jugements jusqu'ici sont mal rendus, c'est qu'on juge les hommes encore vêtus, car on les juge de leur vivant. Or beaucoup d'hommes, ayant des âmes mauvaises, sont revêtus de beaux corps, de noblesse et de richesse, et le jour du jugement il leur vient en foule des témoins attestant qu'ils ont vécu selon la justice. Les juges alors sont frappés de stupeur devant cet appareil ; en outre, comme ils siègent eux-mêmes dans un appareil analogue, ayant devant l'âme des yeux, des oreilles, tout un corps qui les enveloppe, tout cela leur fait obstacle, à la fois chez eux-mêmes et chez ceux qu'ils ont à juger. La première chose à faire est d'ôter aux hommes la connaissance de l'heure où ils vont mourir ; car maintenant ils la prévoient. J'ai donné des ordres à Prométhée pour qu'il fasse cesser cela. Ensuite, il faut qu'on les juge dépouillés de tout cet appareil, et, pour cela, qu'on les juge après leur mort. Le juge aussi sera nu et mort, son âme voyant directement l'âme de chacun aussitôt après la mort, sans assistance de parents, sans toute cette pompe qui aura été laissée sur la terre ; autrement, point de justice exacte. J'avais reconnu ces choses avant vous, et j'ai constitué comme juges mes propres fils, deux de l'Asie, Minos et Rhadamanthe, un d'Europe, Éaque. Lorsqu'ils seront morts, ils rendront leurs sentences dans la prairie au carrefour d'où partent les deux routes qui mènent l'une aux îles Fortunées, l'autre dans le Tartare. Rhadamanthe sera spécialement chargé de juger ceux d'Asie, Éaque ceux d'Europe ; à Minos, je donne mission de prononcer en dernier ressort au cas où les deux autres douteraient, afin d'assurer une parfaite justice à la décision qui envoie les hommes d'un côté ou de l'autre.

Voilà, Calliclès, ce qu'on m'a raconté, ce que je tiens pour vrai, et d'où je tire la conclusion suivante. La mort, à ce qu'il me semble, n'est que la séparation de deux choses distinctes, l'âme et le corps ; et après qu'elles sont séparées, chacune d'elles reste assez sensiblement dans l'état où elle était pendant la vie. Le corps d'une part garde sa nature propre, avec les marques visibles des traitements et des accidents qu'il a subis : si, par exemple, l'homme, de son vivant, avait un corps de grande taille, soit par nature, soit pour avoir été bien nourri ou par ces deux causes à la fois, son cadavre reste de grande taille ; s'il était gros, il reste gros après la mort, et ainsi de suite ; et s'il portait les cheveux longs, ceux-ci restent longs ; s'il avait reçu les étrivières, et que les coups de fouet eussent laissé leur trace, ou si d'autres blessures l'avaient marqué, le cadavre présente encore le même aspect ; s'il avait quelque membre rompu ou déformé, les mêmes apparences se retrouvent dans le cadavre ; en un mot, tous les caractères distinctifs acquis par le corps vivant sont reconnaissables dans le cadavre, ou presque tous, pendant une certaine durée. Je crois, Calliclès, qu'il en est de même à l'égard de l'âme, et qu'on y aperçoit, lorsqu'elle est dépouillée de son corps, tous ses traits naturels et toutes les modifications qu'elle a subies, par suite des manières de vivre auxquelles l'homme l'a pliée en chaque circonstance.

Lorsque les morts arrivent devant le juge et que ceux d'Asie comparaissent devant Rhadamanthe, celui-ci les arrête et considère chaque âme, sans savoir à qui elle appartient ; souvent, mettant la main sur le Grand Roi ou sur quelque autre prince ou dynaste, il constate qu'il n'y a pas une seule partie saine dans son âme, qu'elle est toute lacérée et ulcérée par les parjures et les injustices dont sa conduite a chaque fois laissé l'empreinte, que tout y est déformé par le mensonge et la vanité et que rien n'y est droit parce qu'elle a vécu hors de la vérité, que la licence enfin, la mollesse, l'orgueil, l'intempérance de sa conduite l'ont remplie de désordre et de laideur : à cette vue, Rhadamanthe l'envoie aussitôt, déchue de ses droits, dans la prison, pour y subir les peines appropriées.

Or la destinée de tout être qu'on châtie, si le châtiment est correctement infligé, consiste ou bien à devenir meilleur et à tirer profit de sa peine, ou bien à servir d'exemple aux autres, pour que ceux-ci, par crainte de la peine qu'ils lui voient subir, s'améliorent eux-mêmes. Les condamnés qui expient leur faute et tirent profit de leur peine sont ceux dont le mal est guérissable : ils ont pourtant besoin de souffrances et de douleurs, sur terre et dans l'Hadès, car sans cela ils ne guériraient pas de leur injustice. Quant à ceux qui ont commis les crimes suprêmes et qui à cause de cela sont devenus incurables, ce sont ceux-là qui servent d'exemple, et s'ils ne tirent eux-mêmes aucun profit de leur souffrance puisqu'ils sont incurables, ils en font profiter les autres, ceux qui les voient soumis, en raison de leurs crimes, à des supplices terribles, sans mesure et sans fin, suspendus véritablement comme des épouvantails dans la prison de l'Hadès, où le spectacle qu'ils donnent est un avertissement pour chaque nouveau coupable qui pénètre dans ces lieux.

[...] Ainsi que je le disais tout à l'heure, quand Rhadamanthe reçoit un de ceux-ci, il ne connaît ni son nom ni sa famille ; il ne sait rien de lui, sinon que c'est un méchant : aussitôt qu'il s'en est assuré, il l'envoie au Tartare, avec un signe particulier, indiquant s'il le juge guérissable ou non ; là, le coupable subit la peine qui convient. Quelquefois, voyant une autre âme qu'il reconnaît comme ayant vécu saintement dans le commerce de la vérité, âme d'un simple citoyen ou de tout autre, mais plus souvent, Calliclès, si je ne me trompe, âme d'un philosophe, qui ne s'est occupé que de son office propre et ne s'est pas dispersé dans une agitation stérile durant sa vie : il en admire la beauté et l'envoie aux îles des Bienheureux. Tel est aussi le rôle d'Éaque, qui juge, ainsi que Rhadamanthe, en tenant une baguette à la main. Quant à Minos, qui surveille ces jugements, il siège seul avec un sceptre d'or en main, comme nous l'apprend l'Ulysse d'Homère, qui dit l'avoir vu « *un sceptre d'or à la main, rendant la justice aux morts* ». Pour ma part, Calliclès, j'ajoute foi à ces récits.

Platon, *Gorgias* 523a-526d,
traduction Alfred Croiset et Louis Bodin,
Les Belles Lettres, 1989

III

Platon, *Phédon*

Date approximative : 383.

« En tout cas, reprit Socrate, voilà encore un point, mes amis, sur lequel il est juste de réfléchir : si vraiment l'âme est immortelle, elle demande qu'on ait soin d'elle non seulement pour le temps que dure ce que nous appelons la vie, mais pour le temps dans sa totalité, et il y aurait dès lors un péril terrible, semble-t-il, à ne pas se soucier d'elle. Supposons, en effet, que mourir soit se détacher de tout : ce serait une bonne affaire pour les méchants, après leur mort, que d'être détachés à la fois de leur corps et de leur méchanceté, en même temps que de leur âme. En fait, puisque l'âme est manifestement immortelle, il n'est pour elle d'autre moyen d'échapper à ses maux, ni d'autre salut, que de se rendre la plus excellente et la plus sage qu'il se puisse. L'âme, en effet, se rend chez Hadès sans posséder rien d'autre que sa formation morale et ses habitudes de vie, c'est-à-dire, d'après les récits que l'on fait, ce qui est le plus utile ou le plus nuisible au mort dès qu'il est en route vers là-bas.

» Voici, dit-on, ce qui arrive à chaque homme après sa mort : le Génie (*daimôn*), auquel chacun, de son vivant, a été confié par le sort, se charge de le mener en un lieu où les morts se rassemblent pour y être jugés ; après quoi, ils prennent le chemin de l'Hadès avec ce guide qui a pour mission de les conduire d'ici jusque là-bas. Quand ils y ont eu le sort qu'ils méritent, et qu'ils y sont demeurés le temps prescrit, un autre guide les ramène par ici, ce qui demande beaucoup de longues révolutions du temps. Le chemin n'est pas tel que le dit Télèphe dans Eschyle : il déclare en effet que la route qui conduit dans l'Hadès est simple. Pour moi, elle n'est manifestement ni simple ni unique, car dans ce cas on n'aurait pas besoin de guide : personne, sans doute, ne pourrait s'égarer, s'il n'y avait qu'une voie. En fait, elle semble présenter des bifurcations et des carrefours en grand nombre. Je le dis en me fondant sur nos usages religieux. L'âme prudente et sage accepte docilement ce qui lui advient, et n'en ignore point le sens. Au contraire, celle qui tient au corps par ses passions, comme je l'ai dit précédemment, celle qui a longtemps eu un attachement violent pour lui et pour le monde visible, cette âme-là, après beaucoup de résistances et beaucoup de souffrances, s'en va, sous la contrainte et avec peine, conduite par le Génie qui lui a été assigné.

» Une fois arrivée dans le lieu où se trouvent déjà les autres, l'âme qui ne s'est pas purifiée et qui est coupable par exemple d'avoir participé à d'injustes homicides ou commis d'autres crimes du même ordre, crimes qui sont frères de ces crimes en même temps qu'ils sont l'œuvre d'âmes sœurs, cette âme-là tout le monde s'en écarte et l'évite, et nul n'accepte de lui servir de compagnon de route ou de guide ; elle erre solitaire et manque absolument de tout, jusqu'à ce que certains délais se soient écoulés ; quand ce terme est atteint, la nécessité la conduit au séjour qui lui sied. Au contraire, l'âme qui a toujours vécu dans la pureté et la mesure a les dieux comme compagnons de route et comme guides, et fixe ensuite son séjour dans la région qui lui convient.

» Or, il est par la terre bien des régions merveilleuses, et la Terre elle-même n'a point la forme ni la grandeur qu'imaginent les gens qui ont coutume de parler d'elle : j'en ai acquis la conviction en écoutant certaines personnes. » Simmias prit alors la parole : « Que veux-tu dire par là, Socrate ? Moi aussi, j'ai appris beaucoup de choses sur la terre, mais ce ne sont sans doute pas celles dont tu es convaincu. Je t'écouterai donc avec plaisir. – Mon cher Simmias, il n'est pas besoin, je pense, du secret de Glaucos pour t'en faire un exposé. Mais en prouver la vérité, voilà qui me paraît plus difficile que le secret de Glaucos. J'en serais même incapable sans doute, et si j'avais les moyens de le faire, le temps qui me reste à vivre, Simmias, ne suffit pas je pense à l'étendue du sujet. Mais rien ne m'empêche de vous dire quelle est, selon ma conviction, la forme de la Terre et quelles en sont les régions. – Eh bien ! soit, dit Simmias, ce sera suffisant. – Je me suis donc laissé convaincre, reprit Socrate, en premier lieu que, si la Terre est au milieu du ciel et de forme sphérique, elle n'a besoin, pour ne pas tomber, ni de l'air ni d'une autre pression de cet ordre. Ce qui est capable de la maintenir en place, c'est la similitude entre elles de toutes les parties du ciel et l'état d'équilibre de la Terre elle-même. Car un objet en équilibre au cœur d'un milieu homogène ne pourra subir une inclinaison petite ou grande, dans aucune direction : étant lui aussi identique à soi-même, il ne subira pas d'inclinaison et restera à sa place. Voilà le premier point dont je me suis persuadé. – Et à juste titre, dit Simmias.

- D'autre part, reprit Socrate, la Terre est d'une grandeur considérable ; et nous autres, du Phase aux colonnes d'Héraclès, nous n'en occupons qu'une petite parcelle, installés autour de la mer comme des fourmis ou des grenouilles autour d'une eau stagnante. En d'autres lieux beaucoup d'autres peuples occupent beaucoup de régions analogues. Car il y a partout, à la surface arrondie de la Terre, un grand nombre de creux, de toute forme et de toute grandeur, où se sont déversés ensemble l'eau, la vapeur et l'air. La Terre elle-même toute pure se trouve dans la partie pure du ciel où sont les astres, celle que nomment en général "éther" ceux qui traitent habituellement les sujets de cet ordre. Les matières dont je viens de parler sont constituées par un dépôt de l'éther, et elles se déversent ensemble de façon continue dans les creux de la terre. Nous, nous habitons ces creux sans le savoir, et nous croyons habiter en haut à la surface de la Terre, à la façon d'un homme qui, habitant à mi-distance du fond de la mer, croirait habiter à la surface de celle-ci et, voyant à travers l'eau le soleil et les autres astres, prendrait la mer pour du ciel. Sa nonchalance et sa faiblesse l'auraient toujours empêché jusqu'à présent de parvenir au plus haut niveau de la mer ; il n'aurait pas vu non plus, en élevant la tête hors de cette mer vers la région où nous sommes, à quel point elle est plus pure et plus belle que celle où il vit avec les siens, et il ne l'aurait appris d'aucun autre homme qui l'aurait vu. Nous sommes sans nul doute dans une situation analogue : nous habitons dans un creux de la Terre, et nous croyons habiter sur sa partie la plus élevée. Nous appelons "ciel" l'air, comme s'il était le ciel où se meuvent les astres. En fait, dans notre cas, le défaut est le même, la faiblesse et la nonchalance nous rendent incapables de traverser l'air jusqu'à sa partie supérieure. Car si quelqu'un atteignait cette partie, ou se donnait des ailes et prenait son vol, il en aurait alors une vue en élevant la tête comme ici-bas les poissons élèvent la tête hors de la mer et voient les choses d'ici-bas. Oui, c'est bien ainsi qu'il aurait une vue de ce qui est là-haut, et si sa nature était capable de soutenir cette contemplation, il comprendrait alors que c'est là le ciel véritable, la lumière véritable, et la Terre véritablement terre. Car cette terre, ces rochers, toute cette région où nous sommes, tout cela est corrompu, et rongé, comme ce qui est dans la mer est rongé par la salure. Et dans la mer rien ne pousse qui mérite qu'on en parle ; on n'y trouve rien pour ainsi dire, dont la forme soit parfaite, seulement des rochers creux, des sables mouvants, quantité de vase et de boue dans les zones où s'y mêle de la terre, rien qui supporte la comparaison avec les beautés de chez nous. Mais, de l'autre côté, la supériorité de ce qui est là-haut, par rapport aux choses de chez nous, serait encore plus manifeste.

» Si l'heure est bien choisie pour un exposé allégorique, il vaut la peine que vous entendiez dire, Simmias, ce que sont les choses situées à la surface de la terre, sous le ciel. – Nous serons très heureux, Socrate, dit Simmias, d'entendre cela.

– Eh bien ! mon ami, reprit Socrate, voici ce qu'on raconte. D'abord, l'image de cette Terre, si on la voit d'en haut, est à peu près celle d'une masse bariolée, semblable aux ballons faits de douze lanières de peau, et dont les couleurs, nettement distinguées par quartiers, sont reproduites, d'une certaine manière, par les couleurs d'ici-bas dont usent les peintres. Or, dans cette région-là, toute la Terre est faite de telles couleurs, et même de couleurs plus brillantes et plus pures que celles-ci. Tantôt, en effet, elle est pourpre et d'une étonnante beauté, tantôt elle ressemble à de l'or, ailleurs elle a tout l'éclat de la blancheur, elle est plus blanche que la craie ou que la neige, et toutes les couleurs qui la constituent également sont encore plus nombreuses et plus belles que toutes celles qu'il nous fut donné de voir. C'est que par eux-mêmes ces creux de notre Terre, étant tout pleins d'eau et d'air, présentent une certaine coloration brillante, au milieu du bariolage d'autres couleurs, si bien que la Terre offre au regard une certaine uniformité du ton dans un bariolage continu. Quant à l'autre Terre, qui est constituée comme je l'ai dit, tout y pousse à proportion, arbres, fleurs et fruits. De même, de leur côté, ses montagnes : les pierres y sont, dans la même proportion, plus belles dans leur poli, leur transparence, leurs teintes ; les pierreries d'ici-bas, les pierres précieuses, en sont des parcelles – les sardoines, les jaspes, les émeraudes, et tout ce qui est du même genre. Mais dans cette région-là il n'est rien qui soit de ce genre, et qui ne soit encore plus beau que nos pierreries. En voici la raison : les pierres de cette région-là sont pures, elles ne sont pas rongées et gâtées, comme celles d'ici-bas, par la putréfaction et la salure dues aux éléments qui se déversent ensemble dans les lieux où nous sommes : c'est là ce qui apporte aux pierres, à la terre, et aussi aux animaux, aux plantes, la laideur et la maladie. La Terre véritable, elle, se pare de toutes ces gemmes, et aussi d'or, d'argent, et d'autres corps de même sorte. Cette parure éclatante qu'elle doit à la nature est si abondante, si grandiose, si largement répandue sur toute la Terre, qu'elle offre un spectacle digne des Bienheureux.

» Les créatures vivantes, sur cette Terre-là, sont nombreuses, en particulier les hommes. Les uns en habitent le milieu ; d'autres vivent aux abords de l'air comme nous, près de la mer ; d'autres enfin dans des îles entourées d'air et posées sur la terre ferme. En un mot, le rôle que jouent pour nous, pour notre usage, l'eau et la mer, est joué dans cette région-là par l'air, et ce que l'air est pour nous, l'éther l'est pour ces hommes-là. Le climat dont ils jouissent est si tempéré qu'ils ne souffrent d'aucune maladie et qu'ils vivent beaucoup plus longtemps que les hommes d'ici-bas. À l'égard de la vue, de l'ouïe, de la pensée et de toutes les facultés de cet ordre, ils sont aussi loin de nous que, pour la pureté, l'air l'est de l'eau et que l'éther l'est de l'air. Ils ont pour les dieux des bois sacrés, des sanctuaires, où habitent réellement des divinités ; ils ont des voix prophétiques, des signes par lesquels se manifestent les dieux, et divers moyens de cet ordre par lesquels ils entrent en contact avec eux. Enfin le Soleil, la Lune, les astres, sont vus par ces hommes tels qu'ils sont en réalité. Et toutes les autres formes du bonheur viennent s'ajouter à ces privilèges.

» Telle est dans son ensemble la nature de la Terre et de ce qui l'entoure. Quant à ses régions intérieures, elles sont dans un rapport direct avec les lieux existant tout autour de la terre, et elles sont nombreuses. Les unes sont plus nombreuses et s'étendent sur une région plus vaste que celle où nous habitons ; les autres, tout en étant plus profondes, forment un creux moins étendu en largeur que notre région à nous ; d'autres enfin sont moins profondes que ce lieu-ci, mais leur largeur est plus grande. Toutes ces régions sont reliées sous terre par de nombreux conduits, tantôt plus étroits, tantôt plus larges, et présentent des issues par où l'eau s'écoule en abondance des uns dans les autres ainsi qu'en des bassins, formant sous la Terre des fleuves intarissables, immenses, d'eau chaude ou d'eau froide. Là s'écoule aussi du feu en abondance, et se forment de vastes fleuves de feu ; on y trouve aussi, en grand nombre, des fleuves de boue liquide, tantôt plus claire, tantôt plus épaisse ; c'est ainsi qu'en Sicile les fleuves de boue coulent avant la lave, puis vient la lave elle-même. Ces fleuves emplissent chaque région, selon la direction que prend en chaque circonstance le courant de chacun. Une sorte d'oscillation provoque tous ces mouvements vers le haut et vers le bas, en se produisant au-dedans de la Terre, et cette oscillation a une cause naturelle, qui est à peu près ce que je vais dire.

» L'un de ces gouffres de la Terre est particulièrement vaste, et traverse la Terre de part en part. Homère en parle quand il dit :

C'est là, très loin sous terre, que s'ouvre un abîme béant.

» Lui-même, d'ailleurs, en d'autres passages, et beaucoup d'autres poètes, l'appellent le Tartare. Ce gouffre est le lieu où convergent tous ces fleuves ; c'est également celui dont ils partent, et chacun prend ensuite son caractère particulier suivant la nature du terrain qu'il traverse. La raison pour laquelle tous les cours d'eau partent de là et y retournent, c'est que l'élément liquide ne trouve pas de fond ni d'appui : il subit dès lors un mouvement d'oscillation et d'ondulation vers le haut et vers le bas, et l'air en même temps, et son souffle, qui entourent l'élément liquide, font de même ; ils suivent en effet le mouvement de l'eau, quand elle se porte tantôt de l'autre côté de la Terre, tantôt de ce côté-ci. De même que, dans la respiration, l'air qu'on expire ou qu'on aspire est un souffle incessant, de même dans cette région-là le souffle de l'air, oscillant en même temps que l'élément liquide, produit des vents d'une violence irrésistible, soit qu'il entre ou qu'il sorte. Et quand l'eau s'est retirée vers les régions dites inférieures, elle afflue à travers la Terre dans les lieux où coulent ces fleuves et elle les emplit : cela ressemble au travail de l'irrigation. Inversement, quand elle abandonne cette région-là et se lance de ce côté-ci, elle emplit à nouveau la région où nous sommes. Des parties ainsi remplies un flot s'écoule par les conduits qui traversent le sol : chacun parvient aux lieux vers lesquels il se fraye un passage, formant ainsi des mers, des lacs, des fleuves, des sources. Puis, de là, ce fleuve s'enfonce à nouveau sous terre, et après avoir parcouru des circuits tantôt plus longs et plus nombreux, tantôt moins nombreux et plus courts, il se jette à nouveau dans le Tartare, parfois en un point beaucoup plus bas que celui où se formait le courant, parfois en un point légèrement plus bas, mais toujours à un niveau plus bas que celui de son départ. Dans certains cas, il va se jeter du côté qui fait face à celui où il jaillit ; dans d'autres, il se jette du même côté. Il arrive aussi que les circuits fassent un tour complet, s'enroulent en spirale une ou plusieurs fois autour de la Terre, comme des serpents, et descendent aussi bas que possible pour retrouver leur embouchure. Or il est possible que, dans les deux directions, la descente aille jusqu'au centre, mais pas plus loin. Car, devant l'un et l'autre flot, la région située du côté opposé forme une montée.

Il existe bien sûr d'autres courants, nombreux, puissants et variés, mais dans ce grand nombre il y a lieu d'en distinguer quatre. Le plus grand, celui dont le cours décrit le cercle le plus vaste vers l'extérieur, s'appelle Océan. En face de lui, et coulant en sens inverse, est l'Achéron, qui traverse des lieux déserts, mais coule surtout sous la terre, et arrive au lac Achérousias : c'est là que se rendent en foule les âmes des morts ; elles y demeurent le temps qui leur est fixé, et cette durée est plus ou moins longue suivant les cas, puis elles sont renvoyées vers de nouvelles naissances sous la forme animale (*eis tas tôn zôôn geneseis*). Un troisième fleuve jaillit entre les deux premiers et, près de sa source, il tombe dans un grand espace brûlé d'un feu violent ; il s'y forme un lac plus étendu que notre mer, où l'eau bouillonne avec la boue ; au sortir de là, son flot troublé et boueux suit un trajet circulaire, puis, décrivant sous la Terre une spirale, il atteint des régions différentes, en particulier l'extrémité du lac Achérousias, sans mêler ses eaux aux siennes ; enfin, au bout de nombreuses spirales, il va se jeter dans une partie plus basse du Tartare ; c'est un fleuve qu'on nomme Pyriphlégéthon ; ses laves lancent en bouillonnant des éclats de matière en divers points de la surface de la Terre. Vis-à-vis de celui-ci, le quatrième fleuve se précipite d'abord dans un pays qui est dit-on effrayant et sauvage ; sa couleur est partout bleuâtre, c'est le pays qu'on nomme Stygien, et le fleuve en y pénétrant va former le lac du Styx ; puis, ses eaux ayant acquis de redoutables propriétés en tombant dans ce lac, le fleuve s'enfonce sous la Terre, décrit des spirales, coule en sens inverse du Pyriphlégéthon, et vient à sa rencontre, dans la région du lac Achérousias, du côté opposé. Son eau, du reste, elle non plus, ne se mêle à aucune autre ; mais lui aussi, décrivant un trajet circulaire, se jette dans le Tartare à l'opposé du Pyriphlégéthon : il s'appelle, à ce que disent les poètes, le Cocyte.

» Voilà comment la nature a disposé ces régions. Quand les morts sont arrivés dans le lieu où chacun d'eux est conduit par son Génie, ils s'y font d'abord juger, qu'ils aient vécu vertueusement, saintement, ou non. Ceux dont l'existence aura semblé moyenne partent vers l'Achéron montés dans des barques faites pour eux, et sur lesquelles ils arrivent au lac. Ils séjournent là, s'y purifient, se déchargent des fautes qu'ils ont pu commettre par les peines qu'ils subissent, et obtiennent pour leurs bonnes actions des récompenses en rapport avec leur mérite individuel. Ceux qui auront semblé incurables à cause de l'énormité de leurs fautes, qui ont multiplié les vols sacrilèges et graves, défié la justice et les lois par des meurtres, et accumulé les forfaits de cette espèce, ceux-là reçoivent le lot qui leur convient, et sont jetés dans le Tartare, d'où jamais ils ne reviennent. Ceux dont les fautes auront semblé n'être pas sans remède malgré leur gravité (ceux, par exemple, qui par colère ont usé de violence envers leur père ou leur mère, et s'en sont repentis toute leur vie, ou qui sont devenus homicides dans des circonstances du même ordre), ceux-là doivent nécessairement être précipités au Tartare. Mais une fois qu'ils y sont tombés et qu'ils y ont séjourné un temps déterminé, le flot les rejette : les homicides suivent le cours du Cocyte, les meurtriers de leur père ou de leur mère celui du Pyriphlégéthon ; quand ils arrivent ainsi à la hauteur du fleuve Achérousias, ils se mettent à crier, ils appellent, les uns ceux qu'ils ont tués, les autres ceux qu'ils ont violentés ; ils les appellent, ils les supplient et leur demandent de les laisser passer sur le lac et de les accueillir. S'ils les fléchissent, ils passent, et leurs maux prennent fin. Dans le cas contraire, le fleuve les ramène au Tartare, et de là aux fleuves. Cela ne cesse pas avant qu'ils aient fléchi leurs victimes : telle est la punition que les Juges leur ont infligée. Ceux enfin dont la vie aura semblé éminemment sainte sont libérés et affranchis, comme d'une prison, de ces régions intérieures de la Terre ; ils atteignent en s'élevant le lieu qui est pur, et établissent leur demeure sur le dessus de la Terre. Et ceux d'entre eux qui, grâce à la philosophie, se sont purifiés autant qu'il faut, vivent désormais sans corps, et parviennent à des demeures encore plus belles, qu'on ne peut décrire facilement, sans parler du temps qui me manque à présent pour le faire.

» Eh bien ! Simmias, pour toutes les raisons que nous venons d'exposer, nous devons tout faire en vue de participer, dans cette vie, à la vertu et à la pensée ; le prix de nos efforts est beau, et grande notre espérance. Il ne convient pas, sans doute, à un homme sensé de soutenir que ces choses sont précisément comme je l'ai dit. Mais qu'il en soit ainsi, ou à peu près ainsi, de nos âmes et de leurs demeures, puisqu'il est évident que l'âme est immortelle, c'est un risque, à mon avis, qu'il convient d'affronter, et qui vaut la peine, quand on croit à l'immortalité. »

Platon, *Phédon* 107e-114d,
traduction Paul Vicaire, Les Belles Lettres, 2002

IV

Platon, *La République*

Le mythe d'Er le Pamphylien

Date approximative : vers 375.

Ce n'est point, dis-je, un récit d'Alkinoos que je vais te faire, mais le récit d'un brave, Er, fils d'Arménios, originaire de Pamphylie. Il était mort dans une bataille. Dix jours après, comme on ramassait les morts déjà putréfiés, on le releva, lui, en bon état, on le porta chez lui pour l'ensevelir, et, le douzième jour, ayant été mis sur le bûcher, il revint à la vie. Alors il raconta ce qu'il avait vu là-bas.

Aussitôt, dit-il, que son âme était sortie de son corps, il s'était mis en route avec beaucoup d'autres, et ils étaient arrivés dans un endroit merveilleux, où il y avait dans la terre deux ouvertures attenant l'une à l'autre, et dans le ciel, en haut, deux autres qui leur faisaient face. Entre ces doubles ouvertures siégeaient des juges ; dès qu'ils avaient prononcé leur sentence, ils ordonnaient aux justes de prendre à droite la route qui montait dans le ciel, après leur avoir attaché par-devant un écriteau relatant leur jugement, et aux méchants de prendre à gauche la route descendante, portant eux aussi, mais par-derrière, un écriteau où étaient marquées toutes leurs actions. Comme il s'approchait à son tour, les juges lui dirent qu'il aurait à porter aux hommes les nouvelles de ce monde souterrain et ils lui ordonnèrent d'écouter et d'observer tout ce qui se passait en cet endroit.

Or il vit là les âmes qui s'en allaient par l'une et l'autre ouverture du ciel et de la terre, après avoir subi leur jugement, pendant que les deux autres ouvertures livraient passage, l'une à des âmes exténuées et poussiéreuses qui montaient du sein de la terre, l'autre à des âmes qui descendaient du ciel toutes pures ; et toutes ces âmes qui arrivaient progressivement semblaient venir d'un long voyage ; elles gagnaient joyeusement la prairie pour y camper, comme dans une fête solennelle ; celles qui se connaissaient se saluaient réciproquement, et celles qui venaient de la terre questionnaient les autres sur ce qui se passait au ciel, et celles qui venaient du ciel sur ce qui se passait sous terre. Les unes racontaient leurs aventures en gémissant et en pleurant, au souvenir des maux de toute sorte qu'elles avaient soufferts ou vu souffrir dans leur voyage souterrain, voyage qui dure mille ans ; les autres, qui venaient du ciel, faisaient le récit de plaisirs délicieux et de spectacles d'une beauté infinie. Les nombreux détails de leur récit, Glaucon, demanderaient beaucoup de temps ; mais en voici d'après lui l'essentiel.

Quel que fût le nombre des crimes qu'elles avaient commis, et celui des personnes qu'elles avaient lésées, elles expiaient leurs méfaits l'un après l'autre, et dix fois chacun d'eux, et chaque fois la punition durait cent ans, ce qui est la durée de la vie humaine, afin que le châtiment fût décuple pour chaque crime. Par exemple ceux qui avaient causé la mort de beaucoup d'hommes, qui avaient trahi des États ou des armées et les avaient jetés dans l'esclavage, qui avaient contribué à quelque autre catastrophe, avaient à subir des douleurs au décuple pour chaque crime. Ceux qui au contraire avaient fait du bien autour d'eux, qui avaient été justes et pieux, en obtenaient la récompense dans la même proportion. Au sujet des enfants qui sont morts en naissant, ou qui n'ont vécu que peu de temps, Er donnait force détails qui ne valent pas la peine qu'on les rapporte. En ce qui concerne l'impiété et la piété envers les dieux et les parents, et pour le meurtre à main armée, le salaire, d'après lui, dépassait encore la mesure donnée plus haut.

Il s'était en effet trouvé, disait-il, près d'un homme à qui l'on demandait où se trouvait Ardiée le Grand. Or cet Ardiée avait été tyran dans une cité de Pamphylie, mille ans auparavant ; il avait tué son vieux père et son frère aîné, et commis, à ce que l'on disait, beaucoup d'autres forfaits. L'homme ainsi questionné avait répondu, selon le rapport d'Er : « Il n'est pas venu, il ne saurait venir ici. Et en effet, entre autres spectacles terribles, nous avons été témoins de celui-ci. Comme nous étions près de l'ouverture et sur le point de remonter, après avoir subi toutes les autres épreuves, soudain nous avons aperçu cet Ardiée avec d'autres, qui, pour la plupart, étaient des tyrans ; il y avait aussi un certain nombre de particuliers qui avaient été de grands scélérats. Au moment où ils pensaient remonter, l'ouverture leur refusa le passage : elle mugissait chaque fois qu'un de ces méchants incurables ou qui n'avaient pas suffisamment expié essayait de sortir. Alors, disait-il, des hommes sauvages et tout de feu, qui se tenaient près de l'entrée, entendant le mugissement, saisissaient les uns par le milieu du corps et les emmenaient ; mais pour Ardiée et d'autres, ils leur enchaînèrent les mains, les pieds et la tête, les jetèrent à terre, les écorchèrent, les tirèrent de côté le long du chemin, et, les cardant sur des genêts épineux, ils déclaraient à tous les passants pour quels crimes ils les traitaient ainsi, et qu'ils les emmenaient pour les précipiter dans le Tartare. » Là, disait Er, ils avaient ressenti bien des terreurs de toute sorte, mais aucune n'égalait la peur que chacun avait d'entendre le mugissement au moment de remonter, et ç'avait été pour chacun d'eux une vive satisfaction de pouvoir remonter sans l'entendre. Tels étaient à peu près les peines et les châtiments, ainsi que les récompenses correspondantes.

Quand chaque groupe avait passé sept jours dans la prairie, il devait lever le camp et partir le huitième jour, pour arriver quatre jours après à un endroit d'où l'on découvre une lumière qui s'étend d'en haut à travers tout le ciel et la terre, une lumière droite comme une colonne et fort semblable à l'arc-en-ciel, mais plus brillante et plus pure. Ils arrivèrent à cette lumière après un jour de marche ; et là, au milieu de la lumière, ils virent, tendues de ce point du ciel, les extrémités de ses chaînes ; car cette lumière était un lien qui enchaînait le ciel, comme les cordes qui font le tour des trières ; c'est de la même façon qu'elle retenait toute la sphère tournante. Aux extrémités de ces liens était suspendu le fuseau de la Nécessité qui faisait tourner toutes les sphères ; la tige et le crochet étaient d'acier, et le peson un mélange d'acier et d'autres matières. Voici quelle était la nature du peson : extérieurement il ressemblait aux pesons d'ici-bas ; mais pour sa composition, il faut, d'après ce que disait Er, se le représenter de la façon suivante : c'était un grand peson creux et évidé complètement, dans lequel était exactement enchâssé un autre peson pareil, mais plus petit, comme les boîtes qu'on encastre l'une dans l'autre ; un troisième s'enchâssait de même, puis un quatrième, puis les autres ; car il y avait huit pesons en tout, insérés les uns dans les autres, laissant voir en haut leurs bords comme des cercles, et formant la surface continue d'un seul peson autour de la tige, qui traversait de part en part le milieu du huitième. Or le premier peson, le peson extérieur, était celui dont le bord circulaire était le plus large ; à ce point de vue le sixième peson avait le deuxième rang, le quatrième le troisième rang ; le huitième, le quatrième ; le septième, le cinquième ; le cinquième, le sixième ; le troisième, le septième, et enfin le deuxième, le huitième.

Le cercle du plus grand était constellé ; celui du septième était le plus brillant ; celui du huitième tenait sa couleur du septième qui l'éclairait ; ceux du deuxième et du cinquième avaient à peu près la même couleur, une couleur plus jaune que les précédents ; le troisième était le plus blanc de tous ; le quatrième était rougeâtre ; le sixième avait le second rang pour la blancheur. Le fuseau tout entier tournait sur lui-même d'un mouvement uniforme ; mais, dans la rotation de l'ensemble, les sept cercles intérieurs tournaient lentement dans un sens contraire à tout le reste. Parmi les sept, le plus rapide était le huitième, puis le septième, le sixième et le cinquième qui allaient du même pas ; puis le quatrième leur paraissait avoir le troisième rang de vitesse dans cette rotation inverse, le troisième le quatrième rang, le deuxième le cinquième. Le fuseau lui-même tournait sur les genoux de la Nécessité. Sur le haut de chaque cercle se tenait une sirène qui tournait avec lui et qui faisait entendre sa note à elle, son ton à elle, en sorte que ces voix réunies, au nombre de huit, composaient un accord unique. D'autres femmes assises en cercle à intervalles égaux, au nombre de trois, chacune sur un trône, les filles de la Nécessité, les Moires, vêtues de blanc, la tête couronnée de bandelettes, Lachésis, Clotho et Atropos, chantaient, d'accord avec les sirènes, Lachésis le passé, Clotho le présent, Atropos l'avenir. De plus Clotho, la main droite sur le fuseau, en faisait tourner par intervalles le cercle extérieur ; Atropos faisait tourner de la même manière avec sa main gauche les cercles intérieurs, et Lachésis tournait tour à tour les uns et les autres de l'une et l'autre main.

Pour eux, quand ils furent arrivés, il leur fallut aussitôt se présenter à Lachésis. Et d'abord un hiérophante (*prophètès*) les rangea en ordre ; puis, prenant sur les genoux de Lachésis des sorts et des modèles de vie, il monta sur une estrade élevée et cria : « Déclaration de la vierge Lachésis, fille de la Nécessité. Âmes éphémères, vous allez commencer une nouvelle carrière et renaître à la condition mortelle. Ce n'est pas un Génie qui vous tirera au sort, c'est vous qui allez choisir votre Génie. Le premier que le sort aura désigné choisira le premier la vie à laquelle il sera lié par la nécessité. Pour la vertu, elle n'a point de maître : chacun en aura plus ou moins, suivant qu'il l'honorera ou la dédaignera. Chacun est responsable de son choix, la divinité est hors de cause. »

À ces mots, il jeta les sorts sur l'assemblée, et chacun ramassa celui qui était tombé près de lui, sauf Er, à qui on ne le permit pas. Chacun connut alors le rang qui lui était échu pour choisir. Après cela, le même hiérophante étala sur terre devant eux les modèles de vie, dont le nombre surpassait de beaucoup celui des âmes présentes. Il y en avait de toutes sortes : toutes les vies possibles d'animaux et toutes les vies humaines ; on y trouvait des tyrannies, les unes durables jusqu'à la mort, les autres interrompues au milieu et finissant dans la pauvreté, l'exil et la mendicité ; il y avait aussi des vies d'hommes renommés soit pour la beauté de leur corps et de leur visage ou pour leur vigueur et leur force à la lutte, soit pour leur noblesse et les grandes qualités de leurs ancêtres. Il y avait aussi des vies d'hommes obscurs sous tous ces rapports, et des vies de femmes de la même variété. Mais il n'y avait rien de réglé pour le rang des âmes, parce que chacune devait nécessairement changer selon le choix qu'elle faisait. Quant aux autres éléments de notre condition, ils étaient mélangés les uns avec les autres et avec la richesse et la pauvreté, avec la maladie, avec la santé ; il y avait aussi des partages moyens entre ces extrêmes.

[...] Au moment même où l'hiérophante jetait les sorts, il avait, selon le rapport du messager des enfers, ajouté ces paroles : « Même le dernier venu, s'il choisit judicieusement et s'efforce de bien vivre, peut ramasser une condition convenable et bonne. Que le premier choisisse avec attention, et que le dernier ne perde pas courage. » Le Pamphylien racontait que, lorsque l'hiérophante eut prononcé ces paroles, celui à qui était échu le premier sort, s'avançant aussitôt, choisit la plus grande tyrannie et, emporté par l'imprudence et par une avidité gloutonne, il la prit sans avoir examiné suffisamment toutes les conséquences de son choix. Il ne vit pas que son lot le destinait à manger ses propres enfants et à d'autres horreurs ; mais, quand il l'eut examiné à loisir, il se frappa la poitrine et se lamenta d'avoir ainsi choisi, sans se souvenir des avertissements de l'hiérophante ; car, au lieu de s'accuser lui-même de ses maux, il s'en prenait à la fortune, aux démons, à tout, plutôt qu'à lui-même. Or c'était un de ceux qui venaient du ciel, et il avait vécu précédemment dans un État bien gouverné ; mais, s'il avait eu de la vertu, c'était à l'habitude, non à la philosophie, qu'il le devait, et l'on peut affirmer que, parmi les âmes qui se laissaient ainsi surprendre, celles qui venaient du ciel n'étaient pas les moins nombreuses ; et la raison, c'est qu'elles n'avaient pas été éprouvées par les souffrances ; au contraire, la plupart de celles qui venaient de la terre, ayant souffert elles-mêmes et vu souffrir les autres, ne faisaient pas leur choix avec précipitation. Il résultait de là, comme aussi des chances du tirage au sort, que la plupart des âmes échangeaient des maux pour des biens et vice versa. [...]

C'était, disait Er, un spectacle curieux de voir de quelle manière les différentes âmes choisissaient leur vie ; rien de plus pitoyable, de plus ridicule, de plus étrange. La plupart en effet n'étaient guidées dans leur choix que par les habitudes de leur vie antérieure. Il avait vu, disait-il, l'âme qui avait été celle d'Orphée choisir la vie d'un cygne, parce qu'il ne voulait pas, en haine des femmes qui l'avaient mis à mort, naître du sein d'une femme ; il avait vu l'âme de Thamyras choisir la vie d'un rossignol ; il avait vu aussi un cygne changer son existence pour celle de l'homme, et d'autres animaux chanteurs faire de même. L'âme que le sort avait appelée la vingtième à choisir prit la vie d'un lion : c'était celle d'Ajax, fils de Télamon, qui ne voulait plus de l'état d'homme, en ressouvenir du jugement des armes. Puis ce fut l'âme d'Agamemnon ; elle aussi, ayant pris en aversion la race humaine à cause de ses malheurs passés, échangea sa condition pour celle d'un aigle. Placée par le sort au milieu des autres, l'âme d'Atalante, ayant considéré les grands honneurs rendus aux athlètes, n'eut pas la force de passer outre, et les choisit. Après elle, il avait vu l'âme d'Épéos, fils de Panopée, passer à la condition d'une femme industrieuse. Loin, dans les derniers rangs, il avait vu l'âme du bouffon Thersite revêtir la forme d'un singe. Enfin l'âme d'Ulysse, à qui le hasard avait assigné le dernier rang, s'avança pour choisir ; mais, soulagée de l'ambition par le souvenir de ses épreuves passées, elle alla cherchant longtemps la vie d'un particulier étranger aux affaires ; elle eut quelque peine à en trouver une, qui gisait dans un coin, dédaignée par les autres. En l'apercevant, elle dit qu'elle aurait fait le même choix si le sort l'eût désignée la première, et elle s'empressa de la prendre. Les animaux faisaient de même : ils passaient à la condition d'hommes ou à celle d'autres animaux, les animaux injustes dans les espèces féroces, les justes dans les espèces paisibles, et il se faisait des mélanges de toutes sortes.

Quand toutes les âmes eurent choisi leur condition, elles se dirigèrent vers Lachésis dans l'ordre où elles avaient tiré leur lot. Celle-ci donna à chacune le Génie qu'elle avait préféré, afin qu'il lui servît de gardien dans la vie et lui fît remplir la destinée qu'elle avait choisie. Tout d'abord le Génie la menait vers Clotho et, la mettant sous la main de cette parque et sous le fuseau qu'elle faisait tourner, il ratifiait ainsi la destinée que l'âme avait choisie après le tirage au sort. Après avoir touché le fuseau, il la menait ensuite à la trame d'Atropos, pour rendre irrévocable ce qui avait été filé par Clotho, puis, sans qu'elle pût retourner en arrière, l'âme venait au pied du trône de la Nécessité ; enfin, elle passait de l'autre côté de ce trône. Lorsque toutes y eurent passé, elles se rendirent ensemble dans la plaine du Léthé par une chaleur étouffante et terrible ; car il n'y avait dans la plaine ni arbre ni plante. Le soir venu, elles campèrent au bord du fleuve Amélès, dont aucun vase ne peut garder l'eau ; chaque âme est obligée de boire de cette eau une certaine quantité ; celles qui ne sont pas retenues par la prudence en boivent outre mesure. Dès qu'on en a bu, on oublie tout. On s'endormit ensuite ; mais au milieu de la nuit il survint un éclat de tonnerre, avec un tremblement de terre, et soudain les âmes s'élancèrent de leur place l'une d'un côté, l'autre de l'autre vers le monde supérieur où elles devaient renaître, et filèrent comme des étoiles. Quant à lui, on l'avait empêché de boire de l'eau ; cependant par où et comment il avait rejoint son corps, il l'ignorait ; mais soudain, ayant levé les yeux, il s'était vu à l'aube couché sur le bûcher.

Et c'est ainsi, Glaucon, que le conte a été sauvé de l'oubli et ne s'est point perdu. Il peut, si nous y ajoutons foi, nous sauver nous-mêmes ; alors nous franchirons heureusement le fleuve Léthé, et nous ne souillerons pas notre âme. Si donc vous m'en croyez, convaincus que notre âme est immortelle et capable de tous les biens comme de tous les maux, nous suivrons toujours sur la route qui conduit en haut, et nous pratiquerons de toute manière la justice et la sagesse. Par là nous serons en paix avec nous-mêmes et avec les dieux, non seulement tant que nous resterons ici-bas, mais encore lorsque nous aurons gagné les prix de la justice, comme les vainqueurs aux jeux qui recueillent dans l'assemblée les présents de leurs amis ; et nous serons heureux, à la fois sur cette terre, et dans le voyage de mille années que nous avons décrit.

Platon, *La République*, X, 613e-621d,
traduction Émile Chambry,
Les Belles Lettres (2003)

V

Platon, *Phèdre*

Date approximative : 370.

Dans ce dialogue, Socrate discute de l'amour avec Phèdre, et lui explique la nécessité de bien connaître ce qu'est l'âme. Il la compare d'abord à un attelage (un cocher - l'homme - avec un attelage - l'âme - de deux chevaux différents), puis à un être ailé qui cherche à gagner le ciel des Idées, d'abord du vivant du corps, puis après sa mort.

Voilà qui suffit sur la question de son immortalité. Quant à ce qui est de sa nature, voici ce qu'il en faut dire : la caractériser, c'est l'affaire d'une exposition entièrement, absolument divine et fort étendue ; mais en donner une image, l'affaire d'un exposé humain et de moindres proportions ; en conséquence, c'est ainsi que nous devons en parler. Cette image est celle de je ne sais quelle force active naturelle, qui unit un attelage et son cocher, soutenus par des ailes. Cela étant, les Dieux ont des chevaux, des cochers, qui sont eux-mêmes bons, composés de bons éléments, tandis que, pour le reste des êtres, il y a des mélanges. Pour nous, c'est, premièrement, d'un attelage apparié que le conducteur est cocher ; ensuite, des deux chevaux, l'attelage en a un qui est beau, bon et formé de tels éléments, tandis que la composition de l'autre est contraire, et contraire sa nature. Il s'ensuit que, dans notre cas, c'est nécessairement un métier difficile et ingrat que celui de cocher ! [...] C'est toujours une âme qui a charge de tout ce qui est dépourvu d'âme ; mais, en circulant dans la totalité de l'univers, elle y revêt çà et là des formes différentes. C'est ainsi que, lorsqu'elle est parfaite et ailée, elle chemine dans les hauteurs et administre le monde entier ; quand, au contraire, elle a perdu ses ailes, elle est entraînée jusqu'à ce qu'elle se soit saisie de quelque chose de solide ; elle y établit sa résidence, elle prend un corps de terre et qui paraît être l'auteur de son propre mouvement à cause de la force qui appartient à l'âme : ce qu'on a appelé un vivant, c'est cet ensemble d'une âme et d'un corps solidement ajusté, et il a reçu la dénomination de *mortel.*

[...] Il est de la nature de l'aile d'être apte à mener vers le haut ce qui est pesant, en l'élevant du côté où habite la race des Dieux ; [...] pour les attelages qui portent les Dieux, comme la façon dont ils sont équilibrés les rend faciles à conduire, la montée est aisée. Mais, pour les autres, elle se fait à grand-peine : celui des chevaux en effet chez qui il y a de la rétivité appuie pesamment ; il tire vers la terre son cocher, alourdissant la main de celui qui n'aura pas eu l'art de le dresser. C'est là, sache-le, que l'âme est en face de l'épreuve et de la joute suprêmes ! Les âmes en effet qu'on nomme immortelles, une fois qu'elles sont au sommet, s'avancent au-dehors, se dressant alors sur le dos de la voûte céleste, et, ainsi dressées, sa révolution circulaire les emporte tandis qu'elles contemplent les réalités qui sont en dehors du ciel.

[...] Voilà pour l'existence des Dieux ; passons aux autres âmes. Celle-ci fait de son mieux pour suivre les Dieux ; elle élève vers le lieu qui est en dehors du ciel la tête de son cocher ; entraînée dans la révolution circulaire, elle est à grand-peine capable, dans l'embarras que ses chevaux lui causent, de porter les yeux sur les réalités. Cette autre tantôt lève, tantôt enfonce sa tête [...]. Quant au reste des âmes, comme elles aspirent toutes à monter, elles prennent bien la suite ; mais c'est peine perdue : elles sombrent dans le remous qui les entraîne, se piétinant et se bousculant entre elles, chacune s'efforçant de se placer en avant d'une autre. C'est donc le tumulte, la lutte et les sueurs, tout cela à son comble, et, comme de juste, l'occasion pour beaucoup d'âmes, du fait de l'impéritie des cochers, d'être estropiées ; pour beaucoup d'entre elles, d'avoir beaucoup de leur plumage froissé ! Toutes, accablées de fatigue, s'éloignent sans avoir été initiées à la contemplation de la réalité.

Chaque âme suit alors le cortège d'un dieu pour une révolution de mille ans, pendant laquelle elle voit plus ou moins clairement « les choses qui sont des réalités », et dont elle gardera un souvenir confus (l'anamnèse).

[...] Le point d'où chaque âme est venue n'est pour elle que celui du retour après dix mille ans ; ce n'est pas avant tout ce temps que l'âme en effet reçoit des ailes. [...] De fait, ces âmes-là, à la troisième révolution millénaire et dans les cas où, trois fois de suite, elles ont choisi ce genre de vie, s'étant de la sorte donné des ailes, à la trois millième année elles s'éloignent [de la terre].

Platon, *Phèdre*, 246a-249b,
traduction Léon Robin, Les Belles Lettres, 1966

BIBLIOGRAPHIE

AMIGUES Suzanne, « La “Prairie d’Asphodèle” de l’*Odyssée* et de l’*Hymne homérique à Hermès* », *Revue de philologie, de littérature et d’histoire ancienne*, 1/2002, tome LXXVI, p. 7-14.

ANNAS Julia, « Plato’s Myths of Judgement », *Phronesis*, 27 (1), 1982, p. 119-141.

BALLABRIGA Alain, *Le Soleil et le Tartare. L’image mythique du monde en Grèce archaïque*, Paris, éditions de l’EHESS, 1986.

BALLABRIGA Alain, « La question homérique : pour une réouverture du débat », *Revue des études grecques*, 103, 1990, p. 16-29.

BAR Francis, *Les Routes de l’autre monde : descentes aux enfers et voyages dans l’au-delà*, Paris, Presses universitaires de France, 1946.

BERNABÉ Alberto, *Poetae epici graeci : testimonia et fragmenta. Pars II, Orphicorum et orphicis similium testimonia et fragmenta.* Fasc. 1, 2 et 3, Berlin/New York, Teubner, 2004, 2005 et 2007.

BETEGH Gabor, *The Derveni Papyrus. Cosmology, Theology and Interpretation*, Cambridge University Press, 2004.

BONAZZI Mauro, « Plutarque et l'immortalité de l'âme » (traduit de l'italien par Xavier Brouillette), dans *Les Dialogues platoniciens chez Plutarque. Stratégies et méthodes exégétiques*, éd. Xavier Brouillette et Angelo Giavatto, Centre atlantique de philosophie, Nantes, 2010.

BORGEAUD Philippe éd., *Orphisme et Orphée* (en l'honneur de Jean Rudhardt), *Recherches et rencontres* n° 3, Genève, Droz, 1991.

BOULOGNE Jacques, *Plutarque dans le miroir d'Épicure*, Villeneuve d'Ascq, Presses universitaires du Septentrion, 2003.

BOUVIER David, « Ulysse et le personnage du lecteur dans *La République* : réflexions sur l'importance du mythe d'Er pour la théorie de la mimèsis » dans *La Philosophie de Platon*, Paris, éd. M. Fattal, 2001.

BREMMER Jan Nicolaas, *The Early Greek Concept of the Soul*, Princeton, 1983.

BREMMER Jan Nicolaas, *The Rise and Fall of the Afterlife*, London and New York, Routledge, 2002.

BREMMER Jan Nicolaas, *Greek Religion and Culture, the Bible and the Ancient Near East*, Brill, 2008.

BRISSON Luc, *Le Mythe de Tirésias*, Leiden, 1976.

BRISSON Luc, *Introduction à la philosophie des mythes. Sauver les mythes*, Vrin, 1996.

BRISSON Luc, « Les théogonies orphiques et le papyrus de Derveni (Notes critiques) », dans *Revue de l'histoire des religions*, tome 202 n° 4, 1985, p. 389-420.

BRISSON Luc, « Platon, Pythagore et les pythagoriciens », dans *Platon, source des présocratiques. Exploration*, éd. par M. Dixsaut et A. Brancacci, Histoire de la philosophie, Paris, Vrin, 2003, p. 21-46.

BRUIT-ZEIDMAN Louise, *Les Grecs et leurs dieux. Pratiques et représentations religieuses de la cité à l'époque classique*, A. Colin, Paris, 2005.

BRUNEL Pierre, *L'Évocation des morts et la descente aux enfers : Homère, Virgile, Dante, Claudel*, Paris, SEDES, 1974.

BURKERT Walter, *Les Cultes à mystères dans l'Antiquité*, Paris, Les Belles Lettres, 2003, traduit par Alain-Philippe Segonds.

BURY J. B., « The Homeric and the Historic Kimmerians », *Klio*, 6, 1906, p. 1-10.

CAIRON Élodie, « Une vie bienheureuse dans l'au-delà », *Revue des études grecques*, 119, juillet-décembre 2006, p. 776-784.

CALAME Claude, BORGEAUD Philippe, HURST André, « L'orphisme et ses écritures : nouvelles recherches », in *Revue de l'histoire des religions*, 2002, vol. 219, 4, p. 379-383.

CALAME Claude, « Qu'est-ce qui est orphique dans les *Orphica* ? », in *Revue de l'histoire des religions*, 2002, vol. 219, 4, p. 389.

CARPENTER Rhys, *Folk Tale, Fiction and Saga in the Homeric Epics*, Univ. of California Press, Berkeley et Los Angeles, 1946.

CARRATELLI Giovanni Pugliese, *Les Lamelles d'or orphiques. Instructions pour le voyage d'outre-tombe des initiés grecs*, trad. fr., Paris, Les Belles Lettres, 2003 [2001].

CASADIO Giovanni, « Le metempsicosi tra Orfeo e Pitagora » dans *Orphisme et Orphée, en l'honneur de Jean Rudhardt*, éd. par Ph. Borgeaud, Genève, Droz, 1991, p. 119-155.

CLARK R. J., *Catabasis: Vergil and the Wisdom-Tradition*, B. R. Grüner, Amsterdam, 1979.

COLLI Giorgio, *La Sagesse grecque*, t. I, Paris, L'Éclat, 1990.

COSMOPOULOS M. B. éd., *Greek Mysteries*, London, New York, Routledge, 2003.

COURCELLE Pierre, « Le corps-tombeau, Platon, *Gorgias* 493a, *Cratyle* 400c, *Phèdre* 250c », *Revue des études anciennes*, LXVIII, 1966, p. 101-122.

COUSIN Catherine, « Bocages et prairies, ambiguïté du paysage infernal odysséen », publié sur Internet http://antiquitatis-notae.univ-paris1.fr/cousinbocagesetprairies.pdf.

CROISSANT Jeanne, *Aristote et les mystères*, Bibliothèque de la faculté de philosophie et lettres de l'université de Liège, fasc. 51, 1932.

DAUMAS Michèle, *Cabiriaca. Recherches sur l'iconographie du culte des Cabires*, Paris, De Boccard, 1998.

DAUMAS Michèle, « De Thèbes à Lemnos et à Samothrace. Remarques nouvelles sur le culte des Cabires », *Topoi Orient Occident*, 12-13, 2005, p. 851-881.

DÉTIENNE Marcel, *Dionysos mis à mort*, Gallimard, Paris, 1977.

DÉTIENNE Marcel, *Les Dieux d'Orphée*, Gallimard, Paris, 2007

DÉVEREUX Georges, *Baubo, la vulve mythique*, Payot, Paris, 1983

DIETERICH Albrecht, « Über eine Scene der aristophanischen Wolken », *Rheinisches Museum*, 48, 1893, p. 250-275.

DODDS Eric Robertson, *Les Grecs et l'irrationnel*, trad. française Aubier-Montaigne, Paris, 1965.

DUGAS Charles, « La mission de Triptolème d'après l'imagerie athénienne », *Mélanges d'archéologie et d'histoire*, 1950, vol. 62.

EDMONDS R. G., *Myths of the Underworld Journey, Plato, Aristophanes and the « Orphic » Gold Tablets*, Cambridge, 2004.

EDMONDS R. G., *The « Orphic » Gold Tablets and Greek Religion: Further along the Path*, Cambridge/New York, University Press, 2010.

FERRARI Giovanni, « Le mythe d'Er », dans le vol. 2 des *Études sur* La République *de Platon*, éd. M. Dixsaut, Vrin, 2005.

FERRARI Giovanni, « Glaucon's Reward, Philosophy's Debt: The Myth of Er », in *Plato's Myths*, éd. C. Partenie, Cambridge, 2008.

FOUCARD Paul, *Les Mystères d'Éleusis* (Paris, Picard, 1914), Pardès, 1992.

GARLAND Robert, *The Greek Way of Death*, Cornell University Press, Ithaca, 1985.

GÉLINNE M., « Les Champs Élysées et les îles des Bienheureux », *Les Études classiques*, 56, 1988, p. 225-240.

GNOLI G. et VERNANT J.-P. (éd.), *La Mort, les morts dans les sociétés anciennes*, Cambridge University Press, Cambridge, et éd. de la Maison des sciences de l'homme, Paris, 1982.

GIOVACCHINI Julie, *Épicure*, Paris, Les Belles Lettres, 2008.

GOURINAT Jean-Baptiste, « Éternel retour et temps périodique dans la philosophie stoïcienne », *Revue philosophique de la France et de l'étranger*, 2/2002, tome 127, p. 213-227.

GOURINAT Jean-Baptiste, *Le Stoïcisme*, Paris, PUF, 2007.

GRAVES Robert, *Les Mythes grecs*, Paris, Fayard, éd. La Pochothèque, 1967.

GRIFFIN J., *Homer on Life and Death*, Oxford, Clarendon Press, 1980.

GUTHRIE W. K. C., *Orphée et la religion grecque : étude sur la pensée orphique*, Paris, Payot, 1956, trad. de l'anglais par S. M. Guillemin.

HAMELIN Octave et SALEM Jean, *Épicure. Lettres et maximes*, éd. Librio, 2013.

HAYASHI Tetsuhiro, *Bedeutung und Wandel des Triptolemosbildes vom 6. - 4. Jh. v. Chr.*, Würzburg, 1992.

HERVIEU-LÉGER Danièle, « Un nouvel univers de croyances », dans *Le Purgatoire. Fortune historique et historiographique d'un dogme*, éd. Guillaume Cuchet, éditions EHSS, 2012.

HOFMAN Albert, SHULTES Richard Evans, *Les Plantes des Dieux*, éd. du Lézard, 2005.

HOFMAN Albert, WASSON Robert Gordon et RUCK Carl A. P., *The Road to Eleusis: Unveiling the Secret of the Mysteries*, Harcourt, Brace, Jovanivich, New York, 1978.

JACCOTTET Anne-Françoise, *Choisir Dionysos. Les associations dionysiaques ou la face cachée du dionysisme,* Zürich, Akanthus, 2003.

JANKO R., « The Derveni Papyrus: An interim Text », *Zeitschrift für Papyrologie und Epigraphik,* 141, 2002, p. 1-62.

JOHNSTON Sarah Iles, *Restless Dead: Encounters between the Living and the Dead in Ancient Greece,* Berkeley, University of California Press, 1999.

JOURDAN Fabienne, *Le Papyrus de Derveni,* Paris, Les Belles Lettres, 2003.

KERN Otto, *Orphicorum fragmenta,* Dublin-Zurich, Weidmann, 1922, rééd. Berlin 1972.

LAKS A. and MOST G. W. éds., *Studies on the Derveni Papyrus,* Oxford, 1997.

LÉVY Isidore, *Recherches sur les sources de la légende de Pythagore,* Paris, 1926 ; rééd. 2003, vol. 42 de la Bibliothèque de l'École des hautes études, section des sciences religieuses.

MATTÉI Jean-François, *Pythagore et les pythagoriciens,* Paris, PUF, coll. « Que sais-je », 1983.

MÉAUTIS Georges, *Les Dieux de la Grèce et les Mystères d'Éleusis,* Paris, PUF, 1959.

MINOIS Georges, *Histoire des enfers,* Paris, Fayard, 1991.

MINOIS Georges, *Histoire de l'Enfer,* Paris, PUF, coll. « Que sais-je ? », 1994.

MORAND Anne-France, *Études sur les Hymnes orphiques,* Leiden, Brill, 2001.

MOTTE André, *Prairies et jardins dans la Grèce antique. De la religion à la philosophie,* Bruxelles, Palais des Académies, 1973.

MOULINIER Louis, *Orphée et l'orphisme à l'époque classique,* Paris, Les Belles Lettres, 1955.

NAGY Gregory, C. R. de l'édition de l'*Iliade* de Martin West, Teubner, 1998, *Bryn Mawr Classical Review*, 9/12/2000.

PARASSOGLOU G. M. et TSANTSANOGLOU K., *Derveni (The) Papyrus*, éd. Leo S. Olschki, *Studi e testi per il Corpus dei papiri filosofi greci e latini*, 2006.

PRICE Simon, *Religions of the Ancient Greeks*, Cambridge University Press, 1999.

PUECH Aimé, compte rendu du livre d'Isidore Lévy *La Légende de Pythagore*, dans le *Journal des savants*, janvier 1928, p. 5-9.

QUIGNARD Pascal, *Pour trouver les enfers*, Paris, Galilée, coll. « Lignes fictives », 2005.

REYSER Thomas, *Discours et représentations de l'au-delà dans le monde grec*, 2011 (thèse disponible sur Internet http://www.tel.archivesouvertes.fr/docs/00/69/20/81/PDF/th2011PEST0033.pdf).

RHODE Erwin, *Psyche : Seelencult und Unsterblichkeitsglaube der Griechen, 2. Aufl., Freiburg i.B.*, Leipzig und Tübingen, 1898. Traduction anglaise *The Cult of Souls and Belief in Immortality among the Ancient Greeks*, Londres, 1920 ; traduction française *Le Culte de l'âme chez les Grecs et leur croyance à l'immortalité*, Paris, Payot, 1928 et C. Tchou, Paris, Bibliothèque des introuvables, 1999.

RUDHART Jean, *Notions fondamentales de la pensée religieuse et actes constitutifs du culte dans la Grèce ancienne*, Genève, Droz, 1958, rééd. Paris, Picard, 1992.

RUDHART Jean, *Opera inedita : Essai sur la religion grecque & Recherches sur les Hymnes orphiques. Kernos, Suppléments*, 19, Liège, 2008.

RUSSELL J. R., « The Platonic Myth of Er », *Revue des études arméniennes*, XVIII, 1984, p. 477-485.

SABATUCCI D., *Essai sur le mysticisme grec*, trad. française Flammarion, Paris, 1982.

SCHILS G., « Plato's Myth of Er: The Light and the Spindle », *Antiquité classique*, 62, 1993, p. 101-114.

SOREL Raynal, *Critique de la raison mythologique. Fragments de discursivité mythique. Hésiode, Orphée, Éleusis*, PUF/ Thémis, Paris, 2000.

SOURY G., « La vie de l'au-delà. Prairies et gouffres », *Revue des études anciennes*, 46, 1944, p. 169-178.

SOURVINOU-INWOOD B., *Reading Greek Death to the End of the Classical Period*, 1995, p. 439-441.

STAROBINSKI Jean, « Je hais comme les portes de l'Hadès » (1974), repris dans *Le Remède dans le mal. Critique et légitimation de l'artifice à l'âge des Lumières*, 1989, Paris, Gallimard p. 263-286.

THAYER H. S., « The Myth of Er » *History of Philosophy Quarterly*, Univ. of Illinois Press, 5, 1988, p. 369-384.

TURCAN Robert, « L'âme oiseau et l'eschatologie orphique », *Revue d'histoire des religions*, 1959, vol. 155-1, p. 33-40.

TURCAN Robert, « *Les Mystères d'Éleusis, la quête du bonheur suprême* », *Religions & Histoire* n° 24, janvier-février 2009, p. 26-35.

VERDIER-NAVLET Jacqueline, *La Représentation du Paradis dans la littérature européenne d'Homère à Milton*, Paris, Champion, 2014.

VERNANT Jean-Pierre, *Œuvres complètes*, t. I et II, Le Seuil, 2007.

WEST M. L., *The Orphic Poems*, Oxford, University Press, 1983.

INDEX DES PASSAGES CITÉS

TABLE DES MATIÈRES

Ce volume,
publié aux Éditions Les Belles Lettres,
a été achevé d'imprimer
en janvier 2023
sur les presses
de l'imprimerie Présence Graphique
37260 Monts, France

N° d'édition : 10475 - N° d'impression : 012374454-05
Dépôt légal : février 2023
Imprimé en France